Sallust

Römische Geschichte

Sallust

Römische Geschichte

Erhaltene Werke und Fragmente

Übersetzt, eingeleitet und erläutert
von Lenelotte Möller

marixverlag

Bibliografische Information der Deutschen Nationalbibliothek
Die Deutsche Nationalbibliothek verzeichnet diese Publikation in der
Deutschen Nationalbibliografie; detaillierte bibliografische Daten sind im
Internet über
http://dnb.d-nb.de abrufbar.

© by marixverlag GmbH, Wiesbaden 2012
Lektorat: Dietmar Urmes, Bottrop
Covergestaltung: Nicole Ehlers, marixverlag GmbH
Bildnachweis: mauritius images GmbH, Mittenwald/Rainer Waldkirch
Satz und Bearbeitung: Medienservice Feiß, Burgwitz
Gesetzt in der Myriad Pro
Gesamtherstellung:
Bercker Graphischer Betrieb GmbH & Co.KG, Kevelaer
Printed in Germany

ISBN: 978-3-86539-279-4

www.marixverlag.de

Inhalt

Das Leben des Sallust

Sallust wurde 86 v. Chr. im Munizipium Amiternum in den Sabiner Bergen, 90 km nordöstlich von Rom geboren und entstammte einer wohlhabenden Familie, die ihm eine solide rhetorische Ausbildung ermöglichte. Seine Jugend soll unbeschwert und fröhlich gewesen sein. Nach Rom kam er als *homo novus*, d. h., aus seiner Familie waren bisher keine Senatoren hervorgegangen. Diesen Nachteil machte er durch den Eifer, mit dem er sich in die Politik stürzte, zunächst wett. Im Jahre 54 brachte er es zum Quästor und Senatsmitglied und 52 zum Volkstribun. In dieser Funktion veranlasste er die Verbannung des Titus Annius Milo, der eine private Bande unterhielt und von Cicero vergeblich verteidigt wurde. Korruption und Selbstsucht der zeitgenössischen römischen Politiker widerten ihn zwar an, doch konnte er sich zunächst seinem eigenen Ehrgeiz nicht entziehen. In der inzwischen in zwei Parteien gespaltenen römischen *res publica* gehörte er zu den Popularen und war ein Anhänger Caesars. Wegen dieser Gesinnung und wegen seines eigenen Lebenswandels wurde er selbst von dem Zensor Appius Claudius Pulcher 50 v. Chr. aus dem Senat ausgeschlossen. Sallust sollte mit Milos Frau Ehebruch begangen haben. In seinen Schriften empört er sich allerdings über die politischen Zustände und fordert von den handelnden Staatsmännern die Werte ein, die er in den Texten der griechischen Schriftsteller kennengelernt hatte. Der Widerspruch zwischen seinen Schriften und dem eigenen Lebenswandel wurde bereits in der Antike heftig kritisiert.

Sallust blieb Caesar treu, was seinen Wiederaufstieg ermöglichte. 48 wurde er erneut Quästor und wieder Senatsmitglied. 46 wurde er Prätor. Im selben Jahr sollte er aufständische Truppen Caesars in Kampanien beruhigen, was aber nicht gelang. Erfolgreicher war er in Caesars Afrikafeldzug, und nach dessen Sieg über Pompeius bei Thapsus wurde er erster Statthalter im Rang eines Prokonsuls der neu eingerichteten Provinz *Africa nova*, die Tunesien und das östliche Algerien umfasste. Seinen Verwaltungsbezirk soll er, wie unter römischen Beamten in dieser Zeit üblich, rücksichtslos ausgebeutet haben, weshalb ihm ein Repetundenprozess drohte, der mit Caesars Hilfe eingestellt wurde. Von den in Afrika angehäuften erheblichen Reichtümern kaufte er ein Gut Caesars bei Tibur und ließ in Rom die *horti Sallustiani* auf dem Pincio anlegen. Dort lebte er nach Caesars Ermordung (44 v. Chr.) und verfasste seine Bücher. Nach ihm wohnten sogar römische Kaiser in den prachtvollen Anlagen. Sallust starb um 35 v. Chr.

Unter den römischen Geschichtsschreibern gilt Sallust als erster bedeutender Vertreter. Er sammelte nicht Ereignisse, um sie chronologisch sortiert niederzuschreiben, sondern legte besonderen Wert auf kunstvolle Darstellung und einordnende Deutung. Hauptkennzeichen seiner Sprache sind die archaisierenden Wortformen, die – im Gegensatz zu der Wirkung, die ein solcher Stil heute erzielen würde – durch die sprachliche Nähe zur damals bisweilen idealisierten frühen Republik dem Werk größere Autorität verliehen und ihn gleichzeitig vom klassischen Ideal seines Hauptgegners Cicero abgrenzten.

Zur Verschwörung Catilinas

Seit seiner sagenhaften Gründung 753 v. Chr. bzw. seit der Verschmelzung der Dörfer auf den sieben Hügeln unter Etruskerkönigen im 7. Jahrhundert v. Chr. zu einer Stadt wuchs Roms Herrschaftsgebiet – von einigen Rückschlägen wie der Gallierkatastrophe 387 und den Eroberungszügen Hannibals am Ende des 3. Jahrhunderts v. Chr. abgesehen – beständig. Die Gesellschaftsordnung, die sich seit Vertreibung der Könige und Gründung der Republik am Ende des 6. Jahrhunderts v. Chr. herausgebildet und einige Zeit relativ stabil erhalten hatte, erfuhr sowohl durch die Art und Weise als auch die Ergebnisse der Eroberungen, die rund um das Mittelmeer bis ins 2. Jahrhundert hinein stattfanden, erhebliche Veränderungen.

Von den eroberten Gebieten profitierte nämlich vor allem die senatorische Oberschicht, die riesigen Landbesitz erwarb, der durch Sklaven bewirtschaftet wurde. Der Ritterstand, dem Rang nach zwischen Patriziern und Plebejern angesiedelt, gewann allmählich an Bedeutung. Der häufige Kriegsdienst und die Konkurrenz der Großgrundbesitzer ließen dagegen die Bauern verarmen, von denen viele entweder der Schuldknechtschaft anheimfielen oder mittellos nach Rom abwanderten und dort das Heer des Proletariats bildeten. Die sozialen Unterschiede belasteten den inneren Frieden. Gesetzgeberische Lösungsversuche, etwa Landverteilungen an verarmte Bauern, scheiterten am Widerstand der Oberschicht. Unter Ausnutzung der Möglichkeiten der Verfassung bildeten sich mit der Zeit zwei einander immer unversöhnlicher gegenüberstehende Parteien heraus, die sich durch die Methode ihrer Interessendurchsetzung unterschieden: Die Popularen machten vorwiegend Politik und Gesetze durch die Volksversammlung, die Optimaten bedienten sich vor allem des Senates, um ihre Ziele zu erreichen.

Die Verfassungsverstöße des Volkstribunen Tiberius Gracchus, der 133 v. Chr. seinen Kollegen absetzte und eine zweite Amtszeit unmittelbar an die erste anhängen wollte, gelten traditionell als Beginn der ersten Phase des etwa einhundert Jahre währenden Bürgerkrieges in Rom. In dessen weiterem Verlauf standen sich Optimaten und Popularen, oft repräsentiert durch herausragende Persönlichkeiten (Sulla – Marius,

Pompeius – Caesar) in Kriegen gegenüber, ohne dass die zugrunde liegenden sozialen Probleme tatsächlich gelöst wurden.

Inwieweit Lucius Sergius Catilina sich diese Probleme nur zunutze machen oder sich tatsächlich der Benachteiligten annehmen wollte, als er im Jahr 63 v. Chr. mit zahlreichen Anhängern einen Umsturzversuch unternahm, ist ungewiss. Für das erste Motiv spricht seine Skrupellosigkeit, die sich in der Ermordung des Bruders seiner Frau, Marcus Marius Gratidianus, und des Ehemannes seiner Schwester, Quintus Caecilius, ausdrückt. Auch die rücksichtslose Ausbeutung der ihm als Proprätor übertragenen Provinz Africa deuten nicht auf ein ausgeprägtes soziales Gewissen. Andererseits wird sein erster, für das Jahr 66 überlieferter Umsturzversuch von modernen Historikern eher angezweifelt, und sein Vorschlag einer Zinserleichterung für verschuldete Römer, den er im Wahlkampf 62 unterbreitete, deutet darauf hin, dass ihm deren Probleme nicht gleichgültig waren. Das im Wesentlichen einseitige Bild jedenfalls, das die beiden antiken Hauptquellen (Ciceros Reden und Sallusts Monographie über die Verschwörung) von Catilia malen, bedarf einer kritischen Betrachtung durch den Leser.

Sallust macht von der gestalterischen Freiheit eines Schriftstellers in *De coniuratione Catilinae* eifrig Gebrauch. Die Chronologie wird verschoben, was in der folgenden Übersetzung vermerkt ist. Die hier enthaltenen Senatsreden konnte Sallust im Archiv einsehen, doch ist nicht von einer wörtlichen Wiedergabe auszugehen, sondern eher von einer rhetorischen Ausfeilung und thematischen Zuspitzung. Sallust fasst zusammen und kürzt, wie er gleichzeitig auch Fragen offen lässt.

Uneinig ist sich die Forschung über die Frage, inwieweit *De coniuratione Catilinae* politische Ziele verfolgt, etwa die positive Darstellung Caesars und etwa die nachgewiesenen Abweichungen in der Chronologie diesem Ziel dienten. Diskutiert wurde ebenfalls schon ausführlich die Frage, inwieweit sich der Verfasser mit der Hauptfigur des Werkes möglicherweise identifizierte. Dieser Ansicht stehen Forscher gegenüber, welche z. B. die in den Proömien formulierten ethischen Anliegen für ehrlich halten.

Lenelotte Möller

Die Verschwörung Catilinas

Proömium

(1) Alle Menschen, die danach streben, den übrigen Lebewesen voran-
zustehen, müssen sich mit größter Kraft anstrengen, ihr Leben nicht in
Stille zu verbringen wie das Vieh, welches die Natur gebeugt und dem
Bauche gehorchend geschaffen hat. *2* Unsere gesamte Kraft aber sitzt
im Geist und im Körper. Wir bedienen uns in der Regel der Befehlsgewalt
des Geistes und der ausführenden Tätigkeit des Körpers.[1] Die eine ist
uns mit den Göttern gemeinsam, die andere mit den wilden Tieren.
3 Umso wichtiger erscheint es mir, mit den Möglichkeiten des Geistes
statt mit der Körperkraft nach Ruhm zu streben und, da ja das Leben
selbst, das wir genießen, kurz ist, eine möglichst lange Erinnerung an
uns zu begründen. *4* Denn der Ruhm des Reichtums und der äußeren
Gestalt ist flüchtig und zerbrechlich, Tugend wird dagegen für leuch-
tend und ewig gehalten.

5 Lange aber herrschte unter den Sterblichen Streit darüber, ob durch
Körperkraft oder durch Tüchtigkeit des Geistes Kriegserfolg eher erreicht
wird. *6* Denn es ist sowohl nötig, dass man sich berät, bevor man anfängt,
als auch dass man, wenn man sich beraten hat, schnell loslegt. *7* Daher
bedarf jedes, für sich alleine unvollständig, der Hilfe des anderen.

(2) Deswegen übten die Könige – denn dies war auf Erden der erste
Name für Herrschaft[2] – unterschiedlich, ein Teil den Geist, ein anderer
den Körper. Damals auch verbrachten die Menschen ihr Leben ohne
Begierde. Jeder war zufrieden mit dem Seinen.[3] *2* Später aber, als in
Asien Kyros[4] und in Griechenland die Spartaner und Athener[5] began-

---

1 Vgl. Plato, Phaidon, 79e.
2 Aristoteles, Politeia, 1,2.
3 Anspielung auf das Goldene Zeitalter; eines der antiken Periodisierungsmodelle teilte die
Vergangenheit in vier Abschnitte mit jeweils absteigender Moral und Lebensqualität, die
auch nach vier Metallen in absteigendem Wert benannt wurden: das Goldene, das Silberne,
das Bronzene und das Eiserne Zeitalter. Diese mythologische Geschichtsauffassung findet
sich z. B. bei Hesiod, Werke und Tage 106–201 und Ovid, Metamorphosen, 1,89–150.
4 König Kyros II., Gründer des persischen Weltreiches, um 550 v. Chr.
5 Die Landmacht Sparta war ein Kriegerstaat auf der Peloponnes, nach Athen, welches es
ablöste, der zweite Hegemon in Griechenland; zuvor war die Seemacht Athen nach den

nen, Städte und Völker zu unterwerfen, die Lust zu herrschen für einen Kriegsgrund zu halten und den größten Ruhm in der größten Herrschaft zu sehen, da erst begriff man in Gefahr und bei Unternehmungen, dass im Krieg der Geist das meiste vermag.

3 Wenn diese geistige Begabung der Könige und Feldherren im Frieden wie im Krieg blühte, verhielte es sich mit den menschlichen Angelegenheiten gerechter und beständiger, und man müsste nicht sehen, wie eines vom anderen weggerafft und ausgetauscht und alles miteinander vermischt wird. *4* Denn die Herrschaft wird leicht mit denjenigen Methoden erhalten, mit denen sie zu Beginn gewonnen wurde. *5* Wo sich aber statt Arbeit Müßiggang, statt Bescheidenheit und Gleichheit Begierde und Hochmut eingeschlichen haben, wandelt sich das Glück gleichzeitig mit den Sitten. *6* So geht die Herrschaft immer vom weniger Guten auf den Besten über.

7 Was die Menschen säen, verschiffen, bauen, folgt aus der Tugend. *8* Aber viele Sterbliche verbringen ihr Leben dem Bauch und dem Schlaf hingegeben, ungelehrt und ungepflegt, wie Vorüberziehende. Ihnen allerdings gereichen, entgegen der Natur, der Körper zur Lust und der Geist zur Last. Ihr Leben aber und ihren Tod schätze ich gleich gering ein, weil man von beiden nicht redet. *9* Tatsächlich scheint mir der erst wirklich zu leben und seinen Geist zu genießen, der einer Unternehmung zugewandt den Ruf einer berühmten Tat oder einer guten Kunst erstrebt.

(3) Aber in der großen Menge der Möglichkeiten zeigt die Natur jedem einen anderen Weg. Schön ist es, etwas Gutes für die *res publica*[6] zu tun; auch gut zu reden ist nicht gering zu schätzen. Sowohl im Frieden als auch im Krieg ist es möglich, dass Bemerkenswertes vollbracht wird, und viele, die es getan oder die Taten aufgeschrieben haben,

---

Perserkriegen Herrin des Attischen Seebundes und allmählich Hegemon in Griechenland geworden.

6 Der Begriff *res publica* (wörtl.: die öffentliche Angelegenheit) wird mit »Staat« oder »Republik« nicht angemessen übersetzt und bleibt daher auch im deutschen Text bestehen. In ihm schwingen mehrere Konnotationen mit, die kein deutsches Wort in dieser Weise wiedergeben könnte: der römische Staat an sich, im engeren Sinne der römische Staat zwischen 510 und 27 v. Chr., als er weder unter königlicher Herrschaft noch unter der eines *princeps* oder Kaisers stand, die Staatsform der drei Gewalten Volk, Senat und Magistrate, die ungeschriebene Verfassung mit ihren Machtkontrollmechanismen, die darin enthaltenen Freiheiten des Bürgers.

werden gelobt. *2* Mir freilich scheint es, auch wenn dem Protokollanten und dem Vollbringer guter Taten kaum der gleiche Ruhm zuteilwird, dennoch vor allem schwierig, Taten aufzuschreiben. Erstens, weil die Taten durch die entsprechenden Worte genau wiedergegeben werden müssen. Dann, weil die meisten, wenn man Untaten tadelt, glauben, dies werde aus Böswilligkeit und Neid gesagt, wo man aber an große Tüchtigkeit und den Ruhm anderer erinnert, wovon jeder denkt, er hätte es ebenso leicht selbst tun können, nimmt er es gleichgültig hin, und was darüber hinausgeht, hält er für erfunden oder gelogen.[7]

3 Ich aber wurde als junger Mann am Anfang, wie die meisten, durch meine Anstrengungen in die Politik getrieben, und dort war mir vieles zuwider. Denn statt Scham, Bescheidenheit und Tugend blühten dort Verwegenheit, Verschwendung und Habgier. *4* Obwohl mein an schlechte Sitten nicht gewohnter Geist diese verachtete, wurde mein zartes Alter dennoch in Gesellschaft solcher Fehler von verdorbenem Ehrgeiz gepackt. *5* Und mich quälte, obwohl ich mich von den schlechten Sitten der Übrigen absetzte, nichtsdestoweniger dieselbe Begierde nach Ehre durch den daraus entstehenden Ruf und den sich ergebenden Neid.

(4) Sobald mein Geist von dem vielen Elend und den Gefahren zur Ruhe kam und ich beschlossen hatte, mich für meine übrige Lebenszeit von Staatsgeschäften fernzuhalten, war es nicht etwa mein Plan, die gute freie Zeit in Sorglosigkeit und Gammelei totzuschlagen, auch nicht, dem Ackerbau oder der Jagd zugewandt, ausgesprochenen Sklavenarbeiten,[8] mein Leben zu verbringen. *2* Zurückgekehrt zu genau dem Vorhaben, von welchem mich am Anfang meines Studiums mein schlechter Ehrgeiz abgehalten hatte, beschloss ich stattdessen, die Taten des römischen Volkes einzeln, wie sie jeweils der Erinnerung würdig schienen, genau aufzuschreiben, umso mehr als meine Gesinnung frei von Erwartung, Furcht oder Zuneigung einzelner Gruppen in der *res publica* war. *3* Daher will ich die Verschwörung Catilinas, so wahrheitsgetreu, wie ich kann, mit wenigen Worten darlegen. *4* Denn diese Tat halte ich der Erinnerung für würdig, vor allem wegen der Neu-

---

7 Anklang an Thukydides, Geschichte des Peloponnesischen Krieges, 2,35,2f.

8 Die Ablehnung des Ackerbaus als unwürdige Tätigkeit weicht allerdings von der römischen Tradition ab, vgl. z. B. Cicero (Rede für Sextus Roscius aus Ameria, Kap. 18 und 50), dort besonders: »Vom Pflug wurden sie herbeigerufen, um Konsuln zu werden«.

artigkeit des Verbrechens und der Größe der Gefahr. *5* Von den Sitten
dieses Mannes muss zuerst einiges dargelegt werden, was ich zu Beginn
meiner Ausführungen tun will.

Lucius Sergius Catilina

(5) Lucius Catilina[9] stammte aus einer vornehmen Familie[10] und besaß
große körperliche und geistige Kraft, war aber von schlechter und ver-
dorbener Gesinnung. *2* Diesem waren, schon als er noch ein junger
Mann war, innere Kriege, Mord, Raub und bürgerliche Zwietracht angenehm, und darin verbrachte er seine Jugend. *3* Sein Körper ertrug
Mangel, Kälte und Schlafentzug mehr, als man sich vorstellen kann.
4 Sein Geist war kühn, tückisch und wankelmütig, er war ein Heuchler
und Versteller, der jede beliebige Sache vorspiegelte oder leugnete, er
strebte nach fremdem Gut und verschwendete das seine, brannte vor
Begierden. An Beredsamkeit besaß er genug, an Weisheit zu wenig.
5 Sein unersättlicher Geist forderte stets Maßloses, Unglaubliches und
zu weit Gehendes. *6* Nach der Diktatur Sullas[11] beseelte ihn ein unstill-
bares Verlangen, die Macht im Staat an sich zu reißen. Und er hatte,
während er sich königliche Herrschaft[12] verschaffte, in der Frage, wie er
dies tat, kein Maß. *7* Von Tag zu Tag wurde sein roher Geist heftiger getrieben aus Mangel an Vermögen und im Bewusstsein der Verbrechen,

---

9 Lucius Sergius Catilina, geboren 108 v. Chr., war Offizier unter Sulla und 68 Prätor. In den
   Jahren 67/66 war er Proprätor in der *provincia Africa*, die er schamlos ausbeutete. Catilina
   ermordete seinen Bruder Marius Gratidianus und seinen Schwager Quintus Caecilius. In der
   ersten ihm zugeschriebenen Verschwörung vom Jahr 66 spielte er wohl eher eine unter-
   geordnete Rolle. Zweimal bewarb er sich vergeblich um das Konsulat, nämlich für die Jahre
   63 und 62. Danach entschloss er sich zu einem zweiten Umsturzversuch, der Gegenstand
   der vorliegenden Abhandlung ist.
10 Die Sergii waren eine verarmte Patrizierfamilie. Berühmt waren unter ihnen ein zur Abdankung gezwungener *decemvir* des Jahres 449 v. Chr. und Catilinas Urgroßvater Marcus
   Sergius Silus, ein Prätor des Jahres 197 v. Chr. Sie wohnten auf dem Palatin, Roms vor-
   nehmster Wohngegend.
11 Lucius Cornelius Sulla, geboren 138 v. Chr., stammte aus seiner verarmten Patrizierfamilie
   und gewann erstes persönliches Ansehen, als er unter Marius den Numiderkönig Iugurtha
   besiegte. Sulla war 88 v. Chr. Konsul und erhielt den Oberbefehl im Krieg gegen König
   Mithridates von Pontos, den er innerhalb von drei Jahren besiegte. 82 kehrte er nach Rom
   zurück und vertrieb die Anhänger seines Kontrahenten Marius. Er änderte die Verfassung,
   vermehrte die Zahl der Senatoren und Magistrate. Zur Durchsetzung seiner Ziele ließ er 40
   Senatoren und 1600 Ritter ermorden. Seine Herrschaft währte bis zu seiner Abdankung im
   Jahr 79. Sulla starb 78 v. Chr.
12 Das Streben nach Königsherrschaft galt in Rom seit Gründung der Republik als verwerf-
   lichstes Ziel, wurde aber öfter beliebten Politikern vorgeworfen.

welche er beide auf genau die Art mehrte, die ich oben erwähnt habe. **8** Außerdem stachelten ihn die verkehrten Sitten in der Bürgerschaft an, die von den schlechtesten und gegensätzlichen Übeln, der Schwelgerei und der Habsucht, gequält wurde.

9 Die Sache selbst scheint nahezulegen, da sie ja hinsichtlich der bürgerlichen Sitten an unsere Zeit gemahnt, Früheres noch einmal wachzurufen und mit wenigen Worten die Einrichtungen unserer Vorfahren in Frieden und Krieg darzulegen, wie es sich mit der *res publica* verhielt und wie groß sie diese hinterlassen haben, sodass sie allmählich aus der schönsten und besten in die schlechteste und schändlichste verwandelt wurde.

Der Aufstieg Roms

(6) Die Stadt Rom gründeten und besaßen am Anfang, so wie ich es in den Quellen finde, die Trojaner, die unter der Führung Aeneas'[13] als Flüchtlinge mit wechselnden Wohnsitzen umherzogen, und mit ihnen die Aboriginer,[14] ein Bauernvolk ohne Gesetze, ohne Oberherrschaft, frei und ungebunden. **2** Nachdem diese innerhalb einer Stadtmauer zusammengefasst worden waren, von unterschiedlicher Abstammung, verschiedener Sprache, jedes nach anderen Sitten lebend – ist es unvorstellbar zu sagen, wie mühelos sie zusammenwuchsen. So entstand binnen Kurzem aus einer bunten Menge und zunächst oberflächlichen Eintracht eine Bürgerschaft. **3** Aber nachdem ihr Gemeinwesen an Bürgern, Gesetzen und Äckern gewachsen war, als es blühend und stark genug erschien, da erwuchs, wie es meistens bei den Sterblichen geschieht, aus dem Wohlstand auch Neid. **4** Daher bedrohten die benachbarten Völker und Könige sie mit Krieg, während sie selbst nur wenig Hilfe durch Verbündete hatten. Denn die Übrigen blieben, von Furcht bezwungen, der Gefahr fern.[15] **5** Die Römer aber, zu Hause und im Krieg schlagfertig, strengten sich an, machten

---

13 Sallust verweist hier auf Aeneas statt auf Romulus und Remus, der Sage nach dessen Nachkommen, unter anderem vielleicht, um möglichst weit in die Vergangenheit zurückzublenden und sich so einerseits von der Mehrheit seiner Vorgänger abzuheben und andererseits an Autorität gewinnen. Diese Version übernahm er von Lucius Ateius Praetextatus Philologus, einem gelehrten Freigelassenen, Rhetor und Grammatiker, der 86 nach Rom gekommen war und für Sallust einen Abriss der römischen Geschichte angefertigt hatte.

14 Name der Ureinwohner Latiums in der römischen Überlieferung, wörtl.: die Eingeborenen.

15 Das lateinische *abesse* (fehlen) steht hier besonders im Gegensatz zu *adesse* (da sein, helfen).

sich bereit, trieben einander an, gingen dem Feind entgegen, schützten Freiheit, Vaterland und Eltern mit Waffen. Später, als sie die Gefahren durch Tapferkeit abgewehrt hatten, brachten sie den Bundesgenossen und Fremden Hilfe und verschafften sich Freundschaften, indem sie mehr Wohltaten bereiteten, als sie annahmen. *6* Sie hatten eine gesetzmäßige Herrschaft, die Regierungsform des Königtums. Auserwählte, die schon einen durch die Lebensjahre geschwächten Körper hatten, deren Geist aber noch in Weisheit blühte, berieten den Staat. Sie wurden »Väter« genannt, da sie diesen an Alter bzw. in ihrer Fürsorge ähnlich waren. *7* Später, sobald sich die Königsherrschaft, die am Anfang der Erhaltung der Freiheit und der Mehrung des Reiches gedient hatte, in Hochmut und Despotie verwandelt hatte, wählten sie sich nach veränderten Regeln je zwei Befehlshaber[16] zur Herrschaft für ein Jahr. Auf diese Weise, so glaubten sie, könne der menschliche Geist am wenigsten in Willkür entarten.

(7) In jener Zeit aber begann jeder Einzelne, sich mehr zu erheben und seine Begabung deutlicher öffentlich herauszustellen. *2* Denn den Königen sind die Guten eher verdächtig als die Schlechten, und ihnen war fremde Tüchtigkeit immer zuwider. *3* Aber es ist unglaublich zu sagen, wie sehr die Bürgerschaft, nachdem sie erst einmal die Freiheit erlangt hatte, wuchs. So sehr war die Begierde nach Ruhm gestiegen. *4* Schon längst erwarb die Jugend, sobald sie waffenfähig war, in den Lagern durch Anstrengung Erfahrung im Kriegswesen und hatte mehr Lust an der Kriegsehre und den Reitertruppen als an Dirnen und Gelagen. *5* Mühe war daher für diese Männer nichts Ungewohntes, kein Ort zu rau oder zu hart, der bewaffnete Feind kein Schrecken. Die Tugend bezähmte alles. *6* Aber der größte Wetteifer um Ruhm fand unter ihnen selbst statt. Jeder beeilte sich, den Feind zu erschlagen, eine Mauer zu erklimmen, gesehen zu werden, während er eine solche Tat vollbringt. Dies hielten sie für Reichtum, für guten Ruf, für vornehme Art. Begierig nach Ruhm waren sie großzügig mit Geld. Riesigen Ruhm, ehrenvollen Reichtum wollten sie. *7* Ich könnte erwähnen, an welchem Ort das römische Volk das größte Feindesheer mit einer kleinen Schar verjagte, welche Städte, die von Natur aus gut befestigt waren, sie im Sturm nahmen, wenn uns diese Dinge nicht zu weit vom Thema wegführen würden.

---

16 Diese hießen am Anfang der Republik Prätoren. Die Bezeichnung »Konsuln« kam erst nach der Herrschaftszeit der *decemviri* (Zehnmännerkollegien zur Gesetzgebung) 449 v. Chr. auf.

Vernachlässigung der Geschichtsschreibung

(8) Aber zugegebenermaßen herrschte auch in jedem Fall das Glück. Dieses rückt alle Dinge mehr nach Lust und Laune als nach Verdienst ins Licht oder verdunkelt sie. *2* Die Taten der Athener waren, so wie ich sie einschätze, groß und bedeutend genug, in Wahrheit aber dennoch um einiges kleiner, als sie in den Geschichtserzählungen überliefert werden. *3* Weil aber dort große Begabungen an Schriftstellern hervorgebracht wurden, wurden auf dem ganzen Erdkreis die Taten der Athener gefeiert. *4* Daher wurde die Tüchtigkeit derer, die sie vollbracht hatten, für so groß gehalten, wie sie die Worte der berühmten und begabten [Schriftstellern] zu erheben vermochten. *5* Das römische Volk aber besaß niemals ein solches Potenzial an Historikern,[17] weil der jeweils Klügste auch immer der am meisten Beschäftigte war und niemand seinen Geist ohne den Körper trainierte und der Beste immer lieber Gutes vollbringen, statt davon berichten wollte und lieber seine Taten von anderen gelobt wissen, als selbst die anderen loben wollte.

Tugend der frühen Republik

(9) Daher pflegte man also zu Hause wie im Krieg die guten Sitten. Die Eintracht war sehr groß, die Gier sehr klein; ein gutes Recht blühte bei ihnen nicht so sehr durch Gesetze wie von Natur aus. *2* Streit, Zwietracht, Rivalitäten trugen sie mit den Feinden aus, die Bürger wetteiferten miteinander nur um Tüchtigkeit. Bei den Opfern für die Götter war man großzügig, zu Hause sparsam, den Freunden treu. *3* Durch diese beiden Eigenschaften, Kühnheit im Krieg, Gerechtigkeit aber, sobald der Friede geschlossen war, sorgte man für sich und die *res publica*. *4* Für die beiden größten Zeugnisse dieser Zustände halte ich die Tatsachen, dass im Krieg öfter gegen die vorgegangen werden musste, die ohne Befehl gegen die Feinde kämpften[18] und zu spät aus dem Kampf zurückkehrten, wenn sie gerufen worden waren, als gegen die, die desertierten

---

17 Als erster bedeutender römischer Historiker galt Quintus Fabius Pictor, der im ausgehenden 3. Jh. v. Chr. tätig war und noch griechisch schrieb, da er in Rom nicht genug Leser vermutete. Die Kritik an der griechischen Schriftstellerei ist unübersehbar und knüpft z. B. an Cicero, Rede für Sestius, 67,141, an.

18 Der römische Feldherr Titus Manlius Torquatus ließ 340 v. Chr. seinen Sohn, der gegen den Befehl des Feldherrn den Feind angegriffen hatte, hinrichten, obwohl dieser gesiegt hatte, vgl. Livius, Von der Gründung der Stadt an, 8,6f.

oder als Geschlagene wagten, ihre Stellung aufzugeben. *5* Im Frieden aber übte man die Herrschaft lieber durch Wohltaten aus als durch Furcht, und erlittenes Unrecht wollte man lieber vergeben als verfolgen.

Verlust des inneren Friedens

(10) Aber sobald das Reich durch Anstrengung und Gerechtigkeit gewachsen war, die feindlichen Könige in einem großen Krieg besiegt, wilde Stämme und riesige Völker[19] mit Gewalt unterworfen worden waren, da ging Karthago, die größte Rivalin des Römischen Reiches, gänzlich unter, alle Länder und Meere standen offen, das Schicksal begann zu wüten und alles durcheinanderzumischen. *2* Denjenigen, die Mühen, Gefahren, Zweifelsfälle und Härten ertragen hatten, wurden Muße und Reichtum, sonst wünschenswerte Dinge, zur Last und zum Verderben. *3* Daher wuchs zuerst die Begierde nach Geld, dann die nach Herrschaft. Dies war gleichsam der Stoff aller Übel. Denn die Gier wendete die Treue, Güte und die übrigen guten Eigenschaften in ihr Gegenteil. *4* Dafür lehrte sie den Hochmut, die Grausamkeit, die Vernachlässigung der Götter und auch die Überzeugung, alles für käuflich zu halten. *5* Der Ehrgeiz ließ viele Menschen falsch werden; das eine verschlossen sie in ihrem Herzen, etwas anderes hatten sie auf der Zunge parat. Freundschaft und Feindschaft maßen sie nicht nach der Sache, sondern nach Vorteil, und sie hatten eher ein gutes Gesicht als eine gute Gesinnung. *6* Dies verbreitete sich zunächst unmerklich; manchmal wurde dagegen eingeschritten. Später, als die Ansteckung wie eine Pest eintrat, wurde das Staatswesen umgestürzt, die Herrschaft von der gerechtesten und besten in eine grausame und unerträgliche verwandelt.

(11) Zuerst aber trieb mehr der Ehrgeiz als die Gier die Herzen der Menschen um, der immerhin ein der Tugend sehr ähnlicher Fehler war. *2* Denn Ruhm, Ehre und Herrschaft wünschen sich ein Guter und ein Schlechter gleichermaßen. Jener aber bedient sich des rechten Weges, diesem fehlen die guten Eigenschaften, er greift zu Listen und Täuschungen. *3* Die Gier kennt ein Bemühen um Geld, welches kein

---

19 *Reges* (Könige) bezieht sich auf Monarchien, *populi* (Völker) eher auf freie Völker mit gewählter Regierung, *nationes* (Stämme) auf fremde Völker ohne bestimmte oder bekannte Staatsform. Das an den Schluss gestellte *populi* deutet damit auch schon auf Karthago, um das es im nächsten Satz geht. Dies hatte eine Verfassung, die der römischen in einzelnen Elementen durchaus vergleichbar war.

Weiser begehrt. Dieses erweicht wie mit schädlichen Giften getränkt den menschlichen Körper und Geist, ist immer unendlich und unersättlich und verkleinert sich weder durch Mangel noch durch Überfluss.

4 Aber nachdem Sulla die *res publica* mit Waffen an sich gerissen hatte, hatte er trotz der guten Anfänge ein schlechtes Ende, indem alle raubten und plünderten, der eine ein Haus, der andere Äcker begehrte und die Sieger weder Maß noch Bescheidenheit kannten und dann schändliche und grausame Verbrechen gegen die Bürger verübten.[20] **5** Dazu kam, dass Lucius Sulla das Heer, welches er nach Asien geführt hatte,[21] sich dadurch zur Treue verpflichtet hatte, dass er es gegen die Sitte der Väter verschwenderisch und freizügig hielt. Liebliche und angenehme Orte erweichen Soldatenherzen leicht durch Muße. **6** Hier gewöhnte sich das römische Heer zuerst daran zu lieben, zu trinken, Bildhauerei, Gemälde und verzierte Vasen anzustaunen, diese privat und im staatlichen Auftrag zu rauben, Tempel zu plündern und alle religiösen und weltlichen Heiligtümer zu schänden. **7** Folglich ließen die Soldaten, als sie den Sieg erlangt hatten, den Besiegten nichts mehr übrig. **8** Allzu glückliche Umstände entkräften freilich auch die Geister der Weisen, sodass sich jene in ihren verdorbenen Sitten im Sieg nicht mäßigten.

(12) Nachdem man angefangen hatte, Reichtum für Ehre zu halten, und diesem Ruhm, Macht und Herrschaft folgten, verschwand die Tugend, und man fing an, Armut für Schande, Unbescholtenheit für Bösartigkeit zu halten. **2** Daher verbreiteten sich bei der Jugend aus dem Reichtum Begehren und Hochmut, Raub, Verschwendung, Geringschätzung des Eigenen, Gier nach dem Fremden; Scham und Anstand, göttliches und menschliches Recht, nichts hielt man für wert, und man mäßigte sich in keiner Weise. **3** Es lohnt sich darum, wenn man die Stadtvillen und Landhäuser sieht, die in der Art von Städten aufgebaut sind, auch die Tempel der Götter zu betrachten, welche unsere Vorfahren, überaus gläubige Menschen, errichtet haben.[22] **4** Diese

---

20 Hier umschreibt Sallust die Proskriptionen unter Sulla, bei denen Feinde des Machthabers gleichsam für vogelfrei erklärt und ihnen und ihren Nachkommen ihr Vermögen entzogen wurde.

21 Im Krieg gegen Mithridates VI. Eupator von Pontos 88–85 v. Chr.

22 Diese waren nämlich am Ende kleiner und bescheidener als manches prunkvolle Privathaus.

allerdings schmückten die Heiligtümer der Götter mit Frömmigkeit, ihre eigenen Häuser mit Ruhm und raubten den Besiegten nichts außer der Erlaubnis, erneut Unrecht zu begehen. *5* Die heutigen Römer dagegen, ganz und gar feige Menschen, rauben sogar den Bundesgenossen in schlimmstem Frevel all das, was die tapfersten Männer den Besiegten zu lassen pflegten, als ob Unrecht zu begehen gleichsam erst wirklich hieße, Herrschaft auszuüben.

(13) Denn warum soll ich auch noch das erwähnen, was außer von denen, die es gesehen haben, von niemandem geglaubt werden kann, dass von Privatpersonen Berge abgetragen und Meere aufgefü!lt worden sind?[23] *2* Durch solche Dinge scheint mir der Reichtum zum Spielball geworden zu sein. Was sie freilich noch rechtmäßig besaßen, beeilten sie sich, auf schändliche Weise zu vergeuden. *3* Aber die Lust auf Unzucht und Schwelgerei sowie anderer Luxus waren nicht weniger ausgeartet. Männer duldeten Geschlechtsverkehr in der Rolle der Frau, Frauen boten ihre Keuschheit auf dem Markt feil. Um des leiblichen Genusses willen wurde zu Wasser und zu Lande alles durchwühlt; man schlief, noch bevor man müde war, weder Hunger noch Durst, weder Kälte noch Müdigkeit ertrug man. All dies nahm der Luxus vorweg. *4* Dies trieb die Jugend, sobald die eigenen Güter aufgebraucht waren, zu Verbrechen. *5* Der von schlechten Neigungen erfüllte Geist kann nicht leicht auf die Vergnügungen verzichten. Umso bereitwilliger war er auf jede Weise dem Erwerb und Verbrauch von Gütern verschrieben.

Catilinas Anhänger und seine Verderbtheit

(14) In einer so großen und verdorbenen Stadt hatte Catilina das, was am leichtesten zu erwerben war, einen Haufen aller möglichen Gangster und Verbrecher, gleichsam als Leibwache um sich. *2* Denn wer immer schamlos, ehebrecherisch mit einem Zechkumpanen mit Hand und Bauch[24] die ererbten Güter aufgezehrt hatte, wer einen großen Schuldenberg aufgehäuft hatte, mit welchem er ein Verbrechen oder eine Schandtat beglichen hatte, *3* ferner alle Vatermörder von überall her,

---

23 Eine Anspielung z. B. auf die ins Meer hinaus gebauten Villen des Lucius Licinius Lucullus am Golf von Neapel. Betont wird hier der Gegensatz zu den Zeiten, da die Menschen noch im Einklang mit der Natur lebten.
24 D. h. mit Spielen, Essen und Trinken.

Tempelräuber, gerichtlich Verurteilte und solche, die wegen einer Tat einen Prozess zu fürchten hatten, dazu solche, welche ihre Hand oder Zunge durch Meineid oder Bürgerblut ernährte, schließlich alle, die das Laster, die Bedürftigkeit oder ein schlechtes Gewissen umtrieb – dies waren die nächsten Anhänger Catilinas.[25] *4* Denn auch wenn jemand ohne Schuld in einen schlechten Freundeskreis geriet, so wurde er jenen durch den täglichen Umgang und die Verlockung leicht ähnlich und gleich. *5* Aber am meisten suchte er die Vertrautheit von Heranwachsenden: Deren weiche und formbare Gemüter wurden durch seine Listen leicht ergriffen. *6* Denn wie der Eifer jedes Einzelnen je nach Alter brannte, besorgte er den einen Prostituierte, den anderen kaufte er Hunde und Pferde. Schließlich sparte er weder mit Kosten noch selbst mit seiner Ehre, während er sich jene gefügig und treu machte. *7* Ich weiß, dass es einige gab, die meinten, dass die Jugend, die in Catilinas Haus verkehrte, zu wenig Ehre im Leib gehabt habe; aber dieser Ruf hielt sich mehr aus anderen Gründen, als dass man ihn hätte beweisen können.

(15) Schon von frühester Jugend an hatte Catilina viele frevelhafte Verbrechen begangen, mit einer vornehmen jungen Frau,[26] mit einer Vestapriesterin[27] und andere von dieser Art gegen Recht und göttliches Gesetz. *2* Schließlich wurde er von der Liebe zu Aurelia Orestilla ergriffen,[28] an welcher außer ihrem Aussehen kein Anständiger jemals etwas gelobt hat. Weil diese zögerte, ihn zu heiraten, indem sie sich vor ihrem erwachsenen Stiefsohn fürchtete, machte er, wie man als sicher annimmt, durch den Mord an seinem eigenen Sohn das Haus frei für die verbrecherische Verbindung. *3* Diese Sache scheint mir freilich vor allem ein Grund gewesen zu sein für die Beschleunigung seines bösen Vorhabens. *4* Denn ein unreiner Geist, mit Göttern und mit Menschen hadernd, konnte weder im Wachen noch im Schlaf Ruhe finden. *5* Daher seine blutleere Farbe, seine bösen Augen, sein bald hastiger, bald schleppender Gang, kurz: In Gesicht und Miene war sein Wahnsinn sichtbar.

---

25 Vgl. Theopomps Beschreibung der Höflinge König Philipps II. von Makedonien in seinem nur in Fragmenten erhaltenen Werk Philippika.

26 Ihr Name ist unbekannt.

27 Mit Fabia, der Stiefschwester von Ciceros Frau Terentia. Sie und Catilina wurden 73 v. Chr. angeklagt, aber besonders durch die Fürsprache von Quintus Lutatius Catulus freigesprochen, obwohl für eine Vestapriesterin auf Verkehr mit einem Mann die Todesstrafe stand. Der Fürsprecher war der Sohn des gleichnamigen Konsuls des Jahres 65.

28 Seiner späteren Frau.

(16) Die Jugend aber, welche er, wie wir oben gesagt haben, eingewickelt hatte, lehrte er auf vielfältige Weise üble Verbrechen. *2* Von
ihnen besorgte er meineidige Zeugen und Urkundenfälscher. Treue,
Schicksal und Gefahren schätzten sie gering. Später, sobald er ihren
Ruf und ihr Schamgefühl zerstört hatte, befahl er andere und größere
Verbrechen. *3* Wenn auch gegenwärtig kein ausreichender Grund vor-
lag, ein Verbrechen zu begehen, überfielen sie dennoch Lärmende wie
Geräuschlose und ermordeten sie; deswegen natürlich, damit nicht
durch Nichtstun die Hand und das Herz erschlafften, war er, auch ohne
Gewinn zu machen, böse und grausam.

4 Auf solche Freunde und Bundesgenossen vertrauend und darauf,
dass die Schulden in allen Ländern riesig waren[29] und dass die meisten
sullanischen Soldaten das Ihre verschwendeten und in Gedanken an
die Plünderungen und den früheren Sieg den Bürgerkrieg zurück-
wünschten, fasste er den Plan, die *res publica* niederzumachen. *5* In
Italien stand kein Heer. Gnaeus Pompeius[30] führte in den entferntesten
Ländern Krieg; Catilina selbst hatte große Hoffnungen, als er das Konsulat anstrebte, der Senat sorgte sich um nichts, alle wähnten sich in
sicherer Ruhe, aber das kam Catilina gerade recht.

Der Verschwörerkreis

(17) Daher rief er im Konsulat Lucius Caesars und Gaius Figulus'[31] um
den 1. Juni zunächst Einzelne zu sich. Die einen ermunterte er, andere
lockte er. *2* Er erläuterte seinen Reichtum, die Arglosigkeit der *res publica*
und große Belohnungen für die Verschwörung. *3* Sobald hinreichend

---

29 Die hohen Schulden gab es vor allem in den Provinzen, die außer den eigentlich fälligen
    Abgaben an Rom auch noch der Gier der Steuerpächter zu bedienen hatten und darüber
    äußerst erbittert waren. Vielleicht würden sie sich einem Umsturz anschließen.
30 Gnaeus Pompeius Magnus, geboren 106 v. Chr., kämpfte im Bundesgenossenkrieg bis 87
    unter seinem eigenen Vater, 83 stellte er drei Legionen für Sulla auf und heiratete dessen
    Stieftochter; 82 Rückgewinnung Siziliens, 79 Triumph, 76 Oberbefehl gegen Sertorius in
    Spanien, 71 zweiter Triumph, 70 Konsul, Oberbefehl gegen die Seeräuber, 66 Oberbefehl
    gegen Mithridates von Pontos und Tigranes von Armenien, 63 Eroberung Judäas, Neu-
    organisation der Provinzen im Osten, 61 Triumph, 60 Triumvirat mit Caesar und Crassus, 59
    Anerkennung der Vorderasienlösung durch den Senat, 57 Vollmachten für die Getreidever-
    sorgung, allmähliche Überrundung durch Caesar, 56 Konferenz von Lucca, Erneuerung des
    Triumvirats, 52 Konsul *sine conlega*, 50 Ausbruch des Machtkampfes gegen Caesar. 48 nach
    der Schlacht bei Pharsalos (in Thessalien) Flucht nach Ägypten und Ermordung durch König
    Ptolemaios XIII. von Ägypten.
31 64 v. Chr.

ausgeforscht war, was er ausforschen wollte, rief er alle an einen Ort zusammen, welche die größte Notlage und die meiste Kühnheit aufwiesen. Dort kamen aus dem Senatorenstand zusammen: Publius Lentulus Sura,[32] Publius Autronius,[33] Lucius Cassius Longinus,[34] Gaius Cethegus,[35] Publius Sulla und Servius Sulla,[36] Lucius Vargunteius,[37] Quintus Annius,[38] Marcus Porcius Lacea,[39] Lucius Bestia[40] und Quintus Curius,[41] ferner aus dem Ritterstand Marcus Fulvius Nobilior,[42] Lucius Statilius,[43] Publius Gabinius Capito[44] und Gaius Cornelius.[45] **5** Zu diesen gesellten sich

32 Publius Cornelius Lentulus Sura, 81 Quästor, 75 Prätor, 74 Proprätor in Sizilien, 71 Konsul, wurde im folgenden Jahr wegen seines Lebenswandels von den Zensoren des Senates verwiesen, 63 zum zweiten Mal Prätor, wodurch ihm der Wiedereintritt gelang, er schloss sich mit völlig eigennützigen Motiven Catilina an und war einer der Verbindungsmänner zum gallischen Stamm der Allobroger, wurde später als einer der Mitverschwörer hingerichtet.

33 Publius Autronius Paetus, Mitschüler und Jugendfreund Ciceros, 75 dessen Kollege als Quästor, 73–72 Legat in Griechenland, 68 Prätor, 65 designierter Konsul, aber wegen Bestechung angeklagt und vom Amt ausgeschlossen, nach Ciceros Urteil (Rede für Sulla 25 und 71) frech, dem Luxus ergeben, räuberisch und gewalttätig, später als Mitverschwörer Catilinas verbannt.

34 Lucius Cassius Longinus, 66 Prätor mit Cicero, 64 dessen erfolgloser Mitbewerber um das Konsulat, verhandelte mit den Allobrogern, später wegen Brandstiftung in Abwesenheit zum Tode verurteilt, dann aber verbannt.

35 Gaius Cornelius Cethegus, noch jung und verwegen, hatte beim Feldzug gegen Sertorius in Spanien Quintus Metellus Pius verwundet und so ein Zeugnis seiner Grausamkeit gegeben, wollte Cicero ermorden, unterhielt ein Waffenlager in seinem Haus und wurde später als Mitverschwörer hingerichtet.

36 Publius Cornelius Sulla und Servius Cornelius Sulla, Neffen des Diktators, nicht identisch mit dem von Cicero verteidigten Publius Cornelius Sulla, beide später wegen Beteiligung an der Verschwörung mit Verbannung bestraft.

37 Lucius Vargunteius, Quästor 75 mit Cicero, der Bestechung angeklagt, von Hortensius verteidigt, ein Hüne von einem Mann, war möglicherweise schon in die Unruhen des Jahres 66 v. Chr. involviert, sollte Cicero ermorden, 62 als Anhänger Catilinas mit Verbannung bestraft.

38 Quintus Annius, Senator, Verschwörungsteilnehmer, vielleicht Verbindungsperson zu den Allobrogern in Gallien, trug eventuell den Beinamen Chilo, in Abwesenheit verurteilt.

39 Marcus Porcius Lacea, Senator, stellte sein Haus den Verschwörern als Versammlungsort zur Verfügung, wurde später verbannt.

40 Lucius Calpurnius Bestia, Enkel des gleichnamigen Konsuls, designierter Volkstribun für das Jahr 62, sollte mit einer Anklage gegen Cicero das Startsignal für den Umsturz geben, wurde nicht bestraft und trat planmäßig sein Amt an und klagte Cicero wegen dessen scharfen Vorgehens gegen die Catilinarier an.

41 Quintus Curius, 71 Quästor, aus dem Senat ausgestoßen, Teilnehmer der Verschwörung, dann aber Informant Ciceros.

42 Marcus Fulvius Nobilior stammte aus dem Ritterstand.

43 Lucius Statilius Capito, römischer Ritter, blieb, als Catilina abreiste, in Rom und sollte einige Brände legen, Verbindungsmann zu den Allobrogern, am 5. Dezember mit den ersten Verschwörern hingerichtet.

44 Publius Gabinius Capito, römischer Ritter, eifriger Anhänger Catilinas, am 5. Dezember als einer der ersten Verschwörer hingerichtet.

45 Gaius Cornelius, römischer Ritter, verübte den Mordanschlag auf Cicero, blieb, vermutlich als Kronzeuge, straflos.

viele aus den Kolonien und Munizipalbürger,[46] die daheim zum Adel gehörten.[47] Außerdem waren viele Adlige eher heimlich Teilnehmer an diesem Plan, die mehr die Hoffnung auf Despotie anfeuerte als Armut oder andere Zwangslagen. *6* Im Übrigen begünstigte besonders die Jugend, vor allem die adlige, Catilinas Pläne. Diese, die in ihrer Muße die Möglichkeit hatte, eher großzügig und angenehm zu leben, wünschte sich mehr die Unsicherheit statt der Sicherheit, mehr den Krieg statt des Friedens. *7* Es gab auch Zeitgenossen, die glaubten, dass Marcus Licinius Crassus[48] sehr wohl in diesen Plan eingeweiht war. Weil Gnaeus Pompeius, der ihm verhasst war,[49] ein großes Heer anführte, habe er selbst jede beliebige Macht, die sich gegen diesen richtete, gerne wachsen sehen, wobei er gleichzeitig darauf vertraute, dass, wenn die Verschwörung erfolgreich wäre, er sich selbst bei diesen Leuten leicht zum Anführer machen könne.

Die erste Verschwörung

(18) Aber zuvor verschworen sich einige wenige gegen den Staat, unter denen ebenfalls Catilina war. *2* Davon will ich, so wahrheitsgetreu ich kann, berichten. Im Konsulat von Lucius Tullius und Manius Lepidus,[50] als Autronius und Publius Sulla[51] designierte Konsuln waren, wurden diese

---

46 Eine Kolonie war eine von römischen Bürgern gegründete und besiedelte Stadt in eroberrtem Gebiet. Ein Munizipium bzw. eine Munizipalstadt war eine italische Stadt, deren Bewohner in einem speziellen Pflicht- und Rechtsverhältnis zu Rom standen.

47 Die Stadtadligen der italischen Städte besaßen zum Teil großen Einfluss in Rom durch Stimmrecht in den Komitien (Volksversammlungen) und aufgrund persönlicher Bekanntschaften mit Senatoren.

48 Marcus Licinius Crassus Divus (der Reiche), geboren 115 v. Chr., hatte als Anhänger Sullas während der Proskriptionen und durch geschickte Spekulationen sein riesiges Vermögen erworben. 73 Prätor, 71 schlug er in nur sechs Monaten den Spartakusaufstand nieder und ließ 6000 Sklaven entlang der Via Appia kreuzigen. 70 Konsul mit Pompeius, 65 Zensor; es bestand der unbewiesene Verdacht, dass er aus Abneigung gegen Pompeius Catilia unterstützt haben soll. Durch Caesar mit Pompeius versöhnt, bildeten diese drei im Jahre 60 das erste Triumvirat, einen privaten Zusammenschluss dreier Männer mit dem Ziel, die Politik des römischen Staates alleine zu bestimmen. Mit Pompeius wurde Crassus 55 v. Chr. erneut Konsul; bei einem Feldzug gegen die Parther fiel er im Jahr 53.

49 Pompeius hatte die Niederwerfung des Spartakusaufstandes, in dessen letzte Kämpfe er eingegriffen hatte, 71 für sich proklamiert, und damit Crassus, der die Niederschlagung eigentlich bewerkstelligt hatte, brüskiert.

50 Lucius Volcatius Tullus und Marcus Aemilius Lepidus, Konsuln 46 v. Chr.

51 Publius Cornelius Sulla, Verwandter des Diktators, wegen der ersten Catilinarischen Verschwörung erfolgreich von Hortensius verteidigt, 65 Wahl zum Konsul, aber Verurteilung *de ambitu*, war geldgierig und hielt sich vor allem an mächtige Gönner und Beschützer; sein

wegen Bestechung der Wähler bestraft.[52] **3** Wenig später wurde Catilina in einem Repetundenprozess[53] angeklagt und so daran gehindert, sich für das Konsulat zu bewerben, weil er sich nicht innerhalb der vorgeschriebenen Frist melden konnte.[54] **4** In derselben Zeit war da noch Gnaeus Piso,[55] ein vornehmer junger Mann von höchster Kühnheit, der arm war und sich gerne in Parteikämpfe einmischte. Diesen veranlassten seine Armut und seine schlechte Gesinnung, die staatliche Ordnung zu stören. **5** Mit ihm bereiteten Catilina und Autronius um die Nonen (= den 7.) des Dezember nach einem verabredeten Plan vor, am 1. Januar die Konsuln Lucius Cotta[56] und Lucius Torquatus[57] zu ermorden und, wenn sie die Macht an sich gerissen haben würden, Piso mit einem Heer in die beiden hispanischen Provinzen[58] zu entsenden. **6** Nachdem die Sache entdeckt worden war, verschoben sie den Mordplan wiederum auf die Nonen (= den 5.) des Februar. **7** Schon damals planten sie, nicht nur den Konsuln, sondern auch den meisten Senatoren den Untergang zu bereiten. **8** Wenn sich Catilina nicht zu sehr beeilt hätte, den Mitverschwörern vor der Kurie das Zeichen zu geben, wäre an diesem Tag das übelste Verbrechen seit Gründung der Stadt Rom verübt worden.

Ankläger wegen der zweiten Catilinarischen Verschwörung war Lucius Manlius Torquatus, von Cicero verteidigt, wiederum erfolgreich, später wurde er Anhänger Caesars.

52 Aufgrund der *lex Cornelia de ambitu* wurde die Wahl für ungültig und die Kandidaten für nicht mehr wählbar erklärt; sie wurden aus dem Senat ausgeschlossen. Nach diesem Gesetz vom Jahre 67 drohten Geldstrafen und Ausschluss von Ämtern und aus dem Senat. Später erst wurde die *lex Tullia* erlassen, die als Strafe das Exil androhte.

53 Ein Prozess wegen unrechtmäßiger Ausbeutung von Provinzen. Bei Catilina ging die Anklage von Gesandten der *provincia Africa* aus.

54 Catilina war vor Ablauf seiner Amtszeit als Proprätor aus Africa zurückgekehrt, um sich rechtzeitig vor Fristablauf, d. h. 17 Tage vor den Wahlkomitien, als Kandidat anzumelden. Aufgrund der bereits vorliegenden Beschwerde der Legaten aus der *provincia Africa* bestimmte der Senat, von Konsul Volcatius befragt, dass der Konsul in der Wahlversammlung auf dem Marsfeld die Wahl Catilinas untersagen sollte. Darauf trat Catilina von der Kandidatur zurück. Die beiden Gewählten, Autronius und Sulla, erhielten das Amt allerdings aus demselben Grund wie Catilina ebenfalls nicht, und in einer weiteren Wahl wurden aus den bisherigen Mitbewerbern Lucius Aurelius Cotta und Lucius Manlius Torquatus gewählt. Im folgenden Jahr war Catilina erneut aus demselben Grund angeklagt, dieses Mal von Publius Clodius, dem späteren Widersacher Ciceros. Bei dieser Wahl konnte sich, wie es Sallust hier für das Vorjahr darstellt, gar nicht erst als Bewerber melden.

55 Gnaeus Piso (Frugi), gehörte schon im Jahr 66 zur Ersten Catilinarischen Verschwörung, war dennoch 65/64 Quästor *pro praetore* in Hispanien, 46 wiederum in Africa, 23 Suffektkonsul, möglicherweise ist er identisch mit dem Adressaten der *Ars poetica* des Horaz.

56 Lucius Aurelius Cotta, um 81 Quästor, 70 Prätor, 65 Konsul, 64 Zensor.

57 Lucius Manlius Torquatus, geboren um 108, 68 Prätor, 65 Konsul, trat später für Cicero ein.

58 Spanien war aufgeteilt in die *provincia Hispania citerior*, später Tarraconensis und die provincia *Hispania ulterior*, später Lusitania und Baetica.

Weil aber noch keine ausreichende Zahl von Bewaffneten zusammengekommen war, vereitelte diese Tatsache den Plan.

(19) Später wurde Piso als Quästor *pro praetore* ins diesseitige Hispanien geschickt, unter Crassus' Zustimmung, weil dieser ihn als einen unversöhnlichen Gegner des Pompeius erkannte. *2* Daher gab ihm der Senat die Provinz nicht unwillig, weil er ja diesen verbrecherischen Menschen möglichst weit vom [Machtzentrum] des Staates entfernt sehen wollte, gleichzeitig weil viele Optimaten in ihm einen Schutz zu haben glaubten und schon damals Pompeius' Macht furchterregend groß war. *3* Dieser Piso aber wurde von hispanischen Reitern, die er im Heer anführte, auf dem Weg erschlagen. *4* Es gibt einige, die sagen, dass die Barbaren seine ungerechten, überheblichen, grausamen Befehle nicht ertragen konnten, *5* andere aber, dass jene Reiter als alte und treue Anhänger des Gnaeus Pompeius[59] auf dessen Wunsch hin Piso angegriffen hätten. Denn niemals hätten die Hispanier ein solches Verbrechen begangen, sondern eher viele grausame Befehle ertragen. *6* Dieses Thema verlassen wir an dieser Stelle. Von der ersten Verschwörung ist damit genug gesagt.

Catilinas Rede an seine Anhänger

(20) Sobald Catilina sah, dass diejenigen, die ich vorhin erwähnt habe, zusammengekommen waren, hielt er es für ratsam, obgleich er mit Einzelnen viel und oft geredet hatte, dennoch alle anzusprechen und zu ermuntern, und er setzte sich in einen abgelegenen Teil des Hauses und hielt dort, nachdem er alle Zeugen weit weggeschickt hatte, etwa folgende Rede:

2 Wenn mir nicht eure Tapferkeit und Treue deutlich geworden wären, so wäre eine günstige Gelegenheit verfallen; große Hoffnung und die Herrschaft wären vergeblich in unseren Händen gewesen, und ich hätte mit trägen und nichtsnutzigen Geistern das Unsichere nicht als etwas Sicheres ergriffen. 3 Weil ich euch aber in vielen und heftigen Stürmen als tapfer und mir gegenüber treu kennengelernt habe, deswegen wagte es mein Herz, das Größte und Schönste in Angriff zu nehmen, auch deswegen, weil ich begriffen habe, dass für euch dieselben Dinge wie für mich gut und

---

59 Diese hatte Pompeius im Krieg gegen den grausamen Sertorius, den Anführer eines Aufstandes in Hispanien 77–72 erworben.

schlecht sind. **4** *Denn dasselbe zu wollen und dasselbe nicht zu wollen, das ist schließlich feste Freundschaft.* **5** *Was ich aber in meinem Geist hin und her bewege, habt ihr alle schon vorher verschiedentlich gehört.* **6** *Darüber hinaus brennt mein Herz von Tag zu Tag mehr, wenn ich bedenke, welche Lebensumstände künftig herrschen, wenn wir uns nicht selbst die Freiheit verschaffen.* **7** *Nachdem nämlich die res publica in die Rechtsgewalt und die Herrschaft (ius atque dicio)*[60] *einiger weniger Mächtiger geraten ist, waren ihnen Könige und Fürsten steuerpflichtig, Völker und Nationen zahlten Abgaben. Alle übrigen anständigen und guten Leute, vornehme und einfache wurden zum gemeinen Volk, ohne Ansehen und Einfluss denen unterworfen, für die wir, wenn die res publica noch rechtmäßig bestünde, ein Schrecken wären.* **8** *Daher liegen das ganze Ansehen, die Macht, Ehre und der Reichtum bei ihnen bzw. bei denen, bei denen sie es wollen. Für uns bleiben Gefahr, Zurückweisung, Prozesse und Armut.* **9** *Wie lange wollt ihr dies noch ertragen, ihr tapferen Männer? Ist es nicht besser in Tapferkeit zu sterben, als ein armseliges, ehrloses Leben, in dem man zum Spielball fremden Hochmuts wird, in Schande zu verlieren?* **10** *In Wirklichkeit aber bei aller Treue der Götter und Menschen, ist der Sieg in unserer Hand. Wir stehen im blühenden Alter und haben starken Mut. Sie dagegen wurden in jenen Jahren und in ihrem Reichtum in jeder Hinsicht alt. Wenn unsere Sache nur erst begonnen ist, wird sich der Rest schon ergeben.* **11** *Denn wer von allen Sterblichen, der einen mannhaften Geist hätte, kann ertragen, dass bei ihnen der Reichtum überfließt, wie sie ihn vergeuden, indem sie im Meer bauen und Berge einebnen, während uns der Lebensunterhalt, ja das Notwendigste fehlt? Dass jene zwei oder mehr Paläste bauen, während wir keinen Altar für unsere Hausgötter haben.* **12** *Dass diese Bilder, Figuren und schöne Vasen kaufen, Neues niederreißen, anderes an die Stelle bauen, schließlich auf jede Weise ihr Geld verschleudern und hinauspulvern und dennoch auch mit größter Schwelgerei nicht in der Lage sind, ihren Reichtum kleinzukriegen.* **13** *Wir aber leiden Mangel im Haushalt, haben Schulden bei anderen, unsere Verhältnisse sind schlecht und die Zukunftsaussichten noch viel schlechter. Was bleibt uns schließlich am Ende außer einer armen Seele?* **14** *Warum also erwachen wir nicht? Siehe, was ihr oft ersehnt habt – dort stehen euch Freiheit und außerdem Reichtum, Ruhm*

---

60 Der Begriff bezeichnet den Zustand völliger Abhängigkeit.

und Ehre vor Augen. All dies hat das Schicksal als Belohnung ausgesetzt.
15 *Die Verhältnisse, die Zeitumstände, die Gefahren, die Not, großartige*
Kriegsbeute spornen euch mehr an als meine Rede. ***16*** *Setzt mich ein als*
Befehlshaber oder als einfachen Soldaten: Weder mein Geist noch mein
Körper werden euch im Stich lassen. Genau dies will ich als Konsul mit euch
zusammen durchsetzen, außer wenn mein Herz mich vielleicht täuscht und
ihr mehr auf das Dienen als auf das Herrschen ausgerichtet seid.

Besprechung des Verschwörungsplans

(21) Nachdem die Männer dies gehört hatten, denen alles Elend im
Überfluss zuteil war, die aber weder die gegenwärtigen Verhältnisse
noch irgendeine gut Zukunftshoffnung als die ihre betrachten konnten, denen auch schon die Störung der allgemeinen Ruhe als Erfolg
erschien, forderten doch die meisten, dass er die Bedingungen des
Kriege erläutere, welche Belohnung sie mit Waffen anstreben sollten,
was sie überhaupt an Möglichkeiten oder Hoffnungen zu erwarten
hätten. ***2*** Darauf versprach Catilina neue Schuldenerlasse, Proskriptionen[61] gegen die Reichen, Beamten und Priester, Plünderungen und alles
andere, was Krieg und Begierde der Sieger mit sich bringen. ***3*** Außerdem befinde sich im diesseitigen Hispanien Piso, in Mauretanien mit
einem Heer Publius Sittius Nucerinus,[62] ein in seinen Plan Eingeweihter.
Gaius Antonius[63] strebe das Konsulat an, und er hoffe, dessen Kollege

---

61 Proskription (wörtl.: Bekanntmachung) bezeichnet die Veröffentlichung von Namen
   politischer Feinde auf Tafeln, wobei die dort aufgeführten Personen gleichsam vogelfrei
   waren; auf ihre Ermordung wurde eine Prämie ausgesetzt, ihr Vermögen fiel an den Staat,
   der es günstig verkaufte, Söhne und Enkel waren von politischen Ämtern ausgeschlossen.
   Erstmals unter Sulla verhängt, kosteten sie 40 Senatoren und 1600 Ritter das Leben, beim
   zweiten Mal unter dem zweiten Triumvirat (Octavian, Antonius und Lepidus, 43 v. Chr.) 300
   Senatoren, darunter Cicero, und 2000 Ritter.
62 Publius Sittius Nucerinus (d. h. aus Nuceria) warb in Catilinas Auftrag in Spanien Truppen
   an und floh mit ihnen nach einem deswegen eingeleiteten Prozess nach Nordafrika. Dort
   stand er zunächst unter dem Schutz verschiedener regionaler Herrscher. Als Freund des
   mauretanischen Königs Bocchus kämpfte er im Bürgerkrieg im Jahr 46 für Caesar an der Seite
   Sallusts. Zum Dank erhielt er von Caesar Cirta in Numidien zur Ansiedlung seiner Soldaten.
   Sittius wurde im Frühjahr 44 von einem afrikanischen Prinzen getötet.
63 Gaius Antonius Hybrida war der Sohn des Redners Marcus Antonius; 84 Quästor, 70
   wegen Ausplünderung von Bundesgenossen aus dem Senat verwiesen, bald aber wieder
   aufgenommen, 68 Volkstribun, 66 mit Cicero Prätor, 63 mit diesem Konsul; seine Haltung
   gegenüber der Verschwörung war unklar; 59 wurde er als Verschwörungsteilnehmer angeklagt und von Cicero erfolglos verteidigt, 44 von Caesar aus der Verbannung zurückgeholt;
   42 war er Zensor.

zu werden; ein mit ihm vertrauter Mann, der zurzeit durch alle möglichen Nöte bedrückt sei. Mit diesem werde er als Konsul den Anfang machen. *4* Darüber hinaus belegte er alle Anständigen mit Schmähungen, wohingegen er jeden Einzelnen seiner Leute namentlich lobte. Er erinnerte den einen an seine Bedürftigkeit, den anderen an seine Wünsche, die meisten an die Gefahr und die Schande, viele an den Sieg Sullas, von dem sie Beute erhalten hatten. *5* Als er sah, dass die Herzen aller aufgeregt waren, ermunterte er sie, dass sie sich für seine Kandidatur einsetzten, und entließ die Versammlung.

(22) Zu jener Zeit gab es welche, die sagten, dass Catilina, nachdem er diese Rede gehalten und seine Leute durch einen Eid zu dem gemeinen Verbrechen verpflichtet hatte, mit Wein vermischtes menschliches Blut in Schalen habe herumgehen lassen.[64] *2* Als daher nach den Verwünschungen jeder davon getrunken hatte, wie es bei feierlichen Opfer zu geschehen pflegt, habe er seinen Plan eröffnet, und er habe dies so getan, dass sie untereinander umso treuer waren, weil einer des anderen Mitwisser bei einem solchen Verbrechen war. *3* Einige glaubten auch, dass dieses und vieles darüber hinaus erfunden worden sei von denen, die den Hass auf Cicero, der später aufkam,[65] zu besänftigen glaubten durch das Ausmaß der Verbrechen derer, die ihre Strafen verbüßten. Mir scheint diese Sache, gemessen an der Bedeutung des Falles, zu unsicher überliefert.

Anzeige der Verschwörung

(23) An dieser Verschwörung nahm auch Gaius Curius teil, der aus einer wohlbekannten Familie stammte, bestens erfahren war in Verbrechen und Freveltaten, den die Zensoren wegen seines schlechten Charakters aus dem Senat geworfen hatten. *2* Diesen Mann zeichnete nicht weniger Eitelkeit als Verwegenheit aus. Er konnte nicht verschweigen, was er gehört hatte, noch selbst seine eigenen Verbrechen verbergen, kurz: Er

---

64 Cassius Dio malt in seiner Römischen Geschichte diese Szene noch deutlicher aus (37,30,3) und berichtet von der Ermordung eines Jungen, über dessen Eingeweide die Eidleistung stattgefunden habe. Der Junge sei anschließend von den Verschwörern verspeist worden.

65 Der Vorwurf lautete, Cicero hätte die Verschwörer nicht aufgrund eines bloßen Senatsbeschlusses hinrichten dürfen. Die Abneigung gegen ihn als Konsul des Jahres 63 beruhte aber tatsächlich weniger auf der Abwehr der Verschwörung, die er erfolgreich gemeistert hatte, als auf dem anschließenden unerträglichen Selbstlob, das er darüber verbreitete.

hatte keine Selbstkontrolle darüber, was er sagte und tat. *3* Dieser pflegte mit Fulvia,[66] einer vornehmen Frau, schon lange ein ehebrecherisches Verhältnis. Als er ihr nicht mehr so willkommen war, weil er ihr aus Mangel nicht mehr so viel bieten konnte, begann er plötzlich großtuerisch, Berge und Meere zu versprechen und dazwischen gelegentlich mit dem Schwert zu drohen, wenn sie ihm nicht gehorsam wäre. Schließlich führte er sich noch wilder auf als gewöhnlich. *4* Fulvia aber hielt, als sie den Grund seines ungewöhnlichen Verhaltens bemerkt hatte, die Gefahr für die *res publica* nicht geheim, sondern erzählte unter Verschweigung der Quelle von der Verschwörung Catilinas, was sie auf welche Weise gehört hatte, vielen Personen. *5* Diese Sache bewirkte vor allem, dass man sich [vonseiten des Senats] bemühte, bei der Wahl das Konsulat Cicero zu übertragen. *6* Denn zuvor glühte der größte Teil des Adels vor Neid, und sie glaubten, dass das Konsulat besudelt werde, wenn sie es einem *homo novus*[67] übertrügen, auch wenn er ein herausragender Mann war. Sobald aber die Gefahr nahte, standen Neid und Hochmut zurück.

(24) Als daher die Volksversammlungen gehalten worden waren, wurden Marcus Tullius Cicero[68] und Gaius Antonius als Konsuln ausgerufen.[69] Diese Tatsache erschütterte zunächst die Verschwörungsteilnehmer, *2* und die rasende Wut Catilinas wurde keineswegs kleiner, sondern er wurde von Tag zu Tag aktiver. In ganz Italien beschaffte er Waffen, die an geeigneten Orten gesammelt wurden. Geld, das er entweder für sich oder im Namen von Freunden erhalten hatte, ließ er nach Faesulae[70] zu einem gewissen Manlius[71] bringen, der später den Beginn des Krieges anführte. *3* Zu dieser Zeit, so sagt man, hatte

---

66 Fulvia kann nicht mit Gewissheit identifiziert werden.

67 *Homo novus* wurden Männer genannt, die als erste Mitglieder ihrer Familie ein politisches Amt und die Mitgliedschaft im Senat erlangten.

68 Marcus Tullius Cicero, geboren 106 in Arpinum, der Heimatstadt Marius', wie dieser aus dem Ritterstand, Optimat, 75 Quästor, 69 Ädil, 66 Prätor, 63 Konsul; obgleich *homo novus,* erhielt er alle politischen Ämter *suo anno,* d. h. nach Erreichung des Mindestalters, tat sich ebenso als bedeutender Anwalt und rhetorischer und philosophischer Schriftsteller hervor. Bei dem Prozess gegen Catilina wegen Erpressung seiner Provinz hatte Cicero sogar noch erwogen, dessen Verteidigung zu übernehmen (vgl. Briefe an Atticus 1,2,1).

69 Zuerst wurde Cicero als der qualifizierteste Bewerber gewählt, im Kampf um die zweite Konsulstelle schlug Antonius Catilina nur knapp.

70 Das heutige Fiesole bei Florenz.

71 Gaius Manlius, Centurio unter Sulla, führte 63 eine Truppe unzufriedener Siedler in Arretium (dem heutigen Arezzo) und Faesulae. Catilina gliederte den ursprünglich unabhängig tätigen Aufständischen in seinen Plan ein.

Catilina sehr viele Männer jedes Standes angeworben, sogar einige Frauen, die zuerst durch das Feilbieten ihres Körpers die ungeheuren Aufwendungen trugen, später aber, als das Alter zwar ihrem Gewerbe, nicht jedoch ihrem Bedarf an Luxus eine Grenze setzte, hohe Schulden aufgehäuft hatten. *4* Durch sie glaubte Catilina, die städtische Sklavenschaft anstacheln, die Stadt anzünden und ihre Männer entweder an sich binden oder töten zu können.

Sempronia

(25) Unter diesen gab es aber eine gewisse Sempronia,[72] die schon oft viele Verbrechen von ähnlicher Verwegenheit begangen hatte. *2* Diese Frau war durch Abstammung und Gestalt, ferner durch Mann und Kinder mit Glücksgütern reichlich ausgestattet. Sie konnte lateinisch und griechisch lesen, singen, ziemlich anmutig tanzen, wie es sich für eine vornehme Frau gehört, und vieles andere, was eher zum Luxusleben gehört, konnte sie auch. *3* Doch immer liebte sie alles mehr als Sitte und Anstand. Ob sie ihr Vermögen oder ihren Ruf weniger schonte, lässt sich kaum sagen. Ihre Begierde brannte so, dass sie selbst öfter Männer aufsuchte, als dass sie aufgesucht wurde. *4* Sie hatte aber früher schon oft die Treue gebrochen, geliehenes Geld verweigert, war Mitwisserin von Mord geworden. Durch Verschwendungssucht und Not war sie tief gestürzt. *5* Aber sie besaß keine schlechte Begabung. Sie konnte dichten, Scherze machen, sich einer sittsamen oder einfühlsamen oder frechen Sprache bedienen, ferner besaß sie viel Witz und Anmut.

Erneute Niederlage Catilinas bei den Konsulwahlen für 62

(26) Nachdem diese Dinge vorbereitet worden waren, strebte Catilina dennoch das Konsulat des folgenden Jahres an in der Hoffnung, dass er, wenn er gewählt würde, seinen Kollegen leicht nach seinem Willen würde lenken können. Und inzwischen blieb er keineswegs untätig, sondern stellte Cicero auf jede Weise Fallen. *2* Diesem aber fehlten Schlauheit und Geschick nicht, um auf der Hut zu sein. *3* Denn gleich am Anfang seines Konsulats hatte er durch Versprechungen bei Fulvia

---

72 Sempronia war vermutlich die Ehefrau des Decimus Iunius Brutus und die Mutter des gleichnamigen Caesarmörders (nicht des Anführers Marcus). Vielleicht war sie die Tochter von Gaius Gracchus.

erreicht, dass Quintus Curius, den ich vorhin erwähnt habe, ihm Catilinas Pläne verriet. **4** Dazu hatte er seinen Kollegen Antonius durch eine Abmachung über die Provinz[73] dazu gebracht, dass er nichts gegen die *res publica* unternehme. Heimlich hatte er eine Wache aus Freunden und Klienten um sich. **5** Als der Tag der Volksversammlung gekommen war[74] und Catilina weder die Bewerbung noch der Hinterhalt, welchen er den Konsuln im Marsfeld bereitet hatte, glücklich gelangen, beschloss er einen Krieg zu beginnen und das Äußerste zu wagen, da ja das, was er heimlich versucht hatte, schlecht und hart für ihn ausgegangen war.

Anschlag auf Cicero

(27) Daher schickte er Gaius Manlius nach Faesulae und in den umliegenden Teil Etruriens, einen gewissen Septimius aus Camerinum[75] in die Gegend der Picener, Gaius Iulius[76] nach Apulien, außerdem andere anderswohin, jeden dorthin, wo er glaubte, dass er ihm nützlich sein werde. **2** Inzwischen setzte er in Rom vieles gleichzeitig in Bewegung: Gegen die Konsuln plante er einen Hinterhalt, er legte Brände, an geeigneten Plätzen positionierte er bewaffnete Männer. Er selbst war bewaffnet und befahl anderen dasselbe, er ermunterte sie, auf der Hut und stets bereit zu sein. Tag und Nacht eilte er und wachte und wurde weder durch den Mangel an Schlaf noch durch die Anstrengungen erschöpft. **3** Als dem Eifrigen schließlich vieles misslang, rief er, wieder mitten in der Nacht,[77] die Anführer der Verschwörung durch Marcus Porcius Laeca[78] zusammen, **4** und indem er dabei viel über ihre Trägheit klagte, unterrichtete er sie darüber, dass er Manlius zu jener Truppe vorausgeschickt habe, welche er auf den Griff nach den Waffen vorbereitet hatte, ebenso andere an weitere geeignete Orte, die den Krieg losbrechen lassen sollten. Er selbst wolle zum Heer aufbrechen, wenn er zuvor Cicero niedergerungen hätte. Dieser arbeite seinen Plänen am meisten entgegen.

---

73 Cicero hatte ihm das reiche Makedonien abgetreten, das eigentlich ihm selbst durch Los zugefallen war.
74 Die Wahl fand am 21. Oktober 63 statt, gewählt wurden Decimus Iunius Silanus und Lucius Licinius Murena.
75 Camerinum, wohl das heutige Camerino in Umbrien. Von Septimius aus dem Stamm der Camerter ist sonst nichts bekannt.
76 Vermutlich ein Offizier im Krieg gegen die Piraten unter Antonius Creticus 72 v Chr.
77 Am 6. November.
78 Ein sonst nicht näher bekannter Senator.

(28) Denen, die darüber erschraken, und denen, die noch zögerten, versprach Gaius Cornelius, ein römischer Ritter, seine Hilfe, und mit ihm beschloss Senator Lucius Vargunteius,[79] in dieser Nacht wenig später mit bewaffneten Männern wie als Retter zu Cicero zu gehen und aus der Überraschung heraus den Ahnungslosen in seinem Haus niederzustechen. *2* Curius meldete, sobald er begriffen hatte, wie viel Gefahr dem Konsul drohte, schnell durch Fulvia Cicero die List, die gegen ihn vorbereitet wurde. *3* So nahmen jene, denen das Betreten des Hauses verboten wurde, den Versuch einer so schändlichen Tat vergeblich auf sich. *4* Inzwischen versetzte Manlius das Volk in Etrurien in Aufregung, das ebenso wegen Armut wie wegen erlittenen Unrechts begierig auf Umsturz war, weil jeder während der Diktatur Sullas Äcker und Güter verloren hatte, und er gewann Räuber jeder Art, von denen es in Etrurien eine große Menge gab, einige aus den von Sulla angelegten Kolonien,[80] denen Verschwendung und Schwelgerei aus vielen Raubzügen nichts übrig gelassen hatte.

(29) Als dies Cicero gemeldet wurde, war er von der zweifach hereinbrechenden Sorge getrieben, dass er weder die Stadt durch seinen eigenen Rat länger vor dem Übel beschützen konnte, noch genau genug erfahren hatte, wie weit Manlius' Heer gehen würde. Daher legte er die Sache dem Senat vor, die durch Gerüchte längst vorher beim Volk verbreitet worden war. *2* Deswegen beschloss der Senat, was er meistens in großer Gefahr zu tun pflegte, dass die Konsuln dafür sorgen sollen, dass die *res publica* keinen Schaden nehme. *3* Dies ist die umfassendste Befugnis, die nach römischer Sitte vom Senat dem Magistrat verliehen wird: ein Heer auszuheben, Krieg zu führen, Bürger und Bundesgenossen auf jede Weise in die Pflicht zu nehmen, daheim und im Feld die höchste Befehls- und Gerichtsgewalt zu üben.[81] Sonst haben die Konsuln keines dieser Rechte ohne die Einwilligung des Volkes.

---

79 Lucius Vargunteius, Senator, seit 66 Anhänger Catilinas, einer derjenigen, die Cicero ermorden sollten, vermutlich im Jahr 62 verurteilt.

80 Sulla hatte 120 000 Soldaten in Militärkolonien in Etrurien, Samnium und Lukanien angesiedelt, unter denen die angestammte Bevölkerung nicht wenig zu leiden hatte. Dennoch schloss sie sich hier offenbar mit ihnen zusammen und dem Aufstand an.

81 Es handelte sich bei diesem Beschluss um einen *senatus consultum ultimum*, offiziell *senatus consultum de republica defendenda*, das den Konsuln nahezu diktatorische Vollmachten gab, um die öffentliche Ordnung wiederherzustellen, dagegen war keine *provocatio* (Berufung) in der Volksversammlung möglich. Das *senatus consultum ultimum* war allerdings

Ausnahmezustand in Rom

(30) Einige Tage später trug der Senator Lucius Saenius[82] einen Brief vor, von dem er sagte, dass er ihm aus Faesulae gebracht worden sei, worin geschrieben stehe, dass Gaius Manlius am 27. Oktober mit einer großen Menschenmenge die Waffen ergriffen habe. *2* Gleichzeitig meldeten andere, was in solchen Fällen zu geschehen pflegt, Vorzeichen und Missgeburten und dass sich in Capua und Apulien ein Sklavenaufstand[83] erhebe. *3* Daher wurden durch einen Senatsbeschluss Quintus Marcius Rex[84] nach Faesulae, Quintus Metellus Creticus[85] nach Apulien und in die umliegenden Gegenden geschickt. *4* Diese beiden wurden Befehlshaber bei der jeweiligen Stadt, damit nicht durch diese Ränke diejenigen ungehindert siegten, die alles Anständige und Unanständige zu verkaufen pflegten. *5* Der Prätor Quintus Pompeius Rufus[86] aber wurde nach Capua, Quintus Metellus Celer[87] nach Picenum geschickt, und ihnen wurde erlaubt, dass sie sich wegen der Zeitumstände und der Gefahr ein Heer zusammenstellten. *6* Dazu kam, dass, wenn jemand eine Verschwörung anzeigte, die gegen die *res publica* unternommen wurde, einem Sklaven als Belohnung die Freiheit und 100 Sesterzen, einem Freien Straflosigkeit in dieser Sache und 200 Sesterzen versprochen wurden. Ebenso beschlossen sie, dass Gladiatorentrupps in Capua und den übrigen Munizipalstädten verteilt würden,[88] je nach Truppenstärke, und in

---

bereits am 21. Oktober erlassen worden, Catilina erwähnt es aber im Zusammenhang mit dem 7. November. Bedeutsam ist hier vor allem der Widerstreit der Vollmachten der Konsuln einerseits und des Appellationsrechtes römischer Bürger beim Volk im Falle einer drohenden Hinrichtung andererseits.

82 Lucius Saenius, Senator, sonst nicht bekannt.

83 Sklaven wurden in der Zeit des Bürgerkrieges durchaus auch von Feldherren wie Sulla oder Pompeius angeworben; außerdem bildeten im Umfeld des hier gerade acht Jahre zurückliegenden Spartakusaufstandes einige Sklaven auch umherziehende Banden.

84 Quintus Marcius Rex, geboren um 111, Prätor 71, Konsul 68 Prokonsul in Kilikien, wartete im Jahr 63 noch auf einen beantragten Triumph, er starb spätestens 61.

85 Quintus Metellus Creticus, Optimat, 74, Prätor, 69 Konsul mit Hortensius, 68 Prokonsul auf Kreta, Gegner des Pompeius, wartete 63 noch auf einen Triumph, den Pompeius bis 62 verhinderte, er starb kurz nach 54.

86 Quintus Pompeius Rufus, geboren um 103, 74 Quästor, 63 Prätor in, 61 Prokonsul in Africa, von Cicero wegen seines anständigen Charakters gelobt (Pro Sestio 9).

87 Quintus Metellus Celer, 71 o. 68 Volkstribun, 67 Ädil, 66 Legat des Pompeius in Asien, 63 *praetor urbanus*, und damit Oberbefehlshaber im Abwehrkampf gegen Catilina. 62 Proprätor in Gallien, 60 Konsul mit Afranius, bald danach angeblich von seiner Frau Clodia vergiftet.

88 Die Verpflichtung von Gladiatoren für besondere Aufgaben wurde öfter vorgenommen.

Rom über die ganze Stadt Wachen positioniert sein sollten, denen die niederen Beamten vorstanden.[89]

Ciceros erste Rede gegen Catilina

(31) Von diesen Dingen wurde die Bürgerschaft erschüttert und das Gesicht der Stadt verändert. Aus größter Vergnügtheit und Ausgelassenheit, welche die lange Ruhe hervorgebracht hatte, überfiel plötzlich alle die Verzagtheit. *2* Sie eilten herum, zitterten, trauten weder einem Ort noch einem Menschen richtig, hatten weder Krieg noch Frieden; jeder maß die Gefahr an seiner eigenen Angst. *3* Dazu wurden die Frauen, denen aufgrund der Größe des Staates die Angst vor dem Krieg eigentlich fremd war, eben davon gepackt, schlugen sich an die Brust und erhoben die Hände demütig zum Himmel, beklagten ihre kleinen Kinder, fragten nach allem und jedem und zitterten vor jedem Gerücht, und nachdem sie Hochmut und Ausgelassenheit abgelegt hatten, gaben sie sich und das Vaterland verloren.[90]

4 Das harte Herz Catilinas aber trieb genau das weiter, obwohl Schutzmaßnahmen ergriffen wurden und er selbst von Lucius Paulus[91] aufgrund der *lex Plautia*[92] belangt wurde. *5* Schließlich kam er, um den Eindruck zu erwecken, er sei unschuldig oder um sich zu rechtfertigen, in den Senat, als sei er durch den Unfrieden zermürbt. *6* Dann hielt Konsul Marcus Tullius, entweder, weil er dessen Anwesenheit fürchtete oder weil er vor Zorn glühte, eine glänzende und für die *res publica* wertvolle Rede, welche er später schriftlich herausgab. *7* Sobald er sich aber hingesetzt hatte, fing Catilina, als ob er darauf vorbereitet gewesen wäre alles abzustreiten, an, mit zerknirschtem Gesicht und demütiger Stimme von den Senatoren zu fordern, dass sie von ihm ja nichts Schlechtes denken sollten. Er stamme aus einer solchen Familie und habe von seiner Jugend an sein Leben so gestaltet, dass für ihn alles sehr hoffnungsvoll aussehe; sie sollten ja nicht denken, dass er,

89 Ädile, Quästoren und Tribunen im Gegensatz zu Prätoren, Konsuln und Zensoren.

90 Vgl. Cicero in der Ersten Rede gegen Catilina 3,7 und 7,17.

91 Lucius Aemilius Paulus, Bruder des Triumvirn des Jahres 43 Lepidus; 59 Quästor, 55 Ädil, 53 Prätor, 50 Konsul, trat für Ciceros Rückberufung während dessen Verbannung ein und wurde 43 selbst nach Milet verbannt, wo er auch nach seiner Rückberufung blieb.

92 Die *lex Plautia de vi* richtete sich gegen das Bandenwesen, gegen den bewaffneten Angriff auf den Senat oder die Magistrate und die Besetzung öffentlicher Plätze und Gebäude; schon der Versuch war strafbar.

ein Mann aus patrizischem Geschlecht, der selbst und dessen Vorfahren dem römischen Volk viele Wohltaten bereitet hätten, den Untergang der römischen *res publica* anstrebe, während Marcus Tullius, ein Neuankömmling unter den Bürgern Roms[93] sie retten wolle. *8* Als er diesen Beleidigungen weitere hinzufügte, überschrien ihn alle, nannten ihn einen Feind des Landes und einen Verwandtenmörder. Dann rief jener rasend: Da ich umzingelt von Feinden kopfüber gestürzt werde, will ich den an mich gelegten Brand durch Trümmer löschen.

(32) Darauf stürzte er aus der Kurie nach Hause. Dort wälzte er vieles in Gedanken hin und her, weil der Hinterhalt gegen den Konsul nicht erfolgreich war, er aber nach seiner Brandstiftung begriff, dass die Stadt mit Waffen geschützt war. Und er hielt es für das Beste, sein Heer zu vergrößern, bevor Legionen ausgehoben wurden, und vieles vorzubereiten, was im Krieg nützlich sein würde, und mitten in der Nacht brach er mit einigen wenigen in das Lager des Manlius auf.[94] *2* Cethegus und Lentulus aber und den Übrigen, deren plötzliche Verwegenheit er kannte, trug er auf, dass sie mit allen ihnen zur Verfügung stehenden Mitteln die Kraft der Partei stärkten, den Hinterhalt gegen den Konsul vorantrieben, Mord, Brandstiftung und andere Verbrechen des Krieges anzettelten. Er werde kurz vor Tagesanbruch mit einem großen Heer vor der Stadt erscheinen. *3* Während dies in Rom vor sich ging, sandte Gaius Manlius aus der Reihe seiner Legaten einen zu Marcius Rex mit folgenden Anweisungen:

Verschwörerbriefe

(33) »Wir bezeugen bei den Göttern und den Menschen, Feldherr, dass wir weder die Waffen gegen das Vaterland ergriffen haben noch irgendwie andere in Gefahr bringen wollen, sondern nur zu dem Zweck, dass wir selbst vor Unrecht bewahrt werden wollen, die wir elend und arm sind und durch Gewalt und Grausamkeit der Wucherer[95] größtenteils

---

93 Cicero stammte aus einer Ritterfamilie in Arpinum und war ein *homo novus*; Catilina versuchte hier die tatsächlich unter den alten konsularischen Familien vorhandenen Ressentiments gegen Cicero für sich auszunutzen, ging dabei jedoch offensichtlich zu weit.

94 Cicero berichtet in der Zweiten Rede gegen Catilina (Kap. 4), Catilina habe 300 Bewaffnete und Feldzeichen mitgenommen und sich als Prokonsul ausgegeben.

95 Der Regelzinssatz betrug zu jener Zeit 12 % p.a. und wurde in der Realität sogar oft noch überschritten.

die Heimat, alle aber unseren Ruf und unsere Güter verloren haben. Und keinem von uns ist es möglich, nach Art und Gesetz unserer Vorfahren zu leben, noch nach Verlust des väterlichen Erbes wenigstens persönlich frei zu sein.[96] So groß war die Rücksichtslosigkeit des Wucherers und des Prätors.[97] *2* Oft kamen eure Vorfahren, die sich des römischen Volkes erbarmten, durch ihre Beschlüsse dessen Not zu Hilfe,[98] und erst vor Kurzem, so erinnern wir uns, wurde wegen der Höhe der privaten Verschuldung, indem alle damit einverstanden waren, Silber mit Kupfer zurückbezahlt.[99] *3* Oft hat sich die *plebs* entweder aus Begierde zu herrschen oder wegen des Hochmuts der Beamten bewaffnet und von den Patriziern abgesondert.[100] *4* Wir aber streben weder Herrschaft noch Reichtum an, derentwegen sonst alle Kriege unter den Sterblichen geführt werden, sondern Freiheit, welche kein guter Mensch verlieren kann, ohne gleichzeitig seine Seele zu verlieren. *5* Dich und den Senat bitten wir inständig: Sorgt für die verarmten Mitbürger; stellt den Schutz des Gesetzes wieder her, welchen die Ungerechtigkeit des Prätors geraubt hat, und zwingt uns nicht zu überlegen, wie wir möglichst viele, wenn wir schon untergehen, mit uns in den Abgrund reißen.«

(34) Darauf antwortete Quintus Marcius: Wenn sie etwas vom Senat fordern wollten, sollten sie die Waffen niederlegen und demütig nach Rom kommen. Der Senat des römischen Volkes sei schon immer so gesinnt und barmherzig gewesen, dass niemand je vergeblich bei ihm um Hilfe gebeten habe. *2* Aber Catilina sandte von unterwegs den meisten ehemaligen Konsuln außerdem den anderen führenden Männern des Senates Briefe: Er sei zu Unrecht beschuldigt, und weil er der Partei der Feinde nicht gewachsen sei, weiche er dem Schicksal und breche ins

---

96 Wer nicht mehr in der Lage war, seine Schulden zu bezahlen, konnte nach Ablauf mehrerer Fristen in Schuldhaft beim Gläubiger geraten, was bis zum Verkauf in die Sklaverei und zur Tötung führen konnte; vgl. die *lex duodecim tabularum*, tabula III; 326 oder 313 v. Chr. wurde dagegen durch die *lex Poetelia et Papiria* (Livius, Von der Gründung der Stadt an, 8,28) festgelegt, dass ein Schuldner grundsätzlich nicht in die körperliche Gewalt des Gläubigers gegeben werden darf. Das Gesetz wurde allerdings nicht immer eingehalten.

97 Der Prätor war die Instanz, bei der ggf. gegen Wucher geklagt wurde.

98 Dabei wurde z. B. dem Volk ein Teil des Getreidepreises vom Staat finanziert.

99 Nämlich mit einem Kupfer-As, das ¼ Silbersesterz entsprach; dies geschah durch Lucius Valerius Flaccus, Konsul 86.

100 Der Überlieferung nach 494 mit dem Erfolg der Einrichtung des Volkstribunats, 449 mit dem Erfolg der Aufstellung des Zwölftafelgesetzes und 287 mit dem Erfolg, dass die Volksversammlung von nun an Gesetze erlassen durfte.

Exil nach Massilia[101] auf, nicht weil er sich eines so großen Verbrechens schuldig fühlte, sondern damit die *res publica* zur Ruhe komme und er nicht der Grund sei, dass ein Aufstand losbreche. *3* Einen sich davon stark unterscheidenden Brief trug Quintus Catulus[102] im Senat vor, von dem er sagte, dass er ihn unter dem Namen Catilinas erhalten habe. Dessen Abschrift lasse ich hier folgen:

(35) »Lucius Catilina grüßt Catulus.

Deine herausragende Treue, die sich schon in vielen Situationen gezeigt hat, ist mir in meiner bedrohlichen Lage besonders wertvoll und bestärkt mein Vertrauen. *2* Aus diesem Grund habe ich nicht beschlossen, eine Verteidigung für meinen neuesten Plan vorzubereiten. Eine Rechtfertigung will ich dir geben aus dem Bewusstsein der Unschuld. Diese wirst du, der du mir so lange treu warst, als die Wahrheit erkennen. *3* Aufgehetzt von Ungerechtigkeiten und Beleidigungen, da ich aus der Frucht meiner Arbeit und Mühe persönlich nicht den Status und Rang erreicht habe, nahm ich das allgemeine Los der Elenden an, aus meiner Gewohnheit und nicht, weil ich meine Schulden nicht aus meinem Vermögen hätte tilgen können – denn auch fremde Schulden würde die Großzügigkeit Orestillas aus ihrem und ihrer Tochter Vermögen bezahlen –, sondern weil ich unwürdige Männer in hoher Ehre stehen sah und gleichzeitig merkte, dass ich unter falscher Anklage ausgestoßen worden war. *4* Aus diesem Grund verfolgte ich die für meine Lage hinreichend ehrenvollen Hoffnungen auf die Rettung der mir verbliebenen Würde. *5* Als ich mehr schreiben wollte, wurde mir gemeldet, dass gegen mich Gewaltmaßnahmen eingeleitet würden. Nun empfehle ich dir Orestilla und überantworte sie deiner Treue. Verteidige sie bei deiner Treue. Darum bitte ich dich um deiner Kinder willen. Leb wohl.«

---

101 Massilia, das heutige Marseille, das mehrfach als Exilort für Römer erwähnt wird.
102 Quintus Lutatius Catulus, Sohn des gleichnamigen Siegers mit Marius über die Kimbern, Optimat, 81 Prätor, 78 Konsul, 73 verteidigte er oder sein Sohn Catilina erfolgreich in einem Prozess, 70 Richter im Prozess gegen Verres, 65 Zensor, 63 Distanzierung von Catilina, seine Lebensführung galt als vorbildlich, Gegner Pompeius' und Caesars, dem er bei der Wahl zum Pontifex maximus unterlegen war.

Reaktionen

(36) Er selbst aber blieb einige wenige Tage bei Gaius Flaminius[103] in der Gegend von Arretium, indem er die zuvor in Aufruhr versetzte Nachbarschaft mit Waffen ausstattete, dann eilte er mit Rutenbündeln und anderen Herrschaftszeichen in das Lager des Manlius. *2* Als man dies in Rom erfuhr, erklärte der Senat Catilina und Manlius zu Staatsfeinden und setzte für die übrige Menge der Aufständischen einen Tag fest, bis zu dem sie, ohne Strafverfolgung befürchten zu müssen, die Waffen niederlegen durften, außer für die wegen eines Kapitalverbrechens Verurteilten. *3* Zudem beschloss er, dass die Konsuln Truppen aufstellten und Antonius mit einem Heer Catilina eilig verfolgen und Cicero den Schutz der Stadt übernehmen solle.[104]

4 In dieser Verwirrung erschien mir das Römische Reich in der traurigsten Lage. Als nämlich diesem bis zum Untergang der Sonne von ihrem Aufgang an alles, mit Waffen bezähmt, gehorchte, gab es daheim Überfluss an Muße und Reichtum, den höchsten Gütern nach dem Urteil der Sterblichen, und dennoch gab es Bürger, die darangingen, sich und die *res publica* mit feindlichen Waffen zu verderben. *5* Denn trotz zweier Beschlüsse des Senats wurde aus einer solchen Menge von Verschwörern weder einer durch Belohnung veranlasst, die Verschwörung zu verraten, noch verließ ein einziger von ihnen das Lager Catilinas. Solch eine Kraft der Krankheit, ja gleichsam Verwesung hatte die Herzen der meisten Bürger beschlichen.

Rom in der Krise

(37) Und nicht nur diejenigen waren feindlich gesonnen, die an der Verschwörung teilnahmen, sondern die Plebs hieß ganz und gar alle Unternehmungen Catilinas gut wegen ihres Dranges nach Umsturz. *2* Dies taten sie, wie es schien, ganz ihrer Art gemäß. *3* Denn immer beneiden im Gemeinwesen die, die nichts besitzen, die Guten und erheben die Schlechten, hassen das Alte und wünschen Neues, streben aus Hass auf ihre eigenen Verhältnisse danach, alles umzuwälzen. In Verwirrung und Aufständen werden sie ohne Sorgen genährt, da man Bedürftigkeit leicht ohne Schaden hat. *4* Das städtische Proletariat

---

103 Gaius Flaminius, sonst nicht näher bekannt, vielleicht ein Veteran Sullas.
104 Dies geschah Mitte November.

aber war aus vielen Gründen tatsächlich dazu geneigt. *5* Zuerst von allen diejenigen, die überall durch Schande und Bettelei am meisten hervorragten; ebenso andere, die wegen Ehrlosigkeit das väterliche Erbe verloren hatten; schließlich alle, die ein Verbrechen oder ein Frevel von zu Hause vertrieben hatte. Diese flossen in Rom wie im Kielwasser zusammen. *6* Dann viele in Erinnerung an den Sieg Sullas, weil sie bei den einfachen Soldaten beobachteten, dass einige Senatoren wurden, andere aber so reich, dass sie mit königlicher Speise und Pflege ihr Leben verbrachten; und für sich selbst erhoffte jeder Einzelne Ebensolches, wenn er in Waffen stünde. *7* Außerdem trug die Jugend, die auf den Äckern als Lohn für ihrer Hände Arbeit Mangel ertragen hatte und durch private und öffentliche Schulden beunruhigt war, den Hass auf ihre undankbare Arbeit vor sich her. Diese und alle anderen förderte das öffentliche Übel. *8* Umso weniger ist es verwunderlich, dass bedürftige Menschen von schlechten Sitten und größter Erwartung für die *res publica* genauso wenig wie für sich selbst gesorgt haben. *9* Außerdem erwarteten die, deren Eltern durch den Sieg Sullas den Proskriptionen anheimgefallen waren, denen ihre Güter geraubt und die Freiheitsrechte minimiert wurden,[105] kaum mit anderer Gesinnung den Ausgang des Krieges. *10* Dazu noch wollte, wer immer zu einer anderen Partei als der des Senats gehörte, lieber, dass die *res publica* zerstört werde, als selbst weniger zu gelten. *11* Dieses große Übel kehrte nach so vielen Jahren[106] in die Bürgerschaft zurück.

(38) Denn nachdem im Konsulat von Gnaeus Pompeius und Marcus Crassus[107] das Amt der Volkstribunen wieder hergestellt worden war,[108] erlangten noch sehr junge Menschen die höchste Amtsgewalt, deren Alter und Herz unreif waren, und sie begannen durch Anklagen gegen den Senat das Volk aufzuhetzen, es dann durch Schenkungen und Versprechen noch mehr in Spannung zu versetzen und so selbst berühmt und mächtig zu werden. *2* Gegen diese stemmte sich mit höchster

---

105 Sullas Proskriptionen entzogen selbst den Kindern und Enkeln der Opfer das passive Wahlrecht. Erst durch Caesars Reform erhielten sie es 49 v. Chr. zurück.

106 Die Formulierung bezieht sich, auch wenn von »so vielen Jahren« die Rede ist, vermutlich auf die Diktatur Sullas.

107 70 v. Chr.

108 Sulla hatte in seiner Verfassungsreform den Volkstribunen das Recht, Gesetzesanträge einzubringen, verweigert und sie auf ihr Vetorecht gegenüber den Beamten beschränkt.

marixverlag

Diese Karte entnahm ich dem Buch:

_____

☐ Bitte schicken Sie mir das Gesamtverzeichnis
  marixverlag.

☐ Bitte informieren Sie mich regelmäßig über Neuerscheinungen.

☐ Bitte schicken Sie mir das Gesamtverzeichnis Edition Erdmann
  „Alte Abenteuerliche Reise- und Entdeckerberichte".

Alle Informationen unter www.marixverlag.de

Mich interessieren
folgende Themen:

☐ Geschichte

☐ Philosophie

☐ Weltreligionen

☐ Judaika

☐ Weltliteratur

☐ Kunst

_____

Absender

Name, Vorname

Straße, Nr.

Plz, Ort

Telefonnummer *

Faxnummer *

Email *

Unterschrift

* freiwillige Angabe

Für Ihre schnelle Anfrage:
info@marixverlag.de

Rückantwort

marixverlag GmbH
Römerweg 10
65187 Wiesbaden

Bitte
ausreichend
frankieren

Macht der größte Teil der Nobilität und gab sich dabei den Anschein, es für den Senat zu tun, tat es aber in Wirklichkeit für die eigene Größe. *3* Denn, um mit wenigen Worten die Wahrheit darzulegen: Wer auch immer nach dieser Zeit sich für die *res publica* einsetzte, täuschte unter dem tauglichen Vorwand, entweder die Gesetze des Volkes verteidigen oder das Ansehen des Senats vergrößern zu wollen, die guten Zuschauer und kämpfte am Ende doch nur für seine eigene Macht. Und in ihren Auseinandersetzungen kannten sie weder Maß noch Grenze. Beide Seiten kämpften grausam um den Sieg.

(39) Nachdem aber Gnaeus Pompeius in einen Seekrieg[109] und in einen Krieg gegen Mithridates[110] geschickt worden war, verringerte sich die Macht des Volkes, und die Herrschaft einiger weniger wuchs enorm. *2* Diese hielten die Regierungsämter, die Provinzen und alles andere in ihrer Gewalt. Sie selbst führten unbeschadet und blühend ihr Leben, ohne Furcht, terrorisierten die anderen mit Prozessen, wodurch die das Volk in ihrem Amt umso leichter lenkten. *3* Sobald aber durch Unsicherheiten die Hoffnung auf Umsturz aufkam, stachelte der alte Wettkampf ihre Herzen wieder an.

4 Wenn nun Catilina aus dem ersten Kampf als Überlegener oder mit einem Unentschieden herausgegangen wäre, hätte in der Tat eine schwere Niederlage und Bedrängnis die *res publica* bedrückt, und jene, die den Sieg erlangt hätten, hätten ihn nicht länger auskosten können, ja ein noch Stärkerer hätte den Erschöpften und Ausgebluteten Macht und Freiheit entwunden. *5* Doch es gab auch außerhalb des Verschwörerkreises noch viele, die am Anfang zu Catilina überliefen. Unter ihnen war Fulvius[111], der Sohn eines Senators, den der Vater, nachdem er ihn von seinem Weg zurückgeholt hatte, töten ließ. *6* Zu derselben Zeit beschaffte in Rom Lentulus, wie Catilina es befohlen hatte, alle, die er irgendwie aufgrund ihres Charakters oder wegen ihrer Lage für den Umsturz für geeignet hielt, und hetzte sie selbst oder durch andere auf, und zwar nicht nur Bürger, sondern jede Art von Menschen, wenn sie nur für einen Krieg nützlich waren.

---

109 Im Jahr 67 befreite Pompeius in nur drei Monaten zunächst das westliche, dann das östliche Mittelmeer von Piraten, die er in Küstenorten ansiedelte.

110 Im Jahr 66 gewann er die Parther als Bundesgenossen im Krieg gegen König Mithridates von Pontos und dann dessen Schwiegersohn Tigranes von Armenien.

111 Diese beiden Fulvii sind sonst nicht näher bekannt.

Anzeige der Allobroger

(40) Daher erteilte er einem gewissen Umbrenus[112] den Auftrag, dass er die Gesandten der Allobroger[113] aufsuche und sie, wenn er könnte, zur Bundesgenossenschaft im Krieg bewege, weil er glaubte, dass sie, durch private und öffentliche Schulden bedrückt und außerdem, weil die Gallier ein von Natur aus kriegerisches Volk seien, leicht zu einem solchen Plan verführt werden könnten. *2* Umbrenus war, da er schon Aufträge in Gallien erledigt hatte, den meisten Häuptlingen der dortigen Stämme bekannt und kannte auch sie. Daher ging er ohne Zögern, sobald er die Gesandten auf dem Forum erblickt hatte, auf sie zu, fragte sie kurz nach dem Ergehen ihres Volkes, beklagte scheinbar mitleidig dessen Zustand und erforschte, welchen Ausweg aus ihrem schlimmen Elend sie erwarteten.[114] *3* Als er sah, dass sie über die Habgier der Beamten klagten,[115] den Senat beschuldigten, dass sie in ihm keine Hilfe hätten, und als Ende ihrer Not nur noch den Tod sähen, sprach er: *Ich aber zeige euch, wenn ihr nur Männer sein wollt, einen Weg, wie ihr einem so großen Übel entkommen könnt. 4* Sobald er dies gesagt hatte, baten die Allobroger, in die größten Hoffnungen versetzt, Umbrenus, dass er sich ihrer annehme. Nichts sei so hart, nichts so schwer, dass sie es nicht mit Begeisterung ausführen würden, wenn die Maßnahmen nur ihr Volk von seinen Schulden befreiten. *5* Dieser führte sie in das Haus des Decimus Brutus, weil es nahe am Forum lag, und wegen Sempronia, die in den Plan eingeweiht war, denn Brutus war damals nicht in Rom. *6* Außerdem rief er Gabinius herbei, damit seine Aussage mehr Gewicht erhielt. In dessen Anwesenheit eröffnete er ihnen die Verschwörung, nannte die Gesinnungsgenossen und außerdem auch viele Unbeteiligte jedes

---

112 Publius Umbrenus, ein Freigelassener, einer der Kontaktmänner Catilinas zu den Allobrogern, er entkam nach dem Zusammenbruch der Verschwörung, sein weiteres Schicksal ist unbekannt.

113 Volksstamm im Nordosten der *provincia Gallia Narbonensis*, 121 von Konsul Gnaeus Domitius Ahenobarbus und seinem Nachfolger Quintus Fabius Maximus unterworfen. Die Gesandten waren höchstwahrscheinlich nach Rom gekommen, um vom Senat Hilfe in ihrer bedrückenden finanziellen Lage zu erhalten.

114 Die Provinzen mussten z. T. Kredite in Rom aufnehmen, um die geforderten Abgaben bezahlen zu können. Aufgrund der hohen Zinsen gerieten sie dabei immer tiefer in die Verschuldung hinein.

115 Die Provinz *Gallia Narbonensis* verwaltete 63 Gaius Licinius Murena, Bruder Lucius Murenas und während dessen Kandidatur für das Konsulat des Jahres 62 dessen Stellvertreter als Provinzverwalter.

Standes, um den Mut der Gesandten nach Möglichkeit zu erhöhen. Dann versprachen sie ihre Hilfe für sein Anliegen,[116] und er entließ sie.

(41) Aber die Allobroger waren lange unsicher, welchen Plan sie fassen sollten. *2* Auf der einen Seite waren da die Schulden, die Begierde nach Krieg und die Hoffnung auf Gewinn im Falle des Sieges; auf der anderen die größere Macht, zuverlässige Beschlüsse statt unsicherer Hoffnung, sicherer Lohn. *3* Während sie dies bei sich überlegten, siegte schließlich das Glück des römischen Staates. *4* Daher eröffneten sie Quintus Fabius Sanga,[117] dessen Patronat sich das Volk meistens bediente, die ganze Sache, wie sie sie erfahren hatten. *5* Cicero, der von der Sache durch Sanga erfahren hatte, trug den Gesandten auf, eifrig so zu tun, als ob sie begierig seien, an der Verschwörung teilzunehmen, alles zu versprechen und sich Mühe zu geben, jene so klar wie möglich zu überführen.

Vorbereitung des Aufstandes

(42) Etwa zur selben Zeit fanden im diesseitigen und im jenseitigen Gallien, im Gebiet der Picener, in Bruttium und Apulien Bewegungen statt. *2* Denn jene, die Catilina zuvor entlassen hatte, taten planlos und wie von Sinnen alles auf einmal. In nächtlichen Beratungen, mit der Versendung von Waffen und Geschossen, mit hektischem Herumlaufen und dem Versuch alles anzutreiben, verursachten sie mehr Furcht als Gefahr. *3* Von dieser Personengruppe ließ der Prätor Quintus Metellus Celer gemäß einem Senatsbeschluss, nachdem eine Untersuchung angestellt worden war, einige in Fesseln legen, ebenso tat es Gaius Murena im diesseitigen Gallien,[118] der dieser Provinz als Legat vorstand.

(43) In Rom aber beschloss Lentulus mit den Übrigen, die die Anführer der Verschwörung waren, nachdem er, wie es schien, große Truppen ausgehoben hatte, dass – wenn Catilina mit seinem Heer in die Gegend von Faesulae käme – der Volkstribun Lucius Bestia nach Abhaltung einer Volksversammlung über die Vorgehensweise Ciceros Klage führen und diesem hervorragenden Konsul den Ärger über den

---

116 Laut Cicero, Dritte Rede gegen Catilina, Kap. 4–9, versprachen sie, in Gallien ebenfalls einen Aufstand anzuzetteln und die Verschwörer mit Reitern zu unterstützen.
117 Quintus Fabius Sanga, Senator, vielleicht ein Nachkomme des Quintus Fabius Maximus und deswegen Patron der Allobroger, trat 58 für die Rückkehr des verbannten Cicero ein.
118 Tatsächlich fand dies im jenseitigen Gallien statt.

schrecklichen Krieg anlasten solle. Auf dieses Zeichen hin würde in der nächsten Nacht die übrige Menge der Verschwörer jeweils ihrer Aufgabe nachgehen.[119] **2** Man sagt aber, dass diese in folgender Weise verteilt gewesen seien: Statilius und Gabinius sollten mit einer großen Schar gleichzeitig [Gebäude] an zwölf günstigen Orten anzünden, da durch den so entstehenden Aufruhr leichter ein Zugang zum Konsul und den Übrigen, gegen die sie Fallen vorbereitet hatten, zu erhalten war. Cethegus sollte die Haustür Ciceros besetzen und diesen mit Gewalt angehen, der eine diesen, der andere jenen. Die Söhne der Familien aber, deren größter Teil zur Nobilität gehörte, sollten ihre Eltern töten. Wenn sie durch Mord und Brand alle eingeschlossen seien, sollte man zu Catilina durchbrechen. **3** Als dies vorbereitet und beschlossen wurde, klagte Cethegus andauernd über die Trägheit seiner Verbündeten: Durch Zögern und Hinausschieben des Tages würden sie viele gute Gelegenheiten verspielen. Taten bräuchte man in einer solchen Gefahr, nicht Beratungen; er selbst würde, wenn ihn nur wenige unterstützten, auch wenn die anderen müde seien, einen Angriff auf die Kurie unternehmen. **4** Von Natur aus war er wild, heftig, schnell bei der Hand, die wichtigste Stärke sah er in der Schnelligkeit.

(44) Die Allobroger aber kamen gemäß der Vorschrift Ciceros, die ihnen Gabinius überbrachte, mit den Übrigen zusammen. Von Lentulus, Cethegus und Statilius, ebenso von Cassius forderten sie eine eidesstattliche Erklärung, welche sie versiegelt zu ihren Landsleuten bringen würden. Andernfalls könnten diese nicht leicht zu einem solchen Geschäft bewogen werden. **2** Die anderen gaben sie ihnen, nichts Arges ahnend, Cassius versprach, dass er selbst in Kürze kommen würde, und kurz vor den Gesandten brach er aus der Stadt auf. **3** Lentulus schickte mit ihnen einen gewissen Titus Volturcius aus Kroton[120] los, damit er die Allobroger, bevor sie ihren Heimweg fortsetzten, zu einem Austausch von Treueschwüren mit Catilina zur Festigung des Bündnisses veranlasste. **4** Er selbst gab Volturcius einen Brief an Catilina mit, von dem hier eine Abschrift folgt:

---

119 Dies war für den 10. Dezember geplant, den Tag des Amtsantrittes der Volkstribunen. Da von Catilina keine Nachricht kam, wurde es auf den 19. verschoben, von Cicero aber aufgedeckt.
120 Titus Volturcius aus Kroton an der Ostküste Bruttiums schloss sich der Verschwörung erst spät an, möglicherweise als Verbindungsmann Ciceros, der Informationen beschaffen sollte.

5 »Wer ich bin, ersiehst du aus dem, den ich zu dir geschickt habe. Sieh zu, dass du dir klar machst, in welcher Bedrängnis du dich befindest, und bedenke, dass du ein Mann bist. Denk nach, was deine Vernunft von dir fordert. Hilfe musst du von allen erbitten, auch von den Schwachen.«[121] **6** Zu diesem Auftrag fügte er zur mündlichen Weitergabe die Worte hinzu: da er vom Senat zum Staatsfeind erklärt worden sei – aus welcher Überlegung heraus er die Sklaven zurückweise? In der Stadt sei vorbereitet, was er befohlen habe; er selbst solle nicht zögern, möglichst schnell zu kommen.

Verhaftungen und Untersuchungen

(45) Nachdem diese Dinge so abgewickelt worden waren, wurde die Nacht festgesetzt, in der sie aufbrechen würden;[122] Cicero erfuhr alles durch die Gesandten und befahl den Prätoren Lucius Valerius Flaccus[123] und Gaius Pomptinus,[124] dass an der Mulvischen Brücke[125] der gesamten Reisegesellschaft der Allobroger ein Hinterhalt gelegt werde und diese ergriffen werden sollten. Er eröffnete ihnen die ganze Sache, weswegen er sie losschickte. Im Übrigen gestattete er ihnen, so zu verfahren, wie die Situation es erfordern würde. **2** Diese, Soldaten von Beruf, besetzten, nachdem ohne Aufsehen Wachen aufgestellt worden waren, wie es ihnen vorgeschrieben worden war, heimlich die Brücke. **3** Nachdem die Legaten mit Volturcius dort angekommen waren und gleichzeitig von beiden Enden der Brücke Geschrei aufkam, ergaben sich die Gallier, die ohne Verzug den Plan erkannt hatten, den Prätoren. **4** Volturcius aber feuerte zuerst die Übrigen an und verteidigte sich gegen die Menge mit dem Schwert; dann aber, sobald er von den Gesandten im Stich

---

121 Aufgrund des Briefes hat man schon angenommen, dass auch Lentulus wie Manlius zunächst unabhängig von Catilina operierte und wie Manlius erst kurz vor der Verschwörung begonnen hatte, mit ihm zusammenzuarbeiten.

122 Am 3. Dezember.

123 Lucius Valerius Flaccus, erfahrener Soldat, Militärtribun in Kilikien, 76 in der Kommission, die den Ersatz für die verbrannten Sibyllinischen Bücher suchte (vgl. Anm. zu 47,2), 71 oder 70 Quästor in Hispanien, 66 Legat Pompeius' im Seeräuberkrieg, 63 Prätor, 62 Proprätor in Asien, danach wegen Ausbeutung der Provinz angeklagt und von Cicero erfolgreich verteidigt, letzte Erwähnung 54.

124 Gaius Pomptinus, 71 im Sklavenaufstand ausgezeichnet, 63 Prätor, 61 Proprätor im jenseitigen Gallien, Sieg über die aufständischen Allobroger, 54 Triumph, 51 Legat Ciceros in Kilikien.

125 Mulvische Brücke, nördlichste Tiberbrücke an der Via Flaminia, heute Ponte Molle.

gelassen worden war, flehte er zuerst Pomptinus um sein Heil an, weil er diesem bekannt war, schließlich ergab er sich ängstlich und über sein Leben verzweifelt, den Prätoren, als seien sie siegreiche Feinde.

(46) Nachdem sich diese Dinge abgespielt hatten, wurde durch Boten alles eilig dem Konsul mitgeteilt. *2* Diesen aber befielen ungeheure Sorge und Freude zugleich. Denn er freute sich, da er begriff, dass die Verschwörung aufgedeckt und die *res publica* der Gefahr entrissen war. Des Weiteren aber war er besorgt und hegte Zweifel, was zu tun sei, da in diesem ungeheuren Verbrechen so viele Bürger ergriffen worden seien. Er glaubte, dass deren Bestrafung für ihn eine Belastung sei, die Straflosigkeit dagegen der Untergang der *res publica*. *3* Daher befahl er mit festem Mut, dass Lentulus, Cethegus, Statilius und Gabinius zu ihm gerufen würden, ebenso Caeparius aus Terracina,[126] der sich gerade darauf vorbereitete, zur Erregung eines Sklavenaufstandes nach Apulien aufzubrechen. *4* Die Übrigen kamen ohne Zögern. Caeparius, der kurz zuvor von daheim aufgebrochen war, floh, als er die Anzeige bemerkte, aus der Stadt. *5* Der Konsul führte Lentulus, weil er Prätor war, indem er ihn selbst festhielt, in den Senat und befahl, dass die anderen mit Wachen in den Tempel der Concordia[127] gebracht würden. *6* Dorthin rief er den Senat zusammen und brachte in die voll besetzte Versammlung Volturcius mit den Gesandten und ordnete an, dass der Prätor Flaccus die Kiste mit den Briefen, die er von den Legaten erhalten hatte, ebendorthin bringe.

Verhandlungen

(47) Volturcius wurde nach dem Marsch und den Briefen gefragt und schließlich, worin der Plan bestand und aus welchem Grund er gefasst worden sei. Zuerst versuchte er, den Zuhörern etwas weiszumachen und die Verschwörung abzustreiten. Später, sobald ihm unter Straflosigkeit befohlen wurde zu reden, legte er alles dar, wie es ausgeführt worden war, und erklärte, dass er erst vor wenigen Tagen von Gabinius

---

126 Marcus Caeparius verhandelte mit den Allobrogern und soll besonders die Unterstützung der Sklaven beschafft haben, floh nach Aufdeckung der Verschwörung aus Rom, wurde aber zurückgeholt und hingerichtet; Terracina war eine Stadt im Volskergebiet, 85 km südöstlich von Rom.
127 Tempel auf dem Kapitol, von Furius Camillus erbaut, häufiger Versammlungsplatz des Senates, wenn die Kurie zu klein war.

und Caeparius als Teilnehmer angeworben worden sei und nicht mehr wisse als die Gesandten, vielmehr nur meist von Gabinius, Publius Autronius, Servius Sulla und Lucius Vargunteius gehört habe, dass noch viele andere an der Verschwörung beteiligt seien.

2 Dasselbe gestanden die Gallier und überführten Lentulus, der alles abstritt, durch die Briefe und außerdem durch seine Reden, welche er zu führen pflegte: In den Sibyllinischen Büchern[128] werde drei Corneliern die Herrschaft über Rom vorausgesagt. Zuerst Cinna[129] und Sulla, und er sei der Dritte, dem das Schicksal zuteilwerde, die Stadt Rom zu beherrschen. Auch sei dies das 20. Jahr nach dem Brand des Kapitols, von welchem die Opferschauer[130] schon oft aus den Vorzeichen verkündet hätten, dass es in einem Bürgerkrieg Blutvergießen geben werde. **3** Als man daher die Briefe durchgelesen hatte, nachdem zuvor die Siegel bestätigt[131] worden waren, beschloss der Senat, dass Lentulus von seinem Amt zurücktreten solle und die Übrigen in privater Haft gehalten werden sollten.[132] **4** Daher wurde Lentulus dem Spinther[133] übergeben, der damals Ädil war, Cethegus dem Quintus Cornificus,[134] Statius dem Gaius Caesar,[135] Gabinius dem Marcus Crassus, Caeparius – denn dieser

---

128 Die Sibyllinischen Bücher bzw. die von ihnen übrigen Fragmente, verfasst in griechischer Sprache, waren der Sage nach von der Sibylle von Kumai dem letzten römischen König Tarquinius Superbus übergeben worden. Sie wurden im Tempel auf dem Kapitol aufbewahrt und von Priestern in Zeiten besonderer Gefahr für Weissagungen herangezogen. Ihr Inhalt war geheim, was natürlich immer wieder Anlass für Gerüchte gab, die, wo möglich, politisch ausgenutzt wurden. Bei einem Brand des Tempels 83 v. Chr. wurden sie vernichtet und durch Sibyllinische Bücher aus Erythrai in Böotien ersetzt.

129 Lucius Cornellus Cinna, 07–84 Konsul, Anführer der Opposition gegen Sullas Diktatur, vom Senat abgesetzt, erfolgreich zurückgekehrt mit Marius.

130 Die *haruspices* waren Priester, die nach etruskischer Tradition aus Eingeweiden von Opfertieren die Zukunft voraussagten. In der späten Republik besaßen sie nur noch wenig Ansehen.

131 D. h., dass die Siegel von den Inhabern begutachtet und als die eigenen anerkannt wurden.

132 Bei der Privathaft wurden hochrangige Personen nicht in ein Gefängnis geworfen, sondern in die persönliche Bewachung gleichrangiger römischer Bürger, meist Senatoren, in deren Privathaus gestellt. Der Gastgeber beaufsichtigte den Verhafteten und garantierte gleichsam als Bürge, dass dieser nicht entfloh.

133 Publius Lentulus Spinther, 73 Quästor, 63 Kurulischer Ädil, 60 Prätor, 59 in der *provincia Hispania citerior*, 57 Konsul mit Nepos, setzte sich später erfolgreich für Ciceros Rückkehr aus dem Exil ein und schloss sich am Ende den Caesarmördern an.

134 Quintus Cornificus, 69 Volkstribun, 67 oder 66 Prätor, 64 Mitbewerber Ciceros um das Konsulat, ebenfalls als *homo novus*, Briefpartner Ciceros.

135 Gaius Iulius Caesar, 13. Juli 100 – 15. März 44 v. Chr., berühmt als Eroberer Galliens und Verfasser des entsprechenden Kriegsberichtes, aus der Patrizierfamilie der Julier, die ihre Abstammung auf Aeneas und damit die Göttin Venus zurückführte, war Neffe des Marius

war kurz zuvor auf der Flucht ergriffen und hergebracht worden – dem Senator Gnaeus Terentius.[136]

(48) Inzwischen begann die Plebs, die zuerst, begierig auf Umsturz, den Krieg zu sehr begrüßt hatte, jetzt, nachdem die Verschwörung öffentlich gemacht worden war,[137] mit veränderter Meinung Catilinas Pläne zu verwünschen und Cicero in den Himmel zu heben. Als sei sie aus der Sklaverei errettet worden. **2** Denn sie glaubte, dass sonst die Verbrechen des Krieges ihnen mehr Beute als Schaden brachten, Brandstiftung aber grausam sei, maßlos und für sie am gefährlichsten, weil ja alle ihre Vorräte in der täglichen Nahrung und in Kleidung bestanden.

3 Nach diesem Tag wurde ein gewisser Lucius Tarquinius[138] in den Senat geführt, von dem es hieß, er sei, gerade auf dem Marsch zu Catilina aufgebrochen, festgenommen worden. **4** Nachdem er behauptet hatte, dass er die Verschwörung anzeigen würde, wenn ihm Straffreiheit zugesichert würde, sagte er auf Befehl des Konsuls, was er wusste, ungefähr dasselbe, was Volturcius von den vorbereiteten Brandstiftungen, der Ermordung von Optimaten, vom Marsch der Feinde den Senat hatte wissen lassen. Außerdem, dass er von Marcus Crassus geschickt worden sei, der Catilina melden lasse, dass ihn die Tatsache, dass Lentulus und Cethegus und andere von den Verschwörern ergriffen worden seien, nicht schrecken solle, dass er sich umso mehr beeilen solle, in die Stadt zu kommen, wodurch er auch den Mut der Übrigen stärke und diese leichter aus der Gefahr gerissen würden. **5** Als aber Tarquinius Crassus nannte, einen vornehmen Mann mit größtem Reichtum und höchster Macht, hielten die anderen die Sache für unglaublich; ein Teil hielt das Ganze zwar für wahr, weil es aber schien, als müsse in solchen Zeiten die Macht dieses Mannes eher besänftigt als provoziert werden, und die meisten von Crassus wegen privater Geschäfte willfährig waren, riefen sie gemeinsam, der Zeuge sei falsch, und forderten, dass die Sache dem Senat überbracht werde. **6** Daher legte Cicero diesem die Sache vor, und der gut besuchte Senat entschied, dass Tarquinius' Anzeige falsch

---

und Gegner Sullas; 63 Pontifex maximus. 60 schloss er mit Pompeius und Crassus das Erste Triumvirat, war 59 Konsul und erhielt als Prokonsul die Provinz *Gallia Narbonensis*.

136 Gnaeus Terentius, Prätor 62.

137 Cicero hatte die Dritte Rede gegen Catilina am Abend des 3. Dezember auf dem Forum gehalten und dabei über Verhöre und Senatsbeschlüsse berichtet.

138 Lucius Tarquinius ist sonst nicht näher bekannt.

zu sein scheine und er in Fesseln gelegt werden müsse und ihm nicht weiter die Möglichkeit gewährt werden dürfe sich zu äußern, außer wenn er den anzeige, nach dessen Idee man die ganze Sache ersonnen habe. *7* Es gab zu dieser Zeit einige, die glaubten, dass jene Anzeige von Publius Autronius veranlasst worden sei, damit, nachdem Crassus' Name genannt worden sei, dessen Macht umso leichter die Übrigen durch die Gemeinschaft absichern könne. *8* Andere sagten, dass Tarquinius von Cicero geschickt worden sei, damit Crassus nicht, wenn er nach seiner Gewohnheit den Schutz der Übeltäter übernommen hätte, die *res publica* zerstöre. *9* Ich selbst habe Crassus später sagen hören, dass ihm von Cicero damit eine große Beleidigung zugefügt worden sei.

(49) Zu derselben Zeit aber konnten ihn Quintus Catulus und Gaius Piso[139] weder für einen Preis noch aufgrund ihrer Freundschaft dazu bewegen, dass durch die Allobroger oder eine andere Anzeige Gaius Caesar fälschlich angezeigt wurde. *2* Denn mit diesem pflegte jeder von beiden eine tiefe Feindschaft. Piso wurde von ihm verklagt auf Schadenersatz wegen einer ungerechtfertigten Hinrichtung in der Transpadana,[140] Catulus war vor Hass entbrannt anlässlich einer Bewerbung um das Amt des Pontifex,[141] weil er in höchstem Alter, nachdem er die höchsten Ämter bekleidet hatte, von dem jungen Caesar besiegt abtreten musste. *3* Die Gelegenheit erschien allerdings günstig, weil dieser durch herausragende persönliche Großzügigkeit und größte öffentliche Geschenke einen riesigen Schuldenberg angehäuft hatte. *4* Da sie aber den Konsul zu einem solchen Unrecht nicht bewegen konnten, erzeugten sie, indem sie bei den Menschen einzeln herumgingen und Lügen verbreiteten, von denen sie behaupteten, sie von Volturcius und den Allobrogern gehört zu haben, eine große Abneigung gegen ihn, bis dahin, dass einige römische Ritter, die zum Schutz mit Waffen um den Tempel der Concordia herum aufgestellt waren, sei es durch die Größe

---

139 Gaius Calpurnius Piso, Optimat, 67 Konsul mit Acilius Glabrio, dann Statthalter im diesseitigen Gallien, später wegen Erpressung und ungerechtfertigter Hinrichtung eines Provinzbewohners angeklagt, was Caesar ausnutzte, um sich als Patron Galliens zu profilieren; Piso wurde zwar von Cicero erfolgreich verteidigt, von demselben aber nicht sehr geschätzt.

140 Das innere Gallien (Oberitalien) nördlich des Flusses Po.

141 Pontifex maximus war das höchste Priesteramt in Rom, das die Oberaufsicht über das gesamte Sakralwesen und großen politischen Einfluss beinhaltete. Nur in ganz besonderen Ausnahmefällen wurden Männer gewählt, die zuvor noch nicht Konsuln gewesen waren, so z. B. Caesar im Jahr 62.

der Gefahr, sei es durch die Leichtfertigkeit ihrer Herzen getrieben,
damit ihr Eifer für das Vaterland umso sichtbarer werde, Caesar, als er
den Senat verließ, mit dem Schwert bedrohten.

Caesars Rede

(50) Während dies im Senat verhandelt wurde und den Gesandten der
Allobroger und Volturcius, nachdem deren Aussagen geprüft worden
waren, eine Belohnung zuerkannt wurde, eilten Freigelassene und einige Klienten Lentulus' auf verschiedenen Wegen herum und wollten
Handwerker und Sklaven in den Dörfern zu dessen Freilassung aufsta-
cheln, zum Teil suchten sie dafür Bandenchefs, die es gewohnt waren,
gegen Belohnung die *res publica* zu schikanieren. **2** Cethegus aber bat
darum, nachdem er durch Boten seine Familie und seine Freigelassenen
versammelt und aufgehetzt hatte, dass sie eine Schar bilden und mit
Waffen zu ihm durchbrechen sollten.

3 Der Konsul legte, nachdem er erfahren hatte, dass dies vorbereitet
werde, und Wachen hatte aufstellen lassen, wie es Zeit und Umstände
erforderten, dem zusammengerufenen Senat vor,[142] was mit denen zu
tun sei, die der Privathaft übergeben worden waren. Aber der zahlreich
versammelte Senat hatte kurz zuvor festgestellt, dass diese Hochver-
rat begangen hätten.[143] **4** Damals wurde Decimus Iunius Silanus[144]
zuerst um seine Meinung gefragt, weil er zu dieser Zeit designierter
Konsul war,[145]und entschieden, dass über die, die in Privathaft gehalten wurden, und ferner über Lucius Cassius, Publius Furius,[146] Publius

---

142 Am 5. Dezember.
143 In der Senatsdebatte konnte nur die Frage der Abwehr einer weiteren von den Verschwö-
     rern ausgehenden Gefahr behandelt werden. Um einen ordentlichen Prozess gegen die
     Verschwörer handelte es sich dabei nicht. Bei der hier am Ende beschlossenen Hinrichtung
     römischer Bürger hatte Cicero nun zwar den Senat auf seiner Seite, doch das rechtliche
     Problem der Vorgehensweise blieb bestehen.
144 Decimus Iunius Silanus, geboren um 107, 70 Ädil, 67 Prätor, 62 Konsul mit Murena, ge-
     storben vor 57.
145 Der römische Senat hatte eine feste Geschäftsordnung. Das Thema für Debatten wurde
     von einem der amtierenden Konsuln vorgelegt, die auch die Sitzungen leiteten. Die Vor-
     stellung des Gegenstandes endete mit der Frage, wie man in diesem Falle verfahren wolle.
     Die Reihenfolge des Rederechts war diese: Falls vorhanden, begannen die designierten
     Konsuln für das folgende Jahr, dann folgten die ehemaligen Konsuln, dann die Senatoren
     niedrigerer Ränge. Abgestimmt wurde, indem man sich hinter den Redner bzw. Antragsteller
     stellte, dessen Meinung man beitreten wollte.
146 Bisher nicht erwähnt, nach Ciceros Dritter Rede gegen Catilina, Kap. 14, ein römischer
     Siedler aus Faesulae.

Umbrenus, Quintus Anius, wenn man sie ergreifen könne, die Todesstrafe verhängt werden müsse; dieser sagte später, bewegt durch die
Rede Gaius Caesars, dass er der Meinung Tiberius Neros[147] beitreten
werde, dass nämlich erst nach Abzug der Wachen über diese Sache
abgestimmt werden dürfe. **5** Caesar aber sprach, sobald die Reihe an
ihn kam, vom Konsul nach seiner Meinung gefragt, folgende Worte:

(51) *Alle Menschen, ihr Herren Senatoren, die über zweifelhafte Fragen
entscheiden, müssen von Hass, Freundschaft, Zorn und Mitleid frei sein.
2 Nicht leicht sieht der Geist die Wahrheit voraus, wo diese Empfindungen
wirksam sind. Auch gehorchte nie jemand der Lust und dem Nutzen gleichzeitig. Wo man den Verstand anwendet, ist man stark. **3** Wo einen die Lust
besitzt, wird man von ihr beherrscht und der Verstand vermag nichts. **4** Mir
ist eine große Zahl von Fällen in Erinnerung, ihr Herren Senatoren, da Könige
und Völker, durch Zorn oder Mitleid angestachelt, schlecht geurteilt haben.
Aber ich will lieber davon reden, was unsere Vorfahren gegen die Lust des
Herzens gut und zu Recht getan haben. **5** Im Makedonischen Krieg,[148] den
wir gegen König Perseus geführt haben, war die große und mächtige Bürgerschaft der Rhodier,[149] die mithilfe des römischen Volkes so gewachsen
war, uns gegenüber treulos und feindlich gesinnt. Nachdem aber der Krieg
beendet worden war, wurde über die Rhodier beraten, und unsere Vorfahren schickten sie straflos nach Hause, damit niemand sagen konnte, man
hätte eher wegen Reichtums als wegen ungerechten Verhaltens der Gegner
einen Krieg angefangen. **6** Ebenso nutzten in allen Punischen Kriegen, als
die Karthager oft im Frieden und während des Waffenstillstandes viele ungerechte Verbrechen verübten, die Väter selbst niemals die Gelegenheit,*

---

147 Tiberius Claudius Nero, um 84 Münzmeister, 67 Legat des Pompeius im Piratenkrieg,
   Großvater des späteren Kaisers Tiberius.
148 Den Makedonischen Krieg führten die Römer gemeinsam mit vielen Griechen gegen
   König Perseus von Makedonien 172–168. Er wurde entschieden durch die Schlacht bei
   Pydna, die Lucius Aemilius Paulus gewann.
149 Die Bürger von Rhodos pflegten seit der Bedrohung durch Philipp V. von Makedonien die
   Treue zu Rom. Für ihre Unterstützung im Krieg gegen Antiochos von Syrien wurden sie 188
   mit Gebietserweiterungen in Lykien und Karien bedacht. Als sie im Dritten Makedonischen
   Krieg die Rolle von Vermittlern einnehmen wollten, wurde dies vom Senat in Rom allerdings
   als Untreue ausgelegt. Dieser war mit ihnen indes weit härter verfahren, als Caesar es hier
   andeutet: Die früheren Gebietsgewinne wurden ihnen 167 wieder genommen, einzelne
   Rhodier wurden bestraft und nach den Berichten von Livius (Von der Gründung der Stadt
   an, 45,10,20–25) und Polybios (Der Aufstieg Roms 30,4–5) sogar zum Selbstmord veranlasst.
   In einer berühmten Senatsrede setzte sich damals der Ältere Cato für die Rhodier ein, wozu
   Caesars Rede bei Sallust Assoziationen wecken soll.

solches auch zu tun. Wichtiger war das, was würdig war, als das, was ihnen mit Recht zustand.[150] **7** Dies muss ebenso von euch vorausbedacht werden, ihr Herren Senatoren, damit nicht das Verbrechen des Publius Lentulus bei euch mehr ausrichtet als eure eigene Würde, noch ihr mehr eurem Zorn als eurem guten Ruf nachgebt. **8** Denn wenn man eine würdige Strafe für ihre Taten findet, so heiße ich den neuen Beschluss gut. Wenn aber die Größe des Verbrechens jeden Verstand übersteigt, glaube ich, dass man die Strafe anwenden muss, die in den Gesetzen festgesetzt ist.

9 Die meisten derer, die vor mir ihre Auffassung dargelegt haben, bemitleideten in wohlgesetzten und großartigen Worten den Zustand der res publica, zählten auf, wie grausam der Krieg ist, was den Opfern geschieht: Junge Frauen würden entführt, Jungen, Kinder aus den Armen ihrer Eltern entrissen, Mütter vornehmer Familien müssten erdulden, was den Siegern gerade gefiel, Altäre und Häuser würden geplündert, es käme zu Morden und Brandstiftungen, schließlich würde alles mit Waffen, Leichen, Blut und Trauer erfüllt. **10** Aber, bei den unsterblichen Göttern, worauf bezog sich diese Rede? Etwa darauf, euch gegen die Verschwörung feindlich zu stimmen? Natürlich, wen eine solche Sache und etwas so Heftiges nicht erschüttert, den entflammt die Rede. **11** Es ist nicht so, und einem Sterblichen erscheinen Ungerechtigkeiten gegen ihn selbst keineswegs nichtig, viele halten sie für schlimmer als sie tatsächlich sind. **12** Aber, ihr Herren Senatoren, andere haben eine andere Freiheit des Handelns. Wenn diejenigen, die ihr Leben in niedriger Stellung verbringen, etwas im Zorn getan haben, wissen es nur wenige, ihr Ruf und ihr Schicksal sind ihnen gleichgültig. Wer, mit hoher Befehlsgewalt ausgestattet, sein Leben in herausragender Stellung verbringt, dessen Taten kennen alle Menschen. **14** So liegt im höchsten Glück die geringste Freiheit des Handelns, und weder Eifer noch Hass noch in irgendeiner Weise erzürnt zu werden sind erlaubt. Was bei anderen Jähzorn genannt wird, heißt in der Stellung des Herrschenden Hochmut und Grausamkeit. **15** Ich freilich, ihr Herren Senatoren, denke so, dass alle Foltern geringer sind als die Verbrechen dieser Leute. Aber die meisten Menschen erinnern sich an das, was zuletzt war, und bei den

---

150 Caesars Äußerungen über die Gewalttätigkeit der Karthager kann allenfalls für Hannibal gelten. Tatsächlich ist bei den drei Punischen Kriegen 264–241, 218–201 und 149–146 eine zunehmende Eigeninitiative und Aggressivität Roms festzustellen, und besonders am Anfang und Ende des Dritten Punischen Krieges kann von würdigem Verhalten keineswegs die Rede sein.

gottlosen Menschen vergessen sie deren Verbrechen und erörtern nur noch deren Strafe, wenn diese ein wenig zu streng war.

16 *Dass Decimus Silanus, ein tapferer und entschlossener Mann, das, was er sagte, nur aus Zuneigung zur res publica sagte und dass er in einer solchen Angelegenheit nicht Wohlwollen oder Feindschaft pflegte, weiß ich aufgrund des Charakters und der maßvollen Art des Mannes.* **17** *Tatsächlich scheint mir seine Meinung nicht grausam – denn was kann gegen solche Menschen überhaupt Grausames geschehen – aber sie scheint mir unserer res publica fremd zu sein.* **18** *Denn in der Tat ist entweder Angst oder Unrecht über dich, Silanus, gekommen, dass du als designierter Konsul auf eine neue Art der Strafe erkannt hast.* **19** *Es ist müßig, über Furcht zu handeln, wenn vor allem dank unseres hochberühmten Herrn Konsuls so viele Wachen in Waffen stehen.* **20** *Von der Strafe kann ich für meinen Teil sagen, was in der Natur der Sache liegt, dass in Trauer und Elend der Tod eine Erholung von den Mühen ist, keine Folter; er löst alle Übel der Sterblichen auf; darüber hinaus ist kein Raum mehr, weder für Sorgen noch für Freude.*

21 *Aber, bei den unsterblichen Göttern, warum hast du zu deinem Antrag nicht hinzugefügt, dass sie zuerst mit Ruten bearbeitet werden sollen? Etwa weil es die lex Porcia*[151] *verbietet?* **22** *Aber auch andere Gesetze verbieten es, den verurteilten Bürgern das Leben zu rauben, erlauben es vielmehr, sie ins Exil zu schicken. Oder weil es schlimmer ist, gefoltert zu werden als getötet?* **23** *Was kann aber bitter oder zu schlimm sein gegenüber Menschen, die eines solchen Verbrechens überführt worden sind?* **24** *Oder [tust du es nicht], weil die Strafe zu leicht ist? Wie lässt es sich vereinbaren, in kleinen Dingen das Gesetz zu fürchten, wenn man es in großen Angelegenheiten nicht so genau nimmt?*[152]

25 *Aber wer wird es tadeln, dass es gegen Verräter der res publica festgesetzt wird? Zeit, Tag und Schicksal, dessen Willkür die Völker in seinem Griff hält.* **26** *Denen geschieht es recht, was auch immer passiert. Im Übrigen überlegt ihr, ihr Herren Senatoren, was ihr gegen die anderen festsetzt.* **27** *Alle schlechten Beispiele entstehen aus guten Taten. Aber sobald die*

---

151 Die *lex Porcia* richtete sich gegen Beamte, die das Recht Verurteilter, ein Gnadengesuch (*provocatio*) an die Volksversammlung zu richten, nicht beachteten.

152 Caesar akzeptiert Ciceros Auffassung nicht, nach der, wer zum Staatsfeind erklärt wurde, nicht mehr als römischer Bürger angesehen wird und sich daher nicht auf das Recht der *provocatio* berufen kann.

Herrschaft in die Hände von Ahnungslosen oder weniger Guten fällt, geht dieses neue Beispiel von denen, bei welchen es passend und geeignet ist, über auf die, bei welchen es unwürdig und ungeeignet ist. **28** *Die Spartaner setzten, nachdem sie die Athener besiegt hatten, dreißig Männer ein,[153] welche die Polis leiten sollten.* **29** *Diese begannen zuerst damit, die jeweils Schlechtesten und bei allen Verhassten zu töten: Darüber freuten sich die Leute und sagten, es sei zu Recht geschehen.* **30** *Später, als allmählich die Hemmungslosigkeit wuchs, nebeneinander Gute und Böse nach Lust und Laune zu töten, die Übrigen aber durch Furcht in Schrecken zu versetzen,* **31** *da bezahlte die in Knechtschaft gepresste Bürgerschaft die törichte Fröhlichkeit mit einem hohen Preis.* **32** *Nach unserer Erinnerung befahl der siegreiche Sulla, dass Damasippus[154] und andere dieses Schlages, die durch die üble Lage des Staates groß geworden waren, hingerichtet wurden. – Wer lobte damals nicht seine Tat? Verbrecherische Menschen und Parteigänger, die die res publica durch Spaltung in Aufruhr versetzten, würden, so sagte man, zu Recht getötet. Aber diese Sache war der Anfang einer großen Katastrophe.* **33** *Denn so, wie jeder Haus und Landsitz, schließlich Geräte und Kleidung eines anderen begehrte, gab er sich Mühe, dass jener auf die Proskriptionslisten kam.* **34** *So wurden die, denen Damasippus' Tod zunächst Freude bereitet hatte, wenig später selbst hineingezogen, und es war kein Ende des Schlachtens, bis Sulla alle seine Leute genug bereichert hatte.* **35** *Und ich fürchte dies nicht bei Marcus Tullius noch in diesen Zeiten, aber in einer großen Bürgerschaft gibt es viele und unterschiedliche Geister.* **36** *Es kann zu einer anderen Zeit unter einem anderen Konsul, der ebenso ein Heer kommandiert, etwas Falsches für richtig gehalten werden. Sobald mit diesem Beispiel durch einen Erlass des Senates der Konsul das Schwert zieht – wer setzt ihm Grenzen und wer wird ihn mäßigen?*

37 *Unseren Vorfahren, ihr Herren Senatoren, fehlte niemals ein Plan oder der Mut. Auch stand ihnen nie der Hochmut im Weg, wenn sie fremde*

---

153 Die Dreißig Tyrannen am Ende des Peloponnesischen Krieges (431–404) wurden zwar durch Beschluss des Demos, letztlich aber nach dem Willen Lysanders eingesetzt, wie einst die römischen *decemviri* zur Aufzeichnung der Gesetze.

154 Lucius Iunius Brutus Damasippus, 82 Prätor, tötete auf Anordnung des jüngeren Marius angesehene Senatoren aus Sullas Partei in der Curia Hostilia und auf der Flucht; dann wollte er Marius militärische Unterstützung bringen, was aber misslang. In der Schlacht bei der Porta Collina wurde er auf der Flucht ergriffen und auf Befehl Sullas hingerichtet. Seinen abgeschlagenen Kopf brachten die Sieger, wahrscheinlich Catilina, vor die Mauern von Praeneste.

Einrichtungen, sofern sich diese nur als gut erwiesen hatten, nachahmten.
38 *Waffen und Geschosse haben sie von den Samniten, die höchsten Staatsämter vor allem von den Etruskern genommen.*[155] *Schließlich nahmen sie, was ihnen jeweils bei Bundesgenossen und Feinden als sinnvoll erschien, mit höchstem Eifer an. Sie wollten die Guten lieber nachahmen als beneiden.* **39** *Aber zu derselben Zeit fingen sie, indem sie griechische Sitten übernahmen, an, Leute mit Ruten zu schlagen, und über Verurteilte verhängten sie die Todesstrafe.* **40** *Nachdem das Reich erstarkt war und in der Menge der Bürger die Parteien blühten, wurden Unschuldige ins Visier genommen und andere derartige Dinge geschahen, da wurden die lex Porcia und andere Gesetzte vorbereitet, durch welche den Verurteilten die Verbannung erlaubt wurde.* **41** *Ich halte, ihr Herren Senatoren, diesen Grund vor allem für den wichtigsten dafür, dass wir umso weniger neue Strafen festsetzen.* **42** *In der Tat waren die Tugenden und die Weisheit größer bei denen, die mit kleinen Möglichkeiten ein solches Reich schufen, als bei uns, die wir dasselbe, obgleich es vollständig errichtet worden ist, kaum zusammenhalten können.* **43** *Gefällt es euch also, dass diese entlassen werden und das Heer Catilinas vergrößern? Keineswegs. Ich aber beantrage: Ihr Geld soll vom Staat eingezogen werden, sie selbst in Fesseln gehalten werden in den Munizipalstädten, die stark genug dafür sind. Keiner soll ihre Angelegenheiten vor den Senat bringen oder in einer Volksversammlung verhandeln. Wer zuwiderhandelt, von dem wird der Senat urteilen, dass er ein Staatsfeind ist und das Wohl der Allgemeinheit schädigt.*[156]

Catos Antwort

(52) Nachdem Caesar seine Rede beendet hatte, stimmten die Übrigen bald dem einen, bald dem anderen mit unterschiedlichen Worten zu. Als aber Marcus Porcius Cato[157] gefragt wurde, hielt er folgende Rede:

---

155 Die Waffen der Samniten beschreibt z. B. Livius, Von der Gründung der Stadt an, 9,40; von den Etruskern übernahmen die Römer vor allem Insignien der Magistrate: *sella curulis, fasces, toga palmata, corona aurea.*

156 So wie Caesars Antrag bei Sallust wiedergegeben wird, geschieht es auch in Ciceros Vierter Rede gegen Catilina; demnach forderte er lebenslange Haft. Nach Plutarch, Caesar 7 und Appian 2,6,20, soll er eine Art Untersuchungshaft bis zur Niederschlagung des Aufstandes und anschließend einen regulären Prozess gefordert haben.

157 Marcus Porcius Cato Uticensis, der Jüngere Cato, Urenkel des Älteren Cato, geboren 95, 64 Quästor, 62 Volkstribun, 54 Prätor, dann als Proprätor in Sizilien; erbitterter Gegner Caesars, gegen den er im Bürgerkrieg 46 als Stadtkommandant von Utica in Nordafrika unterlag, wie sein Urgroßvater Inbegriff römischer Tugend. Nach der Stadt, in der er Selbstmord

2 Ich denke völlig anders, ihr Herren Senatoren, wenn ich die Sache und die Gefahr für uns bedenke und wenn ich die Meinungen einiger hier bei mir selbst überlege. **3** Jene scheinen mir die Frage der Bestrafung derer erörtert zu haben, die ihrem Vaterland, ihren Eltern, ihren Häusern und Herden Krieg angesagt haben. Der Sachverhalt mahnt aber mehr dazu, sich vor jenen zu hüten, als zu beraten, was wir gegen sie festsetzen. **4** Die sonstigen Übeltaten nämlich werden verfolgt, sobald sie begangen wurden. Wenn man sich aber bei diesem nicht vorsieht, dass es nicht geschieht, so wird man, sobald es geschehen ist, vergeblich die Gerichte anrufen. Wenn die Stadt eingenommen ist, bleibt für die Besiegten nichts mehr übrig.

5 Aber bei den unsterblichen Göttern, ich rufe euch an, die ihr stets Stadt- und Landhäuser, Statuen und Bilder mehr für euch als für die res publica habt machen lassen: Wenn ihr das Zeug, von welcher Art auch immer, das ihr ins Herz schließt, behaltet, wenn ihr eure Mußestunden mit Lüsten anfüllen wollt, kommt zu euch und reißt die res publica an euch! **6** Es geht nicht um Steuern noch um die Ungerechtigkeiten gegen Bundesgenossen, die Freiheit und unser Leben stehen auf dem Spiel. **7** Oft, ihr Herren Senatoren, habe ich viele Worte an diesen Stand gerichtet, oft habe ich über die Schwelgerei und die Verschwendungssucht unserer Bürger geklagt, viele Menschen habe ich daher zu Feinden. **8** Mir und meiner Gesinnung hätte ich niemals einen Fehler verziehen, nicht leicht sah ich die schlimme Leidenschaft anderen nach. **9** Aber obgleich ihr dies immer gering schätztet, war dennoch die res publica sicher und ertrug diese gewaltige Nachlässigkeit. **10** Nun aber geht es nicht mehr darum, ob wir nach guten oder schlechten Sitten leben noch wie groß oder bedeutend das Reich des römischen Volkes ist, sondern darum, wie es gesehen wird, ob das Unsere uns oder den Feinen gehören wird.

11 Hier nennt mir einer Gewohnheit und Erbarmen. Schon längst haben wir den richtigen Begriff für die Dinge verloren, weil fremde Güter zu verschenken, Großzügigkeit genannt wird, die Kühnheit, Schlechtes zu tun, Tapferkeit. Diese res publica steht am Abgrund. **12** Es mag freilich welche geben, weil es ja so Sitte ist, die freigiebig sind mit den Gütern der Bundes-

---

beging, erhielt er seinen Beinamen. Zum Zeitpunkt der Rede war er erst 32 Jahre alt und bekleidete noch einen relativ niederen Rang; die Behauptung, er habe schon oft vor dieser Versammlung gesprochen, sowie einige andere Stellen der Rede beziehen sich daher wohl mehr auf die Wahrnehmung von Sallusts Lesern als auf die tatsächlichen Hörer der Rede.

genossen, die mitleidig sind gegenüber Dieben des Staatsvermögens – jene sollen aber nicht unser Blut hingeben und, während sie einige wenige Verbrecher verschonen, alle Guten ins Verderben schicken.

13 Gut und wohlgesetzt hat Gaius Caesar in diesem Hause von Leben und Tod gesprochen, wobei er, wie ich glaube, falsch einschätzte, was man so von der Unterwelt sagt: dass auf Wegen, abgetrennt von den Guten, die Bösen dunkle, unwirtliche und furchtbare Orte bewohnen. **14** Daher dachte er, dass ihr Geld einzuziehen sei, sie selbst in Munizipalstädten unter Bewachung zu stellen seien, wobei er offensichtlich fürchtete, dass sie, wenn sie in Rom sind, entweder von einer Volksverschwörung oder von einer verführten Menge mit Gewalt befreit würden; **15** gleichsam als ob es üble Gesellen und Verbrecher nur in Rom und nicht in ganz Italien gäbe oder die Kühnheit nicht dort mehr vermöge, wo die Möglichkeiten zur Verteidigung geringer sind. **16** Warum ist dieser Plan nutzlos, wenn er Gefahr von ihnen fürchtet? Wenn er in der Furcht aller als Einziger nichts fürchtet, so müsst ihr euch und muss ich mich noch mehr fürchten. **17** Wenn ihr daher über Publius Lentulus und die anderen beschließt, so seid gewiss, dass ihr gleichzeitig über das Heer Catilinas und alle Verschwörer entscheidet. **18** Je gewissenhafter ihr dies tut, desto unsicherer wird ihr Mut. Wenn ihr nur ein wenig matt zu werden scheint, schon werden alle Wilden da sein.

19 Glaubt ja nicht, dass unsere Vorfahren mit Waffen die res publica aus kleinen Anfängen groß gemacht haben. **20** Wenn es so gewesen wäre, wäre unsere Lage jetzt viel angenehmer. Denn an Bürgern, Bundesgenossen und außerdem an Waffen und Pferden haben wir eine viel größere Menge als sie. **21** Vielmehr waren es andere Dinge, welche jene groß gemacht haben, Dinge, die uns fehlen: Fleiß im Innern, gerechte Herrschaft nach außen, ein freier Sinn in der Beratung, weder durch Schuld noch durch Gelüste gebunden. **22** Dafür haben wir heute Schwelgerei, Gier, allgemeine Armut und privaten Reichtum. Wir loben den Reichtum und geben uns der Trägheit hin. Es gibt keinen Unterschied zwischen den Guten und den Bösen, jede Belohnung der Tüchtigkeit reißt die Ruhmsucht an sich. **23** Kein Wunder: Wo jeder getrennt und für sich einen Plan fasst, wo ihr im Innern der Wollust, hier dem Geld oder dem Einfluss dient, da geschieht es, dass in die sinnentleerte res publica ein Angriff gestartet wird. **24** Aber dies will ich übergehen. Es haben sich die vornehmsten Bürger verschworen, das Vaterland niederzubrennen, einen gallischen Stamm, fest

entschlossen zum Krieg gegen den römischen Namen, rufen sie herbei, der
Anführer der Feinde schwebt mit einem Heer über unserem Haupt; **25** ihr
zögert und zweifelt nun, was ihr mit den in unseren Mauern gefangenen
Feinden macht? **26** Erbarmt euch, denke ich – junge Männer haben aus
Ehrgeiz etwas verbrochen – und ihr lasst sie bewaffnet laufen. **27** Seht zu,
dass sich euch diese Gewohnheit und das Mitleid, wenn jene die Waffen
ergriffen haben werden, nicht in Unglück verwandeln. **28** Natürlich ist die
Lage selbst bitter, aber ihr fürchtet sie nicht. – Doch, ja sogar am meisten.
Aber wegen der Trägheit und Weichlichkeit des Geistes zögert ihr, indem
einer auf den anderen wartet, natürlich auf die unsterblichen Götter
vertrauend, die diese res publica oft aus den größten Gefahren gerettet
haben. **29** Weder durch Gelöbnisse noch durch Opfer der Frauen wird der
Beistand der Götter bewirkt. Wenn ihr wachsam und tätig seid und gut
beratet, entwickelt sich alles günstig. Wo man sich der Sorglosigkeit und
der Trägheit hingibt, ruft man die Götter vergeblich an: Sie sind erzürnt
und feindlich gesinnt.

   30 Bei unseren Vorfahren ließ Aulus Manlius Torquatus[158] im Krieg
gegen die Gallier seinen Sohn, weil dieser gegen den Befehl die Feinde
angegriffen hatte, seinen Sohn mit dem Tod bestrafen, **31** und dieser
herausragende junge Mann ergab sich der Strafe mit maßloser Tapferkeit.
Und was beschließt ihr gegen die grausamsten Vaterlandsverräter – ihr
zweifelt? Offensichtlich steht deren übriges Leben dem Verbrechen entgegen. **32** Nehmt allerdings Rücksicht auf die Würde eines Lentulus, wenn
er selbst jemals auf die Scham, auf seinen Ruf, auf Götter oder Menschen
Rücksicht genommen hat. **33** Seht Cethegus seine Jugend nach, wenn er
nicht zum wiederholten Male einen Krieg gegen das Vaterland geführt hat.
Und was rede ich von Gabinius, Statilius und Caeparius? **34** Wenn für sie
jemals irgendetwas von Wert gewesen wäre, hätten sie nicht solche Pläne
gegen die res publica geschmiedet. **35** Schließlich, ihr Herren Senatoren,
wenn, beim Hercules, jetzt noch Spielraum wäre, Fehler zu machen, würde
ich es leicht ertragen, dass ihr durch die Ereignisse selbst zurechtgewiesen
würdet, da ihr Worte ja verachtet. Catilina erdrückt uns mit seinem Heer
die Kehlen. Andere innerhalb der Stadt und gleichsam in unserem Schoß

---

158 Nicht Aulus, sondern Titus Manlius Torquatus (vgl. Livius, Von der Gründung der Stadt an,
8,12,1), Konsul 347, 344 und 340, Diktator 353, 349 und 320. Die hier erwähnte Geschichte
ereignete sich im Latinerkrieg 340, vgl. dazu die Anm. zu 9,4.

sind Feinde. Nichts kann heimlich vorbereitet oder beraten werden. Umso mehr ist Eile geboten.

36 Daher denke ich so: Wenn durch den frevlerischen Plan verbrecheri-scher Bürger die res publica in höchste Gefahr geraten ist und diese durch die Anzeige des Titus Volturcius und der Gesandten der Allobroger über-wältigt wurden und den Mord gestanden haben, auch die Brandstiftungen und die übrigen Schandtaten und grausamen Untaten gegen die Bürger des Vaterlandes bereitet zu haben, so ist gegen die Geständigen wie gegen die Überführten der Kapitalverbrechen nach der Sitte unserer Vorväter die Todesstrafe zu verhängen.

Caesar und Cato

(53) Nachdem Cato sich gesetzt hatte, lobten alle ehemaligen Konsuln und ebenso ein großer Teil des Senates seine Ansicht, hoben seine Tugend in den Himmel, und die einen beschimpften die anderen und nannten sie Feiglinge. Cato wurde für groß und berühmt gehalten. Der Senat fasste einen Beschluss nach seiner Empfehlung.[159]

2 Mir aber, der ich viel gelesen und gehört habe davon, was das römische Volk im Frieden und im Krieg, zu Wasser und zu Lande an berühmten Taten vollbracht hat, gefiel es, die Aufmerksamkeit darauf zu richten, welche Ursachen wohl am meisten solche Taten befördert haben. *3* Ich wusste, dass man oft mit einer kleinen Schar gegen ein großes Heer von Feinden gekämpft hatte, ich habe von Kriegen ge-hört, die mit kleinen Truppen gegen mächtige Könige geführt wurden, dazu, dass man oft die Gewalt des Schicksals ertragen hat, dass im Hinblick auf Redegewandtheit die Griechen, im Hinblick auf Ruhm die Gallier vor den Römern gelegen hätten. *4* Und für mich als einen, der vieles tut, stand fest, dass durch die herausragende Tüchtigkeit einiger Bürger alles zustande gebracht wurde, und dass es dadurch kam, dass die Armut den Reichtum, die kleine Gruppe die Menge übertroffen hat. *5* Aber nachdem durch Schwelgerei und Begehren die Bürgerschaft verdorben worden war, hielt die *res publica* wiederum durch ihre Größe die Fehler ihrer Feldherren und Beamten aus, und als wäre die Kraft der Eltern aufgezehrt, war in vielen Unwettern kaum einer in Rom groß

---

159 Tatsächlich gab es noch eine Reihe anderer Redner nach Cato, so sprach auch Caesar ein zweites Mal. Nicht unrichtig ist aber wohl, dass Catos Rede letztendlich den Ausschlag gab.

durch Tugend. *6* Aber nach meiner Erinnerung waren zwei Männer von unglaublicher Tüchtigkeit, aber verschiedenem Charakter: Marcus Cato und Gaius Caesar. Da nun das Thema diese aufgebracht hat, ist es nicht ratsam, sie in Stille zu übergehen, ja ich will das Wesen und den Charakter beider, soweit es meine Begabung gestattet, darlegen.

(54) Diese beiden nun waren in Abstammung, Alter und Beredsamkeit nahezu gleich, gleich an Geistesgröße, ebenso im Ruhm, aber sonst unterschiedlich. *2* Caesar wurde wegen seiner Geschenke und Wohltaten für groß gehalten, wegen der Tadellosigkeit seines Lebens. Jener wurde berühmt durch Milde und Barmherzigkeit, diesem gereichte seine Strenge zur Ehre. *3* Caesar erlangte Ehre durch Geben, Helfen und Verzeihen, Cato dadurch, dass er niemals bestach. Der eine war eine Zuflucht der Armen, der andere das Verderben der Übeltäter. An diesem wurde die Leichtigkeit, an jenem die Beständigkeit gelobt. *4* Caesar schließlich hatte im Sinn verankert, tätig und wachsam zu sein, indem er den Geschäften der Freunde Aufmerksamkeit schenkte, seine eigenen zu vernachlässigen, nichts zu verweigern, was ihm eines Geschenkes würdig schien. Für sich erstrebte er große Macht, ein Heer, einen neuen Krieg,[160] wo seine Tugend zum Glänzen kommen konnte. *5* Cato aber hatte Neigung zu Bescheidenheit und Ruhm, aber am meisten zur Strenge. *6* Er kämpfte nicht mit Reichtum gegen die Reichen, nicht mit Partei gegen den Parteigänger, sondern er maß sich in Tugend mit dem Tüchtigen, in Schamhaftigkeit mit dem Bescheidenen, in Enthaltsamkeit mit dem Unbescholtenen. Er wollte lieber gut sein als gut scheinen, und so folgte ihm umso mehr Ruhm, je weniger er ihn suchte.[161]

Hinrichtung der Verschwörer

(55) Nachdem, wie ich gesagt habe, der Senat einen Beschluss gemäß Cato gefasst hatte, ging der Konsul davon aus, dass die bevorstehende Nacht nicht abzuwarten sei, damit nicht in dieser Zeit der Aufstand wieder losbreche, und befahl, dass die Henker, die zur Hinrichtung befohlen wurden, alle vorbereiteten. *2* Er selbst führte, nachdem er

---

160 Neu in dem Sinne, dass zuvor nur Kriege aus schon lange bestehenden Feindschaften fortgesetzt worden waren. Der Gallische Krieg dagegen war Caesars eigener Krieg.

161 Vgl. Aischylos, Sieben gegen Theben, V. 592, Charakterisierung des Amphiaros, dessen Person ihrerseits auf den vorbildlichen athenischen Staatsmann Aristeides Bezug nimmt.

Wachen aufgestellt hatte, Lentulus ins Gefängnis. Dasselbe geschah mit den Übrigen durch die Prätoren. *3* Im Gefängnis gibt es einen Ort, der Tullianum[162] genannt wird, wo man auf der linken Seite ein wenig hinaufsteigt, etwa zwölf Schritte unter der Erde. *4* Diesen befestigen von allen Seiten Wände und oben ein Gewölbe, verbunden durch steinerne Bögen. Sein Anblick aber ist schrecklich durch Ungepflegtheit, Dunkelheit und widerlichen Gestank. *5* Nachdem Lentulus an diesen Ort geschickt worden war, brachen ihm die Rächer des schweren Verbrechens, denen es so vorgeschrieben war, das Genick mit dem Strick. *6* So fand dieser Patrizier aus der so vornehmen Familie der Cornelier, der einst in Rom die Befehlsgewalt eines Konsuls hatte, ein seinem Charakter und seinen Taten angemessenes Ende seines Lebens. Über Cethegus, Statilius, Gabinius und Caeparius wurde in derselben Weise die Todesstrafe verhängt.

Vorgänge in Faesulae

(56) Während dies in Rom geschah, stellte Catilina aus allen Truppen, die er selbst herbeigeführt und die Manlius besaß, zwei Legionen auf und füllte die Kohorten gemäß der Zahl seiner Soldaten. *2* Dann verteilte er sie gleichmäßig, wie jeder freiwillig oder von den Bundesgenossen ins Lager gekommen war, und in kurzer Zeit füllte er die Legionen mit der Zahl der Männer auf,[163] obwohl er am Anfang nicht mehr als 2000 gehabt hatte. *3* Aber nur etwa ein Viertel war in jeder Truppe mit Kriegswaffen ausgestattet. Die Übrigen trugen, wie es der Zufall jeweils ergeben hatte, Jagdspieße oder Lanzen, andere vorne angespitzte Pfähle. *4* Als aber Antonius mit seinem Heer herbeieilte, nahm Catilina den Weg durch die Berge, brach, bald nach Rom, bald nach Gallien gewandt, auf und gab den Gegnern keine Möglichkeit zum Kämpfen. Er hoffte, dass er unterwegs große Truppen zusammenbekommen würde, wenn die Bundesgenossen in Rom ihr Vorhaben ausgeführt haben würden.

---

162 Das Gefängnis, der Überlieferung nach von König Ancus Marcius gebaut, befand sich am Fuße des Kapitols zwischen dem Tempel Concordia und der Curia. Das Tullianum, der Sage nach von König Servius Tullius gebaut, in Wirklichkeit wohl ein ehemaliger Brunnen, war die Hinrichtungskammer, die nur durch eine Falltür von oben zu begehen war. Die Leichen der Verschwörer wurden ihren Familien zum Begräbnis überlassen, während die der Hingerichteten gewöhnlich auf die Scalae Gemoniae geworfen wurden.

163 Eine Legion umfasste in dieser Zeit 5000 Mann. So viele jedoch hatte Catilina wohl nicht zusammengebracht. Ein Konsul kommandierte in der Regel zwei Legionen.

5 Sklaven, von denen zu Beginn eine große Zahl bei ihm zusammenlief, wies er inzwischen zurück, indem er auf die Kräfte der Verschwörung vertraute und es gleichzeitig für seinen Plänen entgegenstehend hielt, wenn er den Anschein erweckte, die Anliegen der Bürger mit denen der Sklaven vermischt zu haben.

(57) Nachdem aber im Lager die Botschaft angekommen war, dass in Rom die Verschwörung aufgedeckt worden sei und dass Lentulus, Cethegus und die Übrigen, die ich oben erwähnt habe, die Todesstrafe ereilt hatte, da entliefen die meisten, die nur die Hoffnung auf Plünderung und das Bemühen um Umsturz ergriffen hatte. Die Übrigen führte Catilina durch steile Berge auf rauen Wegen bis in das Gebiet von Pistoria[164] mit dem Plan, auf Trampelpfaden heimlich ins jenseitige Gallien zu entkommen. **2** Aber Quintus Metellus Celer stand mit drei Legionen im Gebiet der Picener bereit und sah aus der Schwierigkeit der Lage, die ich oben erwähnt habe, genau das voraus, was Catilina tun würde. **3** Sobald er daher dessen Weg durch Geflohene erfahren hatte, brach er eilig aus dem Lager auf und setzte sich an den Fuß der Berge, wo der Abstieg der anderen nach Gallien stattfinden musste. **4** Und dennoch war auch Antonius nicht weit entfernt, der ja mit einem großen Heer auf besseren Wegen den Geflohenen folgte. **5** Catilina aber glaubte, nachdem er gesehen hatte, dass er von den Bergen und den feindlichen Truppen eingeschlossen war, als in der Stadt die Sache schlecht lief und er keine Hoffnung mehr hatte, weder auf Flucht noch auf Schutz, dass es das Beste sei, in einer solchen Lage das Kriegsglück zu suchen, und beschloss, mit Antonius so schnell wie möglich in einen Kampf einzutreten. **6** Daher hielt er, nachdem er die Heeresversammlung zusammengerufen hatte, folgende Rede:

Catilinas letzte Rede

(58) *Ich habe verstanden, Soldaten, dass Worte keine Tapferkeit mehren noch ein träges und ängstliches Heer durch die Rede des Feldherrn ein entschlossenes und tapferes wird.* **2** *Wie viel Kühnheit von Natur oder Charakter aus im Herzen eines jeden sitzt, soviel pflegt er im Krieg zu ertragen. Wen weder Ruhm noch Gefahr erregen, den ermuntert man vergeblich. Die*

---

164 Pistoria, das heutige Pistoia, 35 km nordwestlich von Florenz am Südhang des Apennin.

Angst des Herzens verschließt die Ohren. **3** *Ich habe aber euch, weil ich nur wenige Ermahnungen sage, aufgerufen, um euch gleichzeitig den Grund meiner Entscheidung mitzuteilen.* **4** *Ihr wisst natürlich, Soldaten, welche Niederlage Lentulus durch seine Sorglosigkeit und Trägheit sich selbst und uns zugefügt hat und wie ich, während ich Verstärkung aus Rom erwartete, nicht nach Gallien aufbrechen konnte.* **5** *An welcher Stelle nun aber unsere Sache steht, begreift ihr alle so gut wie ich.* **6** *Zwei feindliche Heere, eines aus der Stadt, das andere aus Gallien, stehen uns gegenüber. Länger in dieser Gegend zu bleiben, verbietet uns, selbst wenn es der stärkste Mut ertrüge, der Mangel an Getreide und anderen Vorräten.* **7** *Wohin auch immer es uns gefällt zu gehen, der Weg muss mit dem Schwert freigekämpft werden.* **8** *Deswegen ermahne ich euch, dass ihr tapferen und entschlossenen Sinnes seid, und, wenn ihr in den Kampf zieht, der Reichtümer gedenkt, der Ehre, des Ruhmes und dass ihr außerdem die Freiheit und das Vaterland in der Rechten tragt.* **9** *Wenn wir siegen, wird uns alles sicher sein: Vorräte in Massen, die Munizipalstädte und die Kolonien werden uns offenstehen. Wenn wir der Furcht nachgeben, werden dieselben feindlich gegen uns eingestellt sein und kein Ort und kein Freund wird einen schützen, den seine Waffen nicht geschützt haben.*

*   **11** Außerdem, Soldaten, befinden sich jene nicht in derselben Notlage wie wir: Wir kämpfen für das Vaterland, für die Freiheit, um unser Leben; ihnen bleibt nur das unnötige Ziel, für die Macht einiger weniger zu kämpfen.* **12** *Umso kühner greift an in Erinnerung an eure frühere Tapferkeit. Es stand euch offen, euer Leben in großer Schande im Exil zu verbringen,* **13** *einige von euch konnten erwarten, für die verlorenen Güter in Rom Hilfeleistungen zu erhalten:* **14** *Weil jenes den Männern schändlich und unerträglich erschien, habt ihr beschlossen, meiner Fahne zu folgen.* **15** *Wenn ihr diese verlassen wollt, ist Kühnheit erforderlich. Niemand außer dem Sieger kann den Krieg gegen den Frieden austauschen.* **16** *Denn sein Heil in der Flucht zu suchen und die Waffen, mit denen der Körper geschützt wird, vom Feind abzuwenden, ist allerdings Wahnsinn.* **17** *Im Kampf sind immer diejenigen größter Gefahr ausgesetzt, die sich am meisten fürchten. Kühnheit hält man für eine Befestigung.* **18** *Wenn ich euch betrachte, Soldaten, und wenn ich eure Taten einschätze, erfüllt mich eine große Hoffnung auf Sieg.* **19** *Euer Geist, euer Alter, eure Tapferkeit feuern mich an, außerdem die Notwendigkeit, die selbst die Ängstlichen mutig macht.* **20** *Denn dass*

euch die Menge der Feinde umzingeln könnte, verhindert die Enge des Ortes. 21 Wenn das Schicksal eurer Tapferkeit nicht günstig gesonnen ist, so sorgt wenigstens dafür, dass ihr euer Leben nicht ungerächt verliert und euch nicht als Gefangene wie das Vieh abschlachten lasst, statt nach Art eines Mannes kämpfend den Feinden nur einen blutigen und traurigen Sieg übrig zu lassen.

Vorbereitungen zur Schlacht

(59) Sobald er dies gesagt hatte, wartete er nur kurz und befahl dann, das Zeichen zum Angriff zu geben und führte sie in Reihen aufgestellt in die Ebene. Dann, nachdem die Pferde aller weggebracht worden waren, damit der Mut der Soldaten durch die für alle gleiche Gefahr gesteigert würde, teilte er selbst zu Fuß das Heer ein nach Ort und Truppenstärke. *2* Denn da die Ebene zwischen den Bergen links und einem schroffen Felsen rechts eingeschlossen war, stellte er acht Kohorten vorne auf, die Feldzeichen der Übrigen[165] stellte er als Reserve dicht beieinander auf. *3* Von diesen stellte er die Zenturionen, alles erlesene und ausgesuchte Männer, ferner jeweils die Besten der Fußtruppen, bewaffnet in die erste Reihe. Gaius Manlius sollte nach seinem Befehl den rechten, ein Mann aus Faesulae den linken Flügel befehligen. Er selbst stellte sich mit den Freigelassenen und den Siedlern bei dem Adler auf, den Marius mit seinem Heer im Krieg gegen die Kimbern verwendet haben soll.[166]

4 Auf der anderen Seite aber übergab Gaius Antonius, weil er selbst zu Fuß nur schwer bei dem Kampf dabei sein konnte,[167] dem Legaten Marcus Petreius[168] das Heer. *5* Dieser stellte die Veteranenkohorten, welche er wegen des Aufstandes ausgehoben hatte, vorne auf, hinter ihnen das übrige Heer als Reserve. Er selbst ritt umher, rief jeden Einzelnen namentlich auf, ermunterte sie und fragte sie, ob sie sich

---

165 Nämlich die Manipelzeichen, von denen es in jeder Kohorte drei gab. Die Formulierung »der Übrigen« (*reliquarum*) deutet darauf hin, dass die stärksten Soldaten vorne standen und es sich hier nur noch um den schwächeren Rest handelte.

166 Die beiden Germanenstämme der Kimbern und Teutonen hatten ihre Heimat Jütland verlassen und waren ins Römische Reich eingedrungen, wo sie zunächst mehrere Heere besiegten. 101 aber gelang dem römischen Feldherrn Marius ein vernichtender Sieg über die Kimbern bei Vercellae (heute Vercelli) in Norditalien.

167 Oder nicht wollte, denn seine Haltung in der Verschwörung war unklar.

168 Marcus Petreius, geboren 110, um 64 Prätor, vielleicht der von Caesar 49 besiegte Legat Pompeius', wird von Cicero (Rede für Sestius 5,12) sehr gelobt.

bewusst seien, dass sie gegen unbewaffnete Räuber für das Vaterland, ihre Kinder, die Altäre und ihre Häuser kämpften. *6* Als Soldat kenne er, da er seit über 30 Jahren als Militärtribun, Präfekt oder *legatus pro praetore* mit großem Ruhm im Heer gedient hat, die meisten persönlich und ihre tapferen Taten. Indem er diese erwähnte, entflammte er die Herzen der Soldaten.

Endkampf der Verschwörer

(60) Sobald aber Petreius, nachdem alle Dinge ausgekundschaftet waren, mit der Trompete das Zeichen gab, befahl er, dass die Kohorten losmarschierten; ebenso tat es das Heer der Feinde. *2* Nachdem sie dorthin gekommen waren, wo von den leichten Truppen der Kampf begonnen werden konnte, rannten sie mit größtem Geschrei und feindlichen Feldzeichen gegeneinander. Sie schossen Speere ab, auch mit Schwertern wurde die Sache ausgetragen. *3* Die Veteranen bedrängten sich eingedenk ihrer alten Tapferkeit heftig gegenseitig, die jeweils anderen setzten sich ohne Angst zur Wehr. Mit größter Kraft wurde gekämpft. *4* Inzwischen hielt sich Catilina mit seinen Truppen in vorderster Linie auf, kam den sich Abmühenden zu Hilfe, tauschte unversehrte Männer für verwundete aus, überschaute alles, kämpfte selbst eifrig und verwundete oft den Feind. Gleichzeitig erfüllte er die Pflichten eines tapferen Soldaten und eines guten Feldherrn. *5* Als Petreius Catilina sah, der sich anders als erwartet mit großer Kraft verteidigte, führte er eine Prätorianerkohorte[169] mitten in die Feinde, und nachdem er diese verwirrt hatte, tötete er sie und andere, die anderswo Widerstand leisteten. Dann griff er auf beiden Seiten andere an. *6* Manlius und der Faesulaner fielen in der ersten Reihe. *7* Catilia rannte, als er sah, dass die Truppen zerstreut waren und nur er noch mit wenigen übrig war, im Gedanken an seine Familie und an seine frühere Würde in die am dichtesten stehenden Feinde und fiel dort kämpfend.

(61) Nachdem aber der Kampf beendet war, da sah man erst, wie viel Kühnheit und wie viel Kampfeskraft im Heer Catilinas gesteckt hatte. *2* Denn fast jeder bedeckte mit seinem Körper nach seinem Tod

---

169 Die Prätorianerkohorte bildete eine Elitetruppe, die erstmals von Publius Cornelius Scipio Africanus eingesetzt worden war. Sie war Vorläufer der in der Kaiserzeit berüchtigten Prätorianergarde, die allerdings dann eine etwas andere Bedeutung hatte.

die Stelle, die er lebend im Kampf gehalten hatte.[170] *3* Wenige aber, die die Prätorianerkohorte in der Mitte auseinandergestoßen hatte, waren etwas weiter zerstreut gefallen, aber dennoch hatten alle ihre Wunden von den Feinden vorne empfangen. *4* Catilina aber wurde weit weg von seinen Leuten unter den Leichen der Feinde aufgefunden, noch flach atmend und den Trotz seines Herzens, welchen er lebend gehabt hatte, im Gesicht noch ausdrückend. *5* Schließlich wurde aus der ganzen Menge weder im Kampf noch auf der Flucht ein frei geborener Bürger aufgegriffen. *6* So hatten alle ihr eigenes Leben und das der Feinde gleich wenig geschont. *7* Aber dennoch erlangte auch das Heer des römischen Volkes keinen fröhlichen, unblutigen Sieg. Denn die jeweils Tapfersten waren im Kampf gefallen oder schwer verwundet ausgeschieden. *8* Viele aber, die aus dem Lager getreten waren, um zu schauen oder um Beute zu machen, fanden, als sie die Leichen der Feinde umdrehten, entweder einen Freund, einen Gastfreund oder einen Verwandten. Ebenso gab es welche, die ihre Feinde erkannten. *9* So verbreiteten sich abwechselnd im ganzen Heer Freude und Betrübnis, Klagen und Jubel.

---

170 Nach Cassius Dio, Römische Geschichte 37,40,1 fielen 3000 Mann.

Der Krieg gegen Iugurtha

Rom und Nordafrika im 2. Jahrhundert.

Das westlich von Ägypten liegende Afrika wurde seit dem 9. Jahrhundert v. Chr. von phönizischen Siedlern durch Koloniegründungen beherrscht. Am wichtigsten war die 814 v. Chr. von Tyros aus gegründete Tochterstadt Karthago (dt.: Neustadt), die zu einer bedeutenden Seemacht heranwuchs und im Laufe ihrer Ausdehnung mit dem ebenfalls aufstrebenden Rom in Kontakt geriet. Den Phöniziern folgten Griechen aus Kyrene ab dem 5. Jahrhundert. Daneben gab es zwei bedeutende einheimische Königreiche: Numidien und Mauretanien. Nachdem Karthago und Rom in den Jahren 507/508, 348, 306 und noch einmal 279/78 vier Verträge miteinander geschlossen hatten, kam es, ausgelöst durch die Räuberbande der Mamertiner, die beide Mächte gegen die Stadt Messana zu Hilfe rief, zum Ersten Römisch-Punischen Krieg (264–261). Nach der Eroberung des südlichen Hispanien durch Karthago in der Zwischenkriegszeit folgte der Zweite Römisch-Punische Krieg (218–201). Numiderkönig Massinissa, seit jenem Krieg ein Verbündeter Roms, nutzte die harten Friedensbedingungen der Römer gegenüber Karthago, das keinen Krieg ohne römische Zustimmung führen durfte, für Gebietsgewinne, indem er Karthago immer wieder angriff. Als sich die ohnehin auf ein kleines Territorium beschränkte Stadt schließlich verzweifelt wehrte, war dies für Rom der Anlass zum Dritten Römisch-Punischen Krieg, an dessen Ende Karthago völlig zerstört und die überlebenden Einwohner versklavt wurden.

Das Gebiet wurde unter Rom und Massinissa aufgeteilt. Numidien blieb Verbündeter Roms.

Massinissa, geb. 230 v. Chr., war ein Sohn des ostnumidischen Fürsten Gaia. 212 wurde er Kommandant der Numider in Spanien aufseiten der Karthager unter Hasdrubal und Sieger über die Römer; er wechselte dann aber die Seiten und half den Römern in der Schlacht bei Zama 201. Massinissa besiegte nach seiner Heimkehr den Konkurrenten Skyphax und wurde von den Römern als rechtmäßiger Herrscher ganz Numidiens anerkannt. Seine Dynastie war durch die Freundschaft mit

Rom gesichert, im Innern förderte er Urbanisierung, Gewerbe und Ackerbau, siedelte Nomaden an, übernahm karthagische Technik und hellenistische Sitten.

Außer Massinissa ragt Iugurtha unter den numidischen Königen als Herrschergestalt besonders heraus. Er wurde nach 160 v. Chr. als Sohn Mastanabals geboren und nach dem frühen Tod des Vaters am Hof seines Onkels Micipsa erzogen und später von diesem adoptiert. Von Micipsa erbte er zusammen mit Micipsas Söhnen 118 die Königswürde, nachdem er sich im Numantinischen Krieg sowohl um Rom als auch um Numidien verdient gemacht hatte. Um alleine zu herrschen, beseitigte er nacheinander beide Vettern. Von Adherbal, dem letzten Überlebenden der beiden, zu Hilfe gerufen, tritt Rom schließlich wegen der Ermordung italischer Kaufleute in den Krieg gegen Iugurtha ein. Den römischen Erfolg zögern dabei nicht nur die geographischen Gegebenheiten in Nordafrika, sondern besonders die Bestechlichkeit und der überzogene Ehrgeiz und die Rivalitäten römischer Senatoren hinaus. Am Ende dieses Krieges treten auch die beiden Männer in Aktion, die die römische Politik für die nächsten Jahrzehnte beherrschen würden: Marius und Sulla. Iugurtha wurde besiegt und im Triumphzug mitgeführt.

Sallusts Darstellung

Im Gegensatz zur Verschwörung des Catilina beschreibt Sallust hier ein Ereignis, das er selbst nicht miterlebt hat. Vor allem geht es ihm auch in diesem Werk um die Darstellung der Krise, in der sich die römische *res publica* befand. Iugurtha legt er sein Urteil über Rom in den Mund: Eine käufliche Stadt, die untergehen wird, sobald sie ihren Käufer findet.

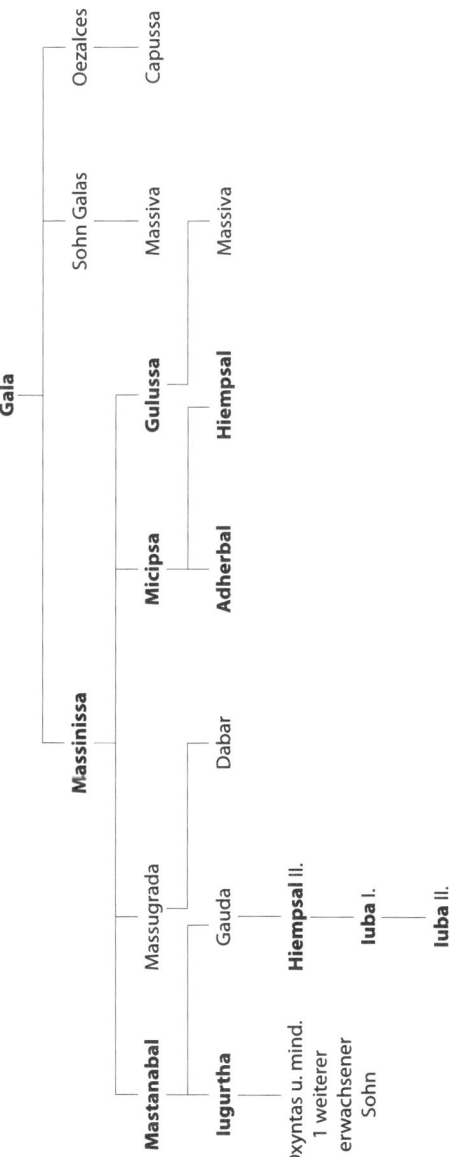

Die numidischen Königsfamilien (fett gedruckt die Könige)

Der Krieg gegen Iugurtha

Proömium

(1) Zu Unrecht klagt das Menschengeschlecht über seine Natur, dass sie schwach und von kurzer Dauer sei und mehr vom Zufall als von der Tüchtigkeit geprägt werde. *2* Denn im Gegenteil findet man durch Nachdenken weder etwas Größeres noch etwas Zuverlässigeres, sondern dass es der Natur mehr an der Einsatzbereitschaft der Menschen fehlt als an Kraft und Zeit. *3* Führer und Befehlshaber des menschlichen Lebens ist der Geist. Dieser ist, sobald er auf dem Weg zum Ruhm der Tüchtigkeit voranschreitet, über die Maßen stark und mächtig, und er braucht das Glück nicht, weil dieses ja den Anstand, den Fleiß und die anderen guten Eigenschaften einem Menschen weder schenken noch rauben kann. *4* Wenn aber jemand durch seine Triebe in Trägheit und körperliche Begierden abgesunken ist und allmählich verderbliche Vergnügungen genießt, wo durch Sorglosigkeit Kräfte, Zeit und Begabungen vergeudet werden, da wird die Schwäche der Natur angeklagt. Die jeweils eigene Schuld übertragen die Verantwortlichen auf die Umstände. *5* Wenn daher die Menschen soviel Sorge auf die guten Dinge verwendeten, wie sie mit Eifer nach fremden und nutzlosen, oft auch gefährlichen Dingen streben, würden sie nicht mehr regiert, als sie selbst die Zufälle regierten, und könnten so zu jener Größe schreiten, wo sie statt Sterblichkeit durch Ruhm Ewigkeit erlangten.

(2) Denn so, wie das Menschengeschlecht aus Körper und Geist zusammengesetzt ist, so folgen alle Dinge, alle unsere Bemühungen entweder der Natur des Körpers oder der des Geistes. *2* Daher mögen wir gutes Ansehen, großen Reichtum, dazu die körperlichen Kräfte und alle anderen Dinge dieser Art verlieren, aber Taten, die durch geistige Leistungen herausragen, sind wie die Seele unsterblich. *3* Schließlich besitzen sowohl die Güter des Körpers als die des Glücks wie einen Anfang so auch ein Ende, und alles, was entstanden ist, vergeht, was gewachsen ist, wird alt. Ein unverdorbener ewiger Geist, Lenker des Menschengeschlechts, führt alles und besitzt alles und wird selbst nicht besessen. *4* Umso verwunderlicher ist die Schlechtigkeit der-

jenigen, die den Freuden des Körpers ergeben sind, die ihr Leben in Verschwendung und Trägheit verbringen und zulassen, dass die übrige Begabung, im Vergleich zu der es weder etwas Besseres noch etwas Größeres in der Natur der Menschen gibt, durch Vernachlässigung und Sorglosigkeit erstarrt, wo doch außerdem so viele verschiedene Künste des Geistes existieren, mit welchen man sich höchste Berühmtheit erwerben kann.

(3) Mir scheinen allerdings Ämter oder Befehlsgewalt, schließlich jede Verantwortung für die *res publica* in den gegenwärtigen Bedrohungen am wenigsten erstrebenswert, da ja weder den Tüchtigen die Ämter zuerkannt werden noch die, denen sie durch Betrug in die Hände fallen, darin sicher oder ehrenvoll wären. *2* Denn mit Gewalt das Vaterland oder die Väter zu regieren, wäre, auch wenn man es könnte und die Fehler korrigieren würde, dennoch nicht ratsam, wenn außerdem alle Umstürze nur Mord, Flucht und andere Widrigkeiten mit sich bringen. *3* Vergeblich aber sich abzumühen und sich durch Ermüdung nichts anders als Hass zuzuziehen, ist äußerster Wahnsinn, außer wenn zufällig einen ehrlosen und verderblichen Menschen die Begierde ergreift, für die Macht einiger weniger seine Ehre und Freiheit hinzugeben.

(4) Ferner ist von den anderen Beschäftigungen, durch welche man im Geist geschult wird, vor allem das Gedächtnis der vollbrachten Taten sehr nützlich. *2* Weil von dessen Wert schon viele gesprochen haben, glaube ich, kann es übergangen werden, auch, damit nicht jemand denke, ich wolle aus Überheblichkeit meinen Eifer durch Lob erhöhen. *3* Ich aber glaube, dass es Leute geben wird, die, weil ich beschlossen habe, mein Leben fern von der Politik zu verbringen, meiner so großen und so nützlichen Anstrengung den Namen Trägheit verleihen werden, und zwar gewiss diejenigen, denen es der größte Fleiß zu sein scheint, das Volk zu begrüßen und mit Gastmählern dessen Wohlwollen zu erstreben. *4* Wenn diese darüber nachdenken, in welchen Zeiten ich Ämter erlangt habe und welche Männer dieselben nicht erlangen konnten und welcher Menschenschlag später in den Senat gelangt ist, werden sie wohl glauben, dass ich eher zu Recht als durch Trägheit meine Gesinnung geändert habe und dass aus meiner Muße ein größerer Vorteil als aus der Geschäftigkeit anderer für die *res publica* entstanden ist.

5 Denn oft habe ich gehört, dass Quintus Maximus, Publius Scipio[1] und außerdem weitere hochberühmte Männer unseres Staates dies zu sagen pflegten, wenn sie die Büsten ihrer Vorfahren betrachteten,[2] und dass sie auf das Heftigste in ihren Herzen zur Tüchtigkeit entflammt wurden. **6** Natürlich nicht, weil das Wachs oder eine solche Statue magische Kräfte in sich hätte, sondern durch die Erinnerung an die großen Taten wächst diesen Männern in der Brust diese Flamme und kommt nicht eher zur Ruhe, bevor ihre Tüchtigkeit deren Ruf und Ehre erreicht hätte. **7** Aber wie anders ist dagegen der Charakter der heutigen Menschen, dass sie lieber in Reichtum und Aufwand und nicht mehr in Anständigkeit und Fleiß mit ihren Vorfahren wetteifern. Auch die *homines novi*,[3] die früher durch Tüchtigkeit in die Nobilität aufzusteigen pflegten, gelangen nun durch Betrug und Diebstahl eher als durch gute Sitten zur Feldherrenehre. **8** Gleich als ob die Prätur und das Konsulat und alle anderen Ämter dieser Art durch sich selbst schon berühmt und großartig wären und nicht danach eingeschätzt würden, wie es um die Tugend derer steht, die sie innehaben. **9** Wahrhaftig, ich bin freier und höher hinaufgestiegen, während mich die Sitten des Gemeinwesens verdrossen und anekelten. Nun kehre ich zu meinem Vorhaben zurück.

Verhältnisse in Numidien

(5) Ich werde einen Krieg beschreiben, den das römische Volk mit Iugurtha, dem König der Numider, geführt hat, erstens weil er groß und heftig und das Kriegsglück wechselhaft war, dann weil damals zum ersten Mal die Arroganz der Nobilität einem Sieg entgegenstand. **2** Diese Auseinandersetzung hat alles Göttliche und Menschliche durcheinandergebracht und artete in einen solchen Wahnsinn aus, dass den bürgerlichen Unruhen erst der Krieg und die Verwüstung Italiens ein Ende bereiteten. **3** Aber bevor ich ein Unternehmen dieser Art starte, muss ich einiges Frühere wiederholen, damit zum Verständnis alles klarer und einsichtiger wird.

---

1 Quintus Fabius Maximus Aemilianus und Publius Cornelius Scipio Aemilianus, zwei Söhne des Lucius Aemilius Paulus, des Siegers von Pydna, die von Fabius bzw. Cornelius adoptiert worden sind.

2 Diese wurden in Form von Wachsmasken im Hause aufbewahrt.

3 *Homo novus* wurden Männer genannt, die als erste Mitglieder ihrer Familie ein politisches Amt und die Mitgliedschaft im Senat erlangten.

4 Im Zweiten Punischen Krieg,[4] in welchem Hannibal, der Anführer der Karthager, nachdem der römische Name zuvor an Bedeutung
gewonnen hatte, die Kräfte Italiens am ärgsten geschwächt hatte,
wurde Massinissa, König der Numider, in ein Freundschaftsverhältnis
aufgenommen von Publius Cornelius Scipio, dem später wegen seiner
Tapferkeit der Beiname Africanus verliehen wurde, und vollbrachte viele
und berühmte Kriegstaten. Deswegen übergab nach dem Sieg über die
Karthager und der Gefangennahme Syphax',[5] dessen großes und wei-
tes Reich in Afrika blühte, das römische Volk alle Städte und Landstriche,
die jener besessen hatte, dem König Massinissa als Geschenk. **5** Daher
bestand die gute und für uns ehrenvolle Freundschaft des Königs fort.
Aber sein Reich und sein Leben fanden gleichzeitig ein Ende.

6 Dann erlangte sein Sohn Micipsa[6] die Königsherrschaft alleine,
nachdem dessen Brüder Mastanabal und Gulussa[7] an einer Krankheit
gestorben waren. **7** Dieser zeugte Adherbal und Hiempsal;[8] Iugurtha
jedoch, den Sohn seines Bruders Mastabal, den Massinissa, weil er von
einer Nebenfrau geboren war, ohne Anspruch auf die Thronfolge hinterlassen hatte, zog er mit derselben Pflege wie seine eigenen Kinder bei
sich daheim auf.

---

4 Zweiter Punischer Krieg, 218–201, ausgelöst, als Karthago unter Führung Hannibals Roms
   Bündnispartner Sagunt eroberte. Dieser überquerte nach der Kriegserklärung mit einem
   Heer und Elefanten die Alpen nach Norditalien und eroberte von hier aus einen großen Teil
   der Halbinsel; dabei erlitten die Römer katastrophale Niederlagen: 218 am Ticinus, im selben
   Jahr an der Trebia, 217 am Trasimenischen See und 216 bei Cannae in Apulien.
5 Syphax, König der Masaesyler (in Westnumidien), ursprünglich den Römern zugeneigt,
   entschied sich aber für ein Bündnis mit Karthago, als ihm Hasdrubal seine Tochter Sopho-
   nisbe zur Frau gab. Sein Feind Massinissa dagegen trat von den Karthagern zu den Römern
   über. Syphax wurde 203 von Scipio geschlagen und gefangen genommen. Er starb im
   Gefängnis, und Massinissa erhielt als Belohnung für seine Hilfe Syphax' Land.
6 Micipsa, ältester Sohn Massinissas von Numidien, residierte in Cirta und regierte nach
   dem Tod seines Vaters und seiner Brüder alleine; er setzte die väterliche Politik fort und
   siedelte griechische Händler in Cirta an, jetzt Constantine (wegen des Wiederaufbaus durch
   Kaiser Konstantin) bzw. Ksantina in Algerien; Micipsa starb 118 v. Chr.
7 Mastanabal, erbberechtigter Sohn Massinissas von Numidien, Mitregent Micipsas, obers-
   ter Richter, Vater Iugurthas und Gaudas, starb früh. Gulussa, der zweite Sohn Massinissas,
   numidischer Gesandter in Rom, leitete 149 den Angriff Numidiens auf Karthago ein, der den
   Dritten Punischen Krieg und letztendlich Karthagos vollständige Zerstörung veranlasste.
8 Adherbal und Hiempsal mussten sich nach Micipsas Tod mit ihrem Vetter Iugurtha das
   Reich teilen; während der Erstgenannte zunächst vertrieben und erst später von Iugurtha
   getötet wurde, wurde Hiempsal noch vor Vollzug der Teilung in Iugurthas Auftrag ermordet.

Iugurthas Wesen

(6) Sobald dieser herangewachsen war, gab er sich, vor Kräften strotzend, mit einem schönen Gesicht, mit Abstand aber an Geisteskraft der Stärkste, nicht verdorben der Schwelgerei und der Trägheit hin, sondern pflegte, wie es dem Charakter seiner Familie entsprach, zu reiten, Speerwurf zu üben und sich im Lauf mit Gleichaltrigen zu messen. Und obwohl er alle anderen an Ruhm übertraf, war er dennoch bei allen beliebt. Dazu verbrachte er die meiste Zeit mit Jagen, den Löwen und andere wilde Tiere erlegte er als Erster bzw. als einer der Ersten. Er tat am meisten und machte am wenigsten Aufhebens von sich selbst. *2* Obgleich Micipsa am Anfang über diese Dinge froh war, solange er meinte, dass die Tüchtigkeit Iugurthas seiner Königsherrschaft zum Ruhm gereiche, wälzte er dennoch, sobald er begriff, dass der heranwachsende junge Mann, da er selbst ein hohes Lebensalter erreicht hatte und seine eigenen Kinder noch so jung waren, mehr und mehr an Bedeutung erlangte, durch diesen Umstand heftig bewegt vieles in Gedanken hin und her. *3* Es erschreckten ihn die machtgierige Natur der Menschen und die Leidenschaft, die Wünsche ihres Herzens zu erfüllen, außerdem die günstige Gelegenheit, die das Alter seiner Kinder bot, welche selbst mittelmäßige Männer durch die Hoffnung auf Beute in die falsche Richtung treibt, dazu der entflammte Eifer der Numider für Iugurtha, wobei er besorgt war, dass, wenn er einen solchen Mann durch List tötete, ein Aufstand oder ein Krieg erwachsen könnte.

Iugurtha im Numantinischen Krieg

(7) Als er diese Schwierigkeiten bei sich bedacht hatte und sobald er sah, dass er weder durch Gewalt noch durch einen Hinterhalt den Mann klein halten konnte, der so viele öffentliche Zustimmung erhielt, weil Iugurtha begierig und ehrgeizig im Bezug auf Kriegsruhm war, beschloss er, ihn Gefahren auszusetzen und so das Schicksal herauszufordern.

　　2 Als daher Micipsa dem römischen Volk im Numantinischen Krieg[9] Reiter und Fußtruppen zu Hilfe schickte, indem er hoffte, ihn entweder

---

9　Den sogenannten Numantinischen Krieg führten die Römer 143–133 gegen aufständische Hispanier vor der Stadt Numantia in der Hochebene von Kastilien, am Zusammenfluss von Duero und Merdancho. Publius Cornelius Scipio Africanus d. Jüngere hungerte die Stadt aus und zerstörte sie.

durch Herausstellung seiner Tüchtigkeit oder durch die Wildheit der Feinde leicht töten zu können, stellte er ihn an die Spitze des Heeres der Numider, welches er nach Hispanien schickte.[10] *3* Aber diese Sache verlief bei Weitem anders, als er es sich ausgerechnet hatte. *4* Denn Iugurtha, der ja von schnellem und scharfem Verstand war, gelangte, sobald er die Wesensart Scipios,[11] der damals Feldherr bei den Römern war, und die Sitten der Feinde begriffen hatte, mit großer Sorgfalt und großer Mühe, außerdem durch absoluten Gehorsam und indem er viele Gefahren auf sich nahm, in kürzester Zeit zu solcher Berühmtheit, dass er bei unseren Leuten sehr beliebt, für die Numantiner aber der größte Schrecken war. *5* Und freilich – was das Schwierigste von allem ist – er war im Kampf wacker und klug in der Ratsversammlung, wobei das eine meistens aus Voraussicht Angst und aus Kühnheit Unbesonnenheit hervorzubringen pflegt. *6* Daher ließ der Feldherr fast alle harten Aufgaben von Iugurtha erledigen, nahm ihn unter seine Freunde auf, schloss ihn von Tag zu Tag mehr ins Herz, weil kein Rat und keine Unternehmung, die von ihm ausging, vergeblich war. *7* Dazu traten die Großzügigkeit seines Herzens und die Gewandtheit seines Geistes, durch welche er viele Römer als Vertraute und Freunde an sich band.

(8) In jener unruhigen Zeit gab es in unserem Heer einige *homines novi* und einige aus der Nobilität, denen Reichtum wichtiger war als guter Charakter und Ehre. Diese waren Parteigänger zu Hause, einflussreich bei den Bundesgenossen und mehr berühmt als ehrenvoll. Iugurthas scharfen Geist erregten sie durch Versprechungen. Wenn König Micipsa gestorben sei, werde er allein sich der Herrschaft über Numidien bemächtigen. In ihm liege die größte Tüchtigkeit, in Rom sei alles käuflich. *2* Nachdem aber Numantia zerstört war und Scipio beschlossen hatte, die Hilfstruppen zu entlassen und selbst nach Hause zurückzukehren, führte er Iugurtha, da er ihn vor der Heeresversammlung großzügig beschenkt und gelobt hatte, zu seinem Feldherrenzelt und ermahnte ihn im Stillen, dass er lieber die offizielle Freundschaft

---

10 Iugurtha kommandierte Bogenschützen, Schleuderer und zwölf Elefanten.
11 Publius Cornelius Scipio Aemilianus Africanus Numantinus, Sohn des Siegers von Pydna 168, Lucius Aemilius Paullus, adoptiert vom Sohn des älteren Africanus, 147 vor Erreichung des Mindestalters Konsul, 146 Zerstörung Karthagos und Triumph, 142 Zensor, 133 Zerstörung Numantias in Hispanien, 132 zweiter Triumph, entschiedener Gegner der Gracchen, gestorben 129.

zu Rom pflegen sollte als die private und dass er sich nicht daran gewöhnen sollte, jemanden zu bestechen. Gefährlich sei es, von wenigen kaufen zu lassen, was vielen gehöre. Wenn er unter seinen Vertrauten bleiben wolle, werde er von alleine zu Ruhm und Herrschaft gelangen. Wenn er es aber weiter so eilig habe, werde er durch sein eigenes Geld jäh abstürzen.

(9) Nachdem er so geredet hatte, schickte er ihn mit Briefen, die er Micipsa geben sollte, weg. *2* Deren Inhalt war folgender: »Dein Iugurtha bewies im Numantinischen Krieg bei Weitem die größte Tüchtigkeit, welche Tatsache, wie ich sicher weiß, dich erfreuen wird. Uns ist er wegen seiner Verdienste wert und teuer. Dafür, dass er es auch dem Senat und dem Volk von Rom ist, strengen wir uns mich höchstem Einsatz an. Dich aber beglückwünschen wir bei unserer Freundschaft. Du hast einen Mann, der deiner und seines Großvaters Massinissa würdig ist.«

Iugurthas Heimkehr

3 Sobald der König aus dem Brief des Feldherrn erfuhr, dass das, was er bereits aus Gerüchten vernommen hatte, zutraf, änderte er, ebenso von der Tüchtigkeit wie von der Dankbarkeit des Mannes bewegt, seine Gesinnung und ging dazu über, Iugurtha durch Wohltaten zu besiegen; er adoptierte ihn sofort[12] und setzte ihn in seinem Testament gleichberechtigt neben seinen Söhnen zum Erben ein.

4 Als er selbst aber wenige Jahre später begriff, dass sein Leben an einer Krankheit und durch Erschöpfung des Alters zu Ende gehe, soll er vor Verwandten und Freunden, ebenso vor seinen Söhnen Adherbal und Hiempsal mit Iugurtha in folgender Weise gesprochen haben:

Micipsas Vermächtnis

(10) *Als kleinen Jungen, der seinen Vater verloren hatte, habe ich dich, Iugurtha, der du weder Hoffnung noch Reichtum hattest, in mein Königreich aufgenommen, wobei ich glaubte, dass ich dir wegen meiner Wohltat, nicht weniger als meinen Kindern, so teuer wäre, wie wenn ich dich gezeugt*

---

12 Sofort bedeutet 132/31; in Kap. 11 schreibt Sallust, die Adoption habe drei Jahre vor Micipsas Tod 118, also 121 stattgefunden. Wie schon in der Abhandlung über die Verschwörung Catilinas gibt es Abweichungen zu der sich aus den anderen Quellen ergebenden Chronologie.

*hätte. 2 Und ich täuschte mich in dieser Sache nicht. Denn – um einmal an-
dere große und herausragende Taten zu übergehen – als du vor kurzer Zeit
aus Numantia zurückkehrtest, hast du mich und meine Königswürde mit
Ruhm geehrt und durch deine Tüchtigkeit die Römer uns gegenüber nicht
nur zu Freuden, sondern zu den besten Freunden gemacht. In Hispanien ist
der Name unserer Familie wieder aufgeblüht. Und schließlich hast du, was
das Schwierigste unter den Sterblichen ist, durch Ruhm den Neid besiegt.*

*3 Nun, da ja die Natur meinem Leben ein Ende setzt, ermahne und be-
schwöre ich dich mit dieser rechten Hand, bei der Treue zum Königreich,
dass du diejenigen, welche dir verwandtschaftlich am nächsten stehen,
die dir durch meine Wohltat zu Brüdern geworden sind, lieb behältst und
nicht lieber Fremde an dich bindest, statt die durch Blut Verwandten bei
dir zu behalten. 4 Nicht das Heer und nicht die Schätze sind Schutz der
Königsherrschaft, sondern wahre Freunde, welche du weder mit Waffen
zwingen noch mit Gold kaufen kannst. Sie werden dir in Pflicht und Treue
gehorchen. 5 Wer aber ist eher ein Freund als der Bruder dem Bruder?
Oder welchen fremden Getreuen wirst du finden, wenn du deinen eigenen
Leuten zum Feind geworden bist? 6 Ich also übertrage euch ein gefestigtes
Königreich, wenn ihr gut sein werdet, wenn aber schlecht, ein schwaches.
Denn durch Eintracht wachsen kleine Dinge, durch Zwietracht kommen
die größten zu Fall.*

*7 Im Übrigen liegt es mehr als bei den anderen bei dir, Iugurtha, der du
an Alter und Weisheit über ihnen stehst, darauf zu achten, dass es nicht
anders kommt. Denn in jedem Wettkampf scheint der, der mächtiger ist,
auch wenn er Unrecht erleidet, dennoch, weil er stärker ist, eben dieses zu
begehen. 8 Ihr aber, Adherbal und Hiempsal, verehrt, gehorcht diesem so
beschaffenen Mann, eifert seiner Tüchtigkeit nach und vermeidet es, dass
ich bessere Kinder angenommen zu haben scheine, als ich gezeugt habe.*

(11) Darauf antwortete Iugurtha, wenngleich ihm bewusst war,
dass der König Unwahres gesprochen hatte und er selbst bei Weitem
anderes in seinem Herzen bewegte, wegen der Zeitumstände überaus
höflich. Micipsa starb wenige Tage später. *2* Nachdem sie ihm nach
königlichem Brauch ein prächtiges Begräbnis bereitet hatten,[13] kamen
die Prinzen überein, dass unter ihnen über alle Geschäfte Einvernehmen

---

13 Vermutlich das heutige *es Soumaa* in El Khroub, 14 km südlich des antiken Cirta. Es wurde
    als einziges numidisches Grabmal mit unversehrter Grabkammer samt Inhalt gefunden.

hergestellt werden sollte. *3* Hiempsal aber, welcher der Jüngste von ihnen war und von Natur aus wild, verachtete schon zuvor die niedrige Herkunft Iugurthas, weil dieser nicht von einer ebenbürtigen Mutter abstammte, setzte sich zur Rechten Adherbals, damit nicht in der Mitte von den dreien, was bei den Numidern für eine Ehre gehalten wurde, Iugurtha sitze. *4* Dann aber wurde er, vom Bruder genötigt, dem Alter zu weichen, mit Mühe auf die andere Seite geführt. *5* Als sie dort vieles wegen der Verwaltung der Herrschaft erörterten, warf Iugurtha, neben anderen Themen, die Bemerkung hin, es sei nötig, die Beschlüsse und Entscheidungen der letzten fünf Jahre zurückzunehmen, denn in dieser Zeit habe Micipsa, vom Alter geschwächt, nicht mehr alle Geisteskräfte besessen.[14] *6* Darauf antwortete Hiempsal, dass er damit einverstanden sei, denn er (Iugurtha) sei ja erst vor drei Jahren durch Adoption zur Königswürde gelangt. *7* Dieses Wort stieg Iugurtha tiefer ins Herz, als es sich jemand vorstellen konnte. *8* Daher hatte er, von dieser Zeit an durch Zorn und Furcht in Unruhe versetzt, nur noch im Sinn, alles daranzusetzen und vorzubereiten, wie er Hiempsal durch List ergreifen würde. *9* Als dies aber zu langsam voranging und sein erzürnter Geist nicht besänftigt wurde, beschloss er, auf jede beliebige Weise sein Vorhaben zu vollenden.

Streit im Königshaus

(12) Bei der ersten Zusammenkunft, von der wir berichtet haben, dass sie unter den Prinzen stattfand, war man wegen der Uneinigkeit darauf gekommen, die Schätze zu teilen und einzelne Herrschaftsgebiete festzulegen. *2* Daher beschloss man für beide Dinge einen Zeitpunkt, den früheren aber für die Verteilung des Geldes. Die Prinzen begaben sich inzwischen an Orte nahe der Schatzkammer, aber jeder an einen anderen. *3* Hiempsal jedoch bewohnte in dem Städtchen Thirmida[15] zufällig das Haus des Mannes, welcher Iugurthas nächster Liktor[16] und

---

14 Dieser These widerspricht Sallust mit der Wiedergabe der Rede, die Micipsa vor seinem Tod gehalten haben soll; aus der Sicht Iugurthas ist das Argument unklug, wie die anschließende Reaktion Hiempsals zeigt.

15 Thirmida, eine nur bei Sallust erwähnte, sonst nicht bekannte Siedlung in Numidien. Vielleicht ist Thimida Bure oder Thimbure bei Thugga, dem heutigen Dougga, gemeint, damals die zweitwichtigste Stadt Numidiens.

16 Wohl der Kommandant der Leibwache.

bei diesem immer beliebt und geschätzt war. Diesen erhielt er durch Zufall zum Werkzeug, ehrte ihn mit Versprechungen und brachte ihn dazu,
dass er, als ob er daheim nach dem Rechten sehen wolle, nach Hause
gehe und Nachschlüssel für das Tor herstellen ließe – denn die richtigen
wurden zu Hiempsal gebracht – und im Übrigen werde er, sobald die
Umstände es forderten, selbst mit einer großen Schar nachkommen.
4 Der Numider erfüllte die Aufträge rasch und führte, wie es ihm aufgetragen worden war, bei Nacht Iugurthas Soldaten herein. *5* Nachdem
diese ins Haus eingedrungen waren, verteilten sie sich, um den König zu
suchen und die einen schlafend, die anderen ihnen entgegenkommend
zu töten, verborgene Orte zu entdecken, verschlossene aufzubrechen,
durch Dröhnen und Aufruhr alles durcheinanderzubringen, während
inzwischen Hiempsal gefunden wurde, der sich im Frauengemach einer
Magd versteckt hatte, wohin er am Anfang ängstlich und in Unkenntnis
der Örtlichkeiten geflohen war. Die Numider brachten seinen Kopf, wie
es ihnen befohlen worden war, zu Iugurtha.

(13) Übrigens verbreitete sich die Meldung von diesem ungeheu-
erlichen Verbrechen in kurzer Zeit in ganz Afrika. Adherbal und alle,
die unter der Herrschaft Micipsas gelebt hatten, beschlich Furcht. Die
Numider schieden sich in zwei Gruppen. Die meisten folgten Adherbal, jenem anderen aber die besseren Krieger. *2* Daher bewaffnete
Iugurtha so viele Truppen, wie er konnte, verband die Städte zum Teil
mit Gewalt, zum Teil mit deren Einverständnis seiner Herrschaft und
bereitete sich darauf vor, ganz Numidien zu befehligen. *3* Adherbal
hatte zwar Gesandte nach Rom geschickt, die den Senat über den Mord
an seinem Bruder und sein eigenes Schicksal aufklärten, bereitete sich
aber dennoch im Vertrauen auf die Menge seiner Soldaten darauf vor,
den Kampf mit Waffen auszutragen. *4* Sobald die Sache aber zur Entscheidung kam, floh er besiegt aus dem Kampf, eilte in die Provinz[17]
und von dort nach Rom.

5 Darauf bedachte Iugurtha, nachdem er seine Ziele erreicht und sich
ganz Numidiens bemächtigt hatte, in Ruhe sein Verbrechen im Herzen
und begann sich vor dem römischen Volk zu fürchten; gegen dessen
Zorn hatte er keine Hoffnung außer der Gier der Nobilität und seinem

---

17 Gemeint ist die römische *provincia Africa* mit der Hauptstadt Utica, errichtet nach der
   Zerstörung Karthagos 146 v. Chr.

vielen Geld. *6* Daher schickte er wenige Tage später Gesandte mit viel
Gold und Silber nach Rom, welchen er vorschrieb, dass sie zuerst die
alten Freunde mit Geld beschenken und dann neue suchen sollten und
schließlich, dass sie ja nicht zögerten, was immer sie könnten, durch
reichliche Spenden zu gewinnen. *7* Sobald aber die Gesandten nach
Rom kamen und gemäß der Vorschrift des Königs Gastfreunden und
anderen, deren Ansehen im Senat in jener Zeit hoch war, große Geschenke schickten, trat eine solche Änderung ein, dass Iugurtha vom
Neid in Gnade und Gunst bei der Nobilität gelangte. *8* Ein Teil von ihnen
versuchte durch die Hoffnung, andere durch die Bestechung veranlasst,
Einzelne aus dem Senat durch Schmeichelei zu bewegen, dass sie nichts
Schwerwiegendes gegen ihn beschlössen. *9* Als daher die Gesandten
hinreichend Vertrauen geschöpft hatten, wurde an einem festgesetzten Tag eine Senatssitzung für beide Seiten einberufen. Darin sprach
Adherbal, wie wir vernommen haben, folgendermaßen:[18]

Adherbals Rede vor dem Senat in Rom

(14) *Ihr Herren Senatoren, mein Vater Micipsa hat mir, als er starb, aufgetragen, dass ich nur die Fürsorge für das Königreich Numidien als meine
Aufgabe begreifen solle. Im Übrigen seien das Recht und die Herrschaft über
das Land bei euch. Ferner solle ich mich anstrengen, daheim und im Krieg
so gut ich könne dem römischen Volk nützlich zu sein. Euch solle ich als
meine Verwandten betrachten, euch als die mir am nächsten Stehenden.
Wenn ich dies täte, würde ich in eurer Freundschaft Heer, Reichtümer und
Befestigung meiner Königsherrschaft finden. 2 Während ich diese Vorschriften meines Vaters einhielt, vertrieb Iugurtha, der verbrecherischste
Mensch, den die Erde je gesehen hat, unter Missachtung eurer Herrschaft
mich, den Enkel Massinissas,[19] der ich schon durch meine Abstammung
Bundesgenosse und Freund des römischen Volkes bin, aus der Königswürde
und allen Gütern. 3 Ich aber, ihr Herren Senatoren, da ich ja dadurch in solches Elend geraten bin, wollte lieber wegen meiner eigenen statt wegen der
Wohltaten meiner Vorfahren eure Hilfe erbitten dürfen, und ich wünschte,*

---

18 Sallust lagen zwar Senatsakten vor, doch gestaltete er die in seinen Werken wiedergegebenen Reden auch mit der Freiheit des Schriftstellers.
19 Das war Iugurtha freilich auch, und im Gegensatz zu Adherbal hatte er auch bereits
militärische Erfolge zugunsten Roms errungen.

dass mir die Wohltaten für das römische Volk geschuldet wären, wodurch ich es nicht nötig hätte, für den Fall, dass es erforderlich wäre, mich auf seine Verdienste zu berufen. **4** Aber weil ja die Zustimmung an sich nicht sicher genug ist und es nicht in meiner Macht steht, wie Iugurtha beschaffen ist, bin ich zu euch geflohen, ihr Herren Senatoren, denen ich, was mich besonders bedrückt, gezwungenermaßen zuerst eine Last bin, bevor ich ihnen nützen kann. **5** Die übrigen Könige oder im Krieg Besiegten wurden von euch in eure Freundschaft aufgenommen oder suchten in ihren Nöten eure Bundesgenossenschaft. Unsere Familie hat mit dem römischen Volk im Punischen Krieg Freundschaft geschlossen, als mehr Roms Treue als seine Lage erstrebenswert war. **6** Duldet nicht, ihr Herren Senatoren, dass deren Nachkomme euch vergeblich um Hilfe bitte.

7 Wenn ich auch keinen Grund hätte, euch anzuflehen, außer meinem traurigen Schicksal, da ich, vor kurzer Zeit als König durch Abstammung, Ruf und Truppen mächtig, nun durch Leiden entstellt, ohne Mittel fremde Hilfe erwarte, so verlangt es dennoch die Hoheit des römischen Volkes, Unrecht zu verhindern und nicht zu dulden, dass die Königsherrschaft irgendeines Mannes durch Unrecht erstarke. **8** Ich aber wurde aus demjenigen Gebiet vertrieben, welches das römische Volk meinen Vätern gab, von wo mein Vater und Großvater gemeinsam mit euch Syphax vertrieben haben und die Karthager. Eure Wohltaten wurden mir geraubt, ihr Herren Senatoren, ihr seid durch das mir zugefügte Unrecht verhöhnt worden. **9** Ach ich Armer! Soweit ist es, Vater Micipsa, mit deinen Wohltaten gekommen, dass der, welchen du gleichberechtigt mit deinen Kindern als Erben eingesetzt hast, der gewaltigste Vernichter deines Stammes geworden ist. Wird unsere Familie also niemals zur Ruhe kommen? Wird sie sich immer in Blut, Eisen und Flucht verlieren? **10** Während die Karthager unversehrt waren, erlitten wir natürlich alles Schlimme: Die Feinde an der Seite, euch weit weg, lag alle Hoffnung in den Waffen. Nachdem aber jene Pest aus Afrika entfernt worden war, lebten wir in Glück und Frieden,[20] weil es ja keinen Feind mehr gab, außer wenn ihr einmal einen benannt habt. **11** Siehe aber, völlig unvorhergesehen zeigte sich Iugurtha, von unerträglichem Wagemut, mit Verbrechen und Hochmut, tötete meinen Bruder,

---

20 Tatsächlich hatte Massinissa immer wieder die Auseinandersetzung mit Karthago gesucht, da er sich des Wohlwollens Roms, das im Zweifel als Schiedsrichter angerufen wurde, gewiss sein konnte.

*der gleichzeitig sein Verwandter war, und machte zuerst das Königreich
zur Beute seines Verbrechens. Später, sobald mich derselbe durch Listen
nicht greifen konnte, als ich, in euren Herrschaftsbereich geflohen, nichts
anderes als Gewalt oder Krieg erwartete, vertrieb er mich, wie ihr seht, aus
Vaterland und Vaterhaus, mittellos und allem Elend ausgesetzt, sodass
ich überall sicherer war als in meinem eigenen Reich.* **12** *Ich schätzte es
so ein, ihr Herren Senatoren, wie ich meinen Vater oft mahnen hörte, dass
die, welche die Freundschaft zu euch sorgfältig pflegen, viele Mühe auf
sich nehmen, im Übrigen aber in jeder Hinsicht absolut sicher sind.* **13** *Dies
war in unserer Familie so, dass sie euch in allen Kriegen beistand. Dass
wir in Ruhe sicher sind, liegt in eurer Hand, ihr Herren Senatoren.* **14** *Mein
Vater hinterließ uns zwei Brüder, und er meinte, dass Iugurtha als Dritter
uns durch seine Wohltaten verbunden sei. Einer von uns beiden wurde getötet, ich selbst bin mit Mühe den ruchlosen Händen des anderen entflohen.
15 *Was soll ich tun? Oder wohin wende ich Unglücklicher mich am besten?
Der Schutz der Familie ist mir vollständig genommen. Mein Vater ist, wie
es unvermeidlich war, den Gesetzen der Natur gefolgt. Dem Bruder, der
es am wenigsten verdiente, raubte ein Verwandter durch ein Verbrechen
das Leben; meine nächsten Freude und übrigen Verwandten bedrückte er
mit anderen Angriffen. Von Iugurtha gefangen, wurde ein Teil ans Kreuz
geschlagen, ein Teil den wilden Tieren vorgeworfen,*[21] *wenige, denen das
Leben geblieben ist, verbringen in Dunkelheit eingeschlossen traurig und
betrübt ein Dasein schlimmer als der Tod.* **16** *Wenn alles, was entweder
verloren oder durch Verwandte beseitigt worden ist, unversehrt wäre, so
würde ich dennoch, wenn etwas Unvorhergesehenes an Übel passierte,
euch anflehen, ihr Herren Senatoren, denen es wegen der Größe des Reiches
obliegt, um Recht und Unrecht alle Sorge aufzuwenden.* **17** *Nun aber bin
ich ein Verbannter aus meinem Vaterland und meinem Haus, alleine und
alle königlichen Ehren entbehrend – an wen wende ich mich, wen rufe ich
an? Völker oder Könige, die alle unserer Familie wegen der Freundschaft
zu euch feindlich gesinnt sind? Oder wohin kann ich gehen, wo es nicht
so viele Denkmäler der Feinde meiner Familie gibt? Wer könnte sich unser
erbarmen, der einst euer Feind war?* **18** *Schließlich hat Massinissa uns so*

---

21 Es gab in Numidien die Strafe der Kreuzigung, die die Numider, wie die Römer, von
den Karthagern übernommen hatten, das Vorwerfen vor wilde Tiere gab es allerdings in
Numidien nicht.

erzogen, ihr Herren Senatoren, dass wir niemanden verehren außer dem römischen Volk, dass wir sonst keine Gemeinschaft, keine neuen Bündnisse eingingen. Ein überreicher Schutz bestünde für uns in eurer Freundschaft. Wenn sich je das Schicksal dieses Reiches wandelte, müssten wir zusammen mit ihm untergehen. **19** *Durch Tüchtigkeit und den Willen der Götter seid ihr groß und reich, alles ist euch gewogen und gehorsam. Umso leichter ist es euch möglich, Unrecht gegenüber Bundesgenossen wieder auszugleichen.*

20 *Nur dies fürchte ich, dass vielleicht durch eine persönliche Freundschaft zu Iugurtha das, was zu wenig durchschaut wird, zu einer falschen Beurteilung führt. Ich höre, dass einige sich mit größter Anstrengung dafür einsetzen zu schmeicheln, euch einzeln zu nötigen, damit ihr nicht in Abwesenheit ohne Prozess über Iugurtha beschließt. [Da heißt es,] ich würde Dinge erfinden und hätte meine Flucht nur vorgetäuscht, da es mir doch erlaubt gewesen sei, in meinem Königreich zu bleiben.* **21** *Wenn ich doch den, durch dessen ruchloses Verbrechen ich in dieses Elend geworfen wurde, seine Taten nur vortäuschen sähe und einst entweder bei euch oder bei den unsterblichen Göttern die Sorge für die Nöte der Menschen aufkäme, damit jener, der nun durch seine Verbrechen mutig und berühmt ist, durch alle Übel gemartert für die Treulosigkeit gegenüber unserem Vater, für den Tod meines Bruders und mein Elend die schwere Strafe verbüßen müsste!* **22** *Obgleich dir, mein Bruder, der du mir am meisten am Herzen liegst, zu früh und von dort, wo es am wenigsten geschehen durfte, das Leben geraubt wurde, glaube ich dennoch, dass dein Schicksal dir mehr zur Freude als zur Betrübnis gereichen sollte.* **23** *Denn nicht nur die Herrschaft, sondern Flucht, Verbannung, Exil und alle Leiden, die mich bedrücken, hast du gleichzeitig mit deinem Leben verloren. Ich Unglücklicher aber bin in solche Übel gestürzt aus der väterlichen Königswürde, biete einen Anblick menschlichen Schicksals, ungewiss, was ich tun soll, ob ich dein Unglück räche, selbst der Hilfe entbehrend, oder ob ich mich um mein Königreich kümmern soll, dessen Fortbestand oder Ende von einer anderen Macht abhängt.* **24** *Wenn es nur ein ehrenvoller Abgang aus meinem Schicksal wäre zu sterben und ich dadurch nicht als Verächter des Rechts erschiene, wenn ich, von Übeln erschöpft, dem Unrecht wiche. Nun ist es weder wünschenswert zu leben noch ohne Schande erlaubt zu sterben!*

25 *Ihr Herren Senatoren, bei euch, euren Kindern und Vorfahren, bei der Hoheit des römischen Volkes – helft mir Armem! Tretet dem Unrecht*

entgegen, duldet nicht, dass das Königreich Numidien, welches das eure
ist, durch Verbrechen und das Blut unserer Familie besudelt wird!

Der bestochene Senat als Richter

(15) Nachdem der König seine Rede beendet hatte, antworteten die
Gesandten Iugurthas, mehr auf ihre Bestechungsgelder als auf die
Gründe vertrauend, in wenigen Worten: Hiempsal sei wegen seiner
Wildheit von den Numidern getötet worden, Adherbal habe von sich
aus den Krieg begonnen und klage nun, da er besiegt worden sei, weil
er nun kein Unrecht mehr begehen könne. Iugurtha erbitte vom Senat,
dass sie nichts anderes denken sollten, als was sie in Numantia von ihm
erfahren hätten, und dass sie die Worte des Feindes nicht über seine
Taten stellten.

2 Dann verließen beide die Kurie. Der Senat beriet umgehend. Die
Fürsprecher der Legaten wie auch ein großer Teil des Senates, der durch
Bestechung verdorben war, achteten Adherbals Äußerungen gering
und hoben Iugurthas Tugend mit Lobeshymnen hervor. Mit Freundlichkeit, durch ihre Stimme, gleichsam auf jede Weise legten sie sich
für ein fremdes Verbrechen und Frevel, ja geradezu für seinen Ruhm ins
Zeug. *3* Wenige dagegen, denen Anstand und Gerechtigkeit wichtiger
waren als Reichtümer, beabsichtigten, Adherbal beizuspringen und
für die Ermordung Hiempsals eine schwere Strafe zu fordern. *4* Am
meisten von allen aber Aemilius Scaurus[22] aus der Nobilität, ein un-
verdrossener Mann, ein Parteigänger, begierig nach Macht, Ehre und
Reichtum, der die Fehler an sich selbst schlau zu verbergen wusste.
5 Er enthielt sich dieses Mal des gewohnten Eifers, nachdem er die
sagenhafte und schamlose Freigiebigkeit des Königs gesehen hatte
und fürchtete, dass, wie es in einem solchen Falle zu geschehen pflegt,
die schmutzige Frechheit Neid erregen könnte.

---

22 Marcus Aemilius Scaurus, geboren 162, aus einer verarmten Patrizierfamilie stammend,
insofern *homo novus*, bedeutender Redner, 115 als Konsul Sieger über die Ligurier, 108
Zensor, begleitete 112 die Gesandtschaft nach Afrika, war 111 Legat Bestias; ab 115 *princeps
senatus*, d. h. derjenige, dem von den Zensoren der erste Rang im Senat eingeräumt wurde,
der bei Debatten einen besonderen Vorrang besaß; selbst von Iugurtha bestochen, durfte er
dennoch an der Untersuchung dieser Korruptionsaffäre teilnehmen; von Cicero an mehreren
Stellen weit positiver charakterisiert. Sallusts Darstellung könnte sich auf die von Aemilius'
Gegner Rutilius Rufus stützen.

(16) Im Senat siegte schließlich jene Seite, die wahrhaft Geld und Ruhm vorzog. *2* Es wurde der Beschluss gefasst, dass zehn Legaten das Reich, welches Micipsa regiert hatte, zwischen Iugurtha und Adherbal aufteilen sollten. Anführer dieser Gesandtschaft war Lucius Opimius,[23] ein berühmter Mann, der damals im Senat viel Einfluss hatte, weil er nach der Ermordung des Gaius Gracchus[24] und des Marcus Fulvius Flaccus[25] als Konsul am heftigsten den Sieg der Nobilität über das Volk ausgenutzt hatte. *3* Diesen nahm Iugurtha, obgleich er ihn unter seine Feinde in Rom zählte, überaus freundlich auf und erreichte durch Geschenke und Versprechungen, dass er seinem Ruf, seiner Treue, letztlich allen seinen Bedürfnissen das Urteil des Königs voranstellte. *4* Die übrigen Gesandten, die er auf dieselbe Weise anging, gewann er zum größten Teil, nur einigen wenigen war die Treue wichtiger als das Geld. *5* Bei der Aufteilung wurde das Grenzgebiet Numidiens, welches Mauretanien berührte, der an Äckern und Männern reichere Teil, Iugurtha zugeschlagen. Den anderen Teil, der mehr Häfen enthielt und mit prächtigeren Gebäuden ausgestattet war, besaß von da an Adherbal.

Exkurs: Afrika

(17) Diese Stelle scheint es zu erfordern, die Lage Afrikas und die dort lebenden Völker mit wenigen Worten vorzustellen, mit denen wir sowohl Krieg als auch Freundschaft hatten. *2* Diese Gegenden und Völker aber sind wegen der Hitze und Rauheit, ebenso wegen der Einsamkeit weniger frequentiert, und von ihnen kann ich nicht leicht etwas zuverlässig

23 Lucius Opimius, erbitterter Gegner der Gracchen, 125 Prätor, 121 Konsul. Weihte den Tempel der Concordia, in den der Senat oft auswich, wenn die Curia für alle anwesenden Mitglieder zu klein war; verfolgte die Anhänger der Gracchen und ließ angeblich 3000 Menschen töten und die Köpfe der Anführer mit Gold aufwiegen (Plutarch, Gaius Gracchus 38/17 und 39/18), dafür später angeklagt, aber freigesprochen, nahm 116 an der Gesandtschaft zur Aufteilung Numidiens teil, 109 wegen passiver Bestechung verurteilt, starb er in der Verbannung.

24 Gaius Sempronius Gracchus, durch seine Mutter Cornelia Enkel des älteren Scipio Africanus, jüngerer Bruder des Tiberius Gracchus; die beiden Brüder versuchten als Volkstribune 133 und 123 v. Chr. durch Ackergesetze die sozialen Spannungen in Rom zu entschärfen, scheiterten aber beide am senatorischen Widerstand und überlebten ihren politischen Einsatz nicht.

25 Marcus Fulvius Flaccus, 125 Konsul, 122 Volkstribun, Anhänger des Tiberius Gracchus und Mitglied der Kommission zur Ackerverteilung, setzte sich für die Verleihung des Bürgerrechts an die Bundesgenossen ein, starb mit seinen beiden Söhnen gleichzeitig mit Gaius Gracchus, der sich durch einen treuen Sklaven töten ließ. Fulvius' Haus wurde niedergerissen.

Wahrgenommenes erzählen. Das Übrige will ich so knapp wie möglich darlegen. *3* Bei der Aufteilung der Erde setzten die meisten an die dritte Stelle Afrika, wenige nur dachten, dass es nur Europa und Asien gebe und zählten Afrika zu Europa.[26] *4* Dieses hat seine Grenze im Westen dort, wo das Mittelmeer in den Ozean mündet, im Osten eine weite, abfallende Ebene, welche die Einwohner Katabathmos[27] nennen. *5* Das Meer ist stürmisch und ohne Hafen. Der Acker trägt reiche Frucht, ist gut für das Vieh, für Bäume aber ungünstig. Himmel und Erde leiden unter Wassermangel. *6* Der Menschenschlag zeichnet sich durch einen stattlichen Körper aus, ist stark und kann Mühen ertragen. Die meisten sterben an Altersschwäche, wenn sie nicht durch das Schwert oder wilde Tiere zugrunde gehen, denn Krankheit tötet nicht oft einen.[28] Dazu gibt es sehr viele Tiere von gefährlicher Art.

7 Wer aber Afrika am Anfang bewohnte und wer später hinzukam oder auf welche Weise sie sich untereinander vermischt haben, wird – auch wenn es sich von der Sage unterscheidet, welche bei den meisten kursiert – dennoch so, wie es in den punischen Büchern dargelegt wird, welche König Hiempsal[29] zugeschrieben werden, von mir erklärt werden müssen; und ich will so kurz wie möglich berichten, wie die Bewohner dieses Landes glauben, dass die Sache sich verhielte. Übrigens steht und fällt die Glaubwürdigkeit dieses Berichtes mit den Autoren.

(18) Afrika[30] bewohnten zuerst die Gaetuler[31] und Libyer,[32] raue und unkultivierte Völker, die sich von Wildfleisch und den Früchten des Bodens ernährten wie das Vieh. *2* Diese wurden weder durch Sitten noch durch Gesetz noch durch irgendeine Herrschaft regiert.[33]

---

26 Letzteres taten Varro, Über die lateinische Sprache, 5,31, Horaz Oden 3,27,75, Plinius d. Ältere, Naturgeschichte 3,5.

27 Hochplateau im nördlichen Afrika zwischen Ägypten und Libyen, östlich von Kyrene, jetzt Akabah.

28 Auch Herodot, Geschichte, 4,187, sowie die späteren Historiker Festus und Appian betonen die hohe Lebenserwartung der Nordafrikaner; römische Grabinschriften scheinen diese Beobachtung zu bestätigen.

29 Hiempsal II., Sohn Gaudas, der ab 88 mit Hiarbas König von Numidien war. Er war Vater König Iubas I. und Großvater Iubas II., der ebenfalls eine Geschichte Afrikas verfasste.

30 Hier ist mit Afrika nur der nördliche Teil des Kontinents ohne Ägypten gemeint.

31 Die Gaetuler waren ein Berbervolk aus zahlreichen Stämmen. Sie lebten als Nomaden und verdingten sich später als Söldner bei den unterschiedlichsten Herren.

32 Als Libyer wurden in der Antike die Ureinwohner Afrikas (außer den Ägyptern) bezeichnet.

33 Anspielung auf das Goldene Zeitalter. Eines der antiken Periodisierungsmodelle teilte die Vergangenheit in vier Abschnitte mit absteigender Moral und Lebensqualität, die nach vier

Umherschweifend, einzeln und je nachdem, wie es die Nacht erforderte, nahmen sie ihre Wohnsitze. *3* Nachdem aber in Hispanien Herkules,[34] wie die Afrikaner glauben, gestorben war, wurde sein Heer, das aus verschiedenen Völkern zusammengesetzt war, nach Verlust seines Anführers, als viele sich eine neue Herrschaft suchten, in kurzer Zeit überallhin zerstreut. *4* Meder, Perser und Armenier,[35] die mit Schiffen nach Afrika gefahren waren, besetzten die uns am nächsten gelegenen Teile des Meeres, die Perser aber mehr in Richtung Ozean. *5* Diese verwendeten die Bäuche umgedrehter Schiffe als Hütten, weil es keine Baustoffvorräte auf den Feldern zu holen noch bei den Hispaniern zu kaufen oder zu tauschen gab. *6* Das Große Meer und die unbekannte Sprache verhinderten den Handel. *7* Diese vermischten sich allmählich durch Heirat mit den Gaetulern, und weil sie auf der Suche nach Äckern dauernd neue und wieder neue Gegenden aufsuchten, nannten sie sich selbst Nomaden.[36] *8* Übrigens sind bis heute die Häuser der numidischen Landbewohner, die sie *mapalia*[37] nennen, länglich, haben gewölbte Seiten und ein Dach wie der Kiel eines Schiffes. *9* Zu den Medern und Armeniern kamen die Libyer – denn diese bewohnten die näher am Meer gelegenen Teile Afrikas, die Gaetuler lebten mehr im Süden, nicht weit von den heißen Zonen – und diese hatten schon früh kleine Städte. Denn trotz der Trennung durch die Meerenge hatten sie begonnen, mit den Hispaniern Waren auszutauschen. *10* Deren Namen verdarben die Libyer allmählich, indem sie sie in ihrer barbarischen

---

Metallen in absteigendem Wert benannt wurden. Dabei bedurfte es im Goldenen Zeitalter keiner Gesetze, da die Menschen von sich aus in Frieden zusammenlebten. Diese Vorstellung gilt hier für die – aus römischer Sicht – wilden Völker.

34 In dieser Sage wird Herkules, der griechische Held, Sohn Jupiters und Alkmenes, vermischt mit Melquart (Eigenname Baals), dem Stadtgott von Tyrus, dessen Verehrung schon mit den ersten phönizischen Kolonien in vorgeschichtlicher Zeit nach Nordafrika gekommen ist. Da er ein Sonnengott war, liegt die Idee, er sei im Westen beerdigt, nahe.

35 Einzelne Meder, Perser und Armenier mögen sich vielleicht unter den Söldnern der phönizischen Kolonisten in Afrika befunden haben, doch gewiss keine ganzen Armeen.

36 Nomade ist ein griechisches Wort (νομάς, νομάδος m. – der mit einer Herde umherzieht) und ist verwandt mit νέμειν – (Weideland zuteilen, weiden). Die Numider wurden also, übersetzt, von den Griechen als Hirten bezeichnet. Möglicherweise liegt aber auch eine afrikanische Eigenbezeichnung zugrunde, die von den Griechen ihrer Sprache angepasst wurde.

37 Mit dem punischen Wort *mapalia* wurden die kleinen, gewölbten Hütten bezeichnet, welche die afrikanischen Nomaden auf Wagen mit sich führten; im Lateinischen wurde der Begriff zum abwertenden Namen für heruntergekommene Häuser und nutzlose Dinge.

Sprache Mauren statt Meder nannten.[38] *11* Die Macht der Perser aber wuchs in kurzer Zeit, und als sie sich später unter dem Namen Numider wegen der großen Zahl von ihren Eltern trennten, besetzten sie die Gegend, die Karthago am nächsten lag und Numidien genannt wurde. *12* Danach zwangen beide die Nachbarn auf der anderen Seite der Meerenge durch Waffen und Einschüchterung unter ihre Herrschaft und verschafften sich einen Namen und Ruhm, mehr aber die, welche zu unserem Ufer hin wohnten, weil die Libyer weniger kriegerisch sind als die Gaetuler. Schließlich besaßen die Numider den größten Teil des niedriger gelegenen Afrika, und alle Besiegten begaben sich in das Volk und unter den Namen der Herrschenden.

(19) Später gründeten die Phönizier,[39] die einen, um daheim die Menge der Menschen zu verringern, ein Teil aus Begierde nach Herrschaft, als das Volk dort zum Aufruhr veranlasst worden war und andere auf Umsturz bedacht waren, Hippo,[40] Hadrumetum,[41] Leptis[42] und andere Städte an der Meeresküste, und von diesen diente, nachdem sie in kurzer Zeit stark vergrößert worden waren, ein Teil zum Schutz ihrer Mutterstädte, andere waren zu ihrem Ruhm errichtet worden. *2* Ich halte es allerdings für besser, von Karthago zu schweigen, als zu wenig davon zu sagen, da ja die Zeit mahnt, zu anderen Themen zu eilen. *3* Nach Katabathmos, welcher Ort Ägypten von Afrika trennt, liegen also am Meer entlang zuerst Kyrene,[43] eine Kolonie von Thera, dann die zwei Syrten, dazwischen Leptis, dann Philaenon Arae,[44] welchen Ort die Karthager als Grenze zu Ägypten unter ihrer Herrschaft haben, dahinter

---

38 Der Name Mauren bezeichnet sowohl in phönizischer wie in griechischer Sprache die »Dunklen«, vermutlich, weil sie in Richtung Sonnenuntergang wohnten. Von den Medern kommt der Name allerdings nicht.

39 Die Phönizier, das bedeutende Handels- und Seefahrervolk, das die Lautschrift aus Konsonanten erfand, hatte seine Heimat zwischen dem Libanon und der Ostküste des Mittelmeeres. Ihre bedeutendsten Städte waren Byblos, Berytus, Sidon und Tyrus, von denen aus sie ab dem 10. Jh. v. Chr. auch ins westliche Mittelmeer kamen, um Kolonien zu gründen. Dabei spielten entweder innenpolitische Unruhen in den Mutterstädten oder Überbevölkerung eine Rolle. Zu den bedeutenden Gründungen gehörten Karthago und Gades (heute Cadiz).

40 Hippo Diarrhytus, das heutige Bizerte in Tunesien.

41 Das heutige Sousse in Tunesien.

42 Leptis minor, das heutige Lemta/Tunesien.

43 Das heutige Grennah, von Griechen aus Thera bzw. Santorin, einer Kykladeninsel mit spartanisch-dorischer Bevölkerung, unter Battus um 630 v. Chr. gegründet, vgl. Herodot 4,150ff.

44 Die Altäre der Philaenen, zweier Brüder aus Karthago, die sich lebendig einmauern ließen, um ihrer Heimatstadt eine Gebietsvergrößerung zukommen zu lassen, an der Grenze

andere punische Städte. *4* Die übrigen Gegenden bis nach Mauretanien halten die Numider in Besitz. Den Hispaniern am nächsten sind die Mauren. *5* Oberhalb von Numidien treiben sich, wie wir erfahren haben, die Gaetuler, teils in Hütten, ansonsten weniger kultiviert, unstet herum. *6* Hinter ihnen sollen die Äthiopier liegen, und dahinter Orte, die von der Hitze der Sonne verbrannt sind.[45] *7* Daher verwaltete im Krieg gegen Iugurtha das römische Volk durch seine Beamten die meisten kleinen punischen Städte und das Gebiet der Karthager, welches sie zuletzt noch besessen hatten. Der größte Teil des Gaetulergebietes und Numidiens bis zum Fluss Mulucha[46] stand unter der Herrschaft Iugurthas. Die Mauren beherrschte König Bocchus,[47] der außer dem Namen nach das römische Volk nicht kannte und der auch uns vorher weder durch Krieg noch durch einen Frieden bekannt war. *8* Damit ist von Afrika und seinen Bewohnern alles Notwendige gesagt.

Beseitigung Adherbals

(20) Nachdem die Legaten das Königreich geteilt und Afrika verlassen hatten, erkannte auch Iugurtha, dass er entgegen seinen Befürchtungen für sein Verbrechen auch noch eine Belohnung bekommen hatte, und rechnete fest mit dem, was er von seinen Freunden aus Numantia erfahren hatte, dass in Rom alles käuflich sei, und gleichzeitig durch die Versprechungen derjenigen erregt, die er kurz zuvor mit Geschenken reich bedacht hatte, richtete er seinen Sinn auf das Königreich Adherbals. *2* Er selbst war entschlossen und kriegerisch, aber der, den er angriff, war still, schwach, von freundlichem Geist, geeignet, Unrecht zu erleiden, eher ängstlich als beängstigend. *3* Daher marschierte er überraschend mit einer großen Schar in dessen Gebiet ein, nahm viele Menschen mit Vieh und anderer Beute gefangen, zündete die Häuser an, griff die meisten Orte feindlich mit seiner Reiterei an. *4* Dann, nachdem er die ganze Menge unter seine Herrschaft gebracht hatte, glaubte er, dass Adherbal, vom Schmerz ergriffen, sein Unrecht mit einer Schar

---

zwischen Karthago und dem Gebiet von Kyrene; Sallust erzählt die Geschichte in Kap. 79 dieses Buches.
45 Die Sahara.
46 Heute Moulouia in Marokko.
47 Bocchus, König von Mauretanien 110–81, eigentlich den Römern zugetan, wurde zunächst doch Schwiegersohn Iugurthas, um diesen allerdings 105 an die Römer zu verraten.

rächen würde, und dass dies ein Kriegsgrund sein werde. *5* Jener aber schickte, da er sich Iugurtha mit Waffen nicht gewachsen fühlte und auf die Freundschaft des römischen Volkes mehr als auf die Numider vertraute, Gesandte zu diesem, damit sie sich über das Unrecht beklagten. Obwohl diese beleidigende Worte zurückbrachten, beschloss er dennoch zuerst, alles zu ertragen statt einen Krieg zu beginnen, weil der Versuch vorher übel ausgegangen war. *6* Aber die Begierde Iugurthas wurde dadurch keineswegs geschmälert, da er ja im Geiste schon dessen gesamtes Herrschaftsgebiet eingenommen hatte. *7* Daher begann er, nicht wie beim ersten Mal mit einer Bande von Räubern, sondern mit einem großen aufgestellten Heer Krieg zu führen und ganz offen die Herrschaft über das gesamte Numidien anzustreben. *8* Übrigens verwüstete er, wohin er auch kam, Städte und Äcker, machte Beute, stärkte seinen Leuten den Mut, bei seinen Feinden den Schrecken.

(21) Sobald Adherbal begriff, dass es darauf hinauslief, dass er sein Reich entweder verlassen oder mit Waffen verteidigen müsste, stellte er notgedrungen Truppen auf und zog Iugurtha entgegen. *2* Inzwischen lagerte das Heer beider nicht weit vom Meer bei der kleinen Stadt Cirta, weil sich aber der Tag schon dem Ende zuneigte, wurde kein Kampf mehr begonnen. Sobald aber der größte Teil der Nacht vorüber war, überfielen in der Dämmerung die Soldaten Iugurthas, nachdem das Zeichen gegeben worden war, das Lager der Feinde. Zum Teil im Halbschlaf, zum Teil nach ihren Waffen greifend flohen die Überfallenen und zerstreuten sich. Adherbal floh mit einigen wenigen Reitern nach Cirta, und wenn dort nicht eine Menge italischer Händler gewesen wäre, die den numidischen Verfolgern den Eintritt in die Stadtmauern verbot, wäre an einem einzigen Tag der Krieg zwischen zwei Königen begonnen und beendet gewesen. *3* Daher besetze Iugurtha die Stadt, ging daran, sie mit Sturmdächern, Türmen und jeder Art von Belagerungswerkzeugen zu erobern, indem er sich vor allem beeilte, den Gesandten zuvorzukommen, von welchen er gehört hatte, dass sie Adherbal, bevor der Kampf stattgefunden hatte, nach Rom losgeschickt hatte.

4 Nachdem aber der Senat von diesem Krieg erfahren hatte, wurden drei junge Männer[48] nach Afrika geschickt, die zu beiden Königen hin-

---

48 Die Anzahl von drei Männern war durchaus üblich für eine Gesandtschaft, normalerweise handelte es sich um Senatoren. Mit dem Begriff *iuvenes* will Sallust hervorheben, dass Rom

gingen und mit den Worten von Senat und Volk von Rom meldeten, dass man wünsche und der Meinung sei, dass sie die Waffen niederlegen und ihre Streitigkeiten lieber gemäß dem Recht statt durch Krieg austragen sollten.

(22) Die Gesandten kamen eilig nach Afrika, umso mehr, weil man in Rom, während sie ihren Aufbruch vorbereiteten, von der geschlagenen Schlacht und der Belagerung Cirtas gehört hatte. Aber dieses Gerücht war noch harmlos. *2* Nachdem Iugurtha ihre Rede gehört hatte, antwortete er: ihm sei nichts bedeutender und teurer als die Autorität des Senates. Von Jugend an habe er so das Schwert ergriffen, um jeweils an dem Besten gemessen zu werden. Wegen seiner Tüchtigkeit, nicht wegen seiner Schlechtigkeit habe er Publius Scipio, dem bedeutendsten Mann, gefallen. Wegen derselben Eigenschaften sei er von Micipsa, nicht weil jener Mangel an Kindern gehabt hätte, in die Königsherrschaft aufgenommen worden. *3* Im Übrigen: je mehr er gut und entschlossen gemacht habe, umso weniger ertrage sein Herz Ungerechtigkeit. Adherbal habe durch Hinterhalte seinem [Iugurthas] Leben nachgestellt. Sobald er selbst dies begriffen habe, sei er dessen Verbrechen entgegengetreten. *4* Das römische Volk täte weder recht noch gut daran, wenn es ihn vom Recht der Völker ausschließe. Schließlich werde er auch selbst in Kürze Gesandte nach Rom schicken, die über alle diese Dinge berichten würden. *5* So gingen beide auseinander. Die Möglichkeit, Adherbal zu sprechen, bestand nicht.[49]

(23) Sobald Iugurtha davon ausgehen konnte, dass sie Afrika verlassen hätten und dass er Cirta wegen der Beschaffenheit des Ortes[50] nur mit Waffen nicht würde erobern können, umgab er die Stadt mit Wall, Graben und Mauer, baute Türme und befestigte sie mit Schutzeinrichtungen und versuchte außerdem Tag und Nacht mit Gewalt und List, den Verteidigern der Stadt einmal die Belohnung, einmal das Grauen

---

die Sache nicht ernst nahm und ihre Lösung unerfahrenen Leuten auftrug. Es entsprach allerdings durchaus römischer Praxis, Befehle des Senates durch jüngere Mitglieder überbringen zu lassen.

49 Iugurtha war es gelungen, sie davon abzuhalten.

50 Die Stadt war von einer Schlucht, dem Bett des Flusses Ampsaga, heute Wad-el-Kibbir oder Wad-el-Rummel in Algerien, umgeben, Iugurtha musste daher die Stadt nur vom Südwesten her, wo sie zugänglich war, belagern.

vor Augen zu stellen[51] und seine eigenen Leute durch Anfeuern zur Tapferkeit zu bewegen, kurz: konzentriert alles vorzubereiten. *2* Sobald Adherbal begriff, dass alle seine Chancen außerhalb lägen, dass der Gegner feindlich gesonnen sei, keine Hoffnung auf Hilfe bestehe, dass aus Mangel am Notwendigsten der Krieg nicht in die Länge gezogen werden könnte, wählte er unter denen, die mit ihm nach Cirta geflohen waren, die beiden unerschrockensten Männer aus. Diese brachte er, indem er ihnen vieles versprach und seine Lage beklagte, dazu, dass sie bei Nacht durch die feindlichen Befestigungen zum nächsten Ufer und von da nach Rom eilten.

Rom wird Schiedsrichter

(24) Die Numider erfüllten die Befehle in wenigen Tagen. Zum Senat wurde ein Brief Adherbals gebracht, der folgenden Inhalt hatte:

2 »Nicht durch eigene Schuld sende ich so oft Bitten an euch, ihr Herren Senatoren, sondern dazu zwingt mich die Gewalt Iugurthas, den eine so große Begierde, mich zu beseitigen, erfasst hat, dass er dabei weder an euch noch an die unsterblichen Götter denkt und lieber mein Blut als irgendetwas anderes sehen will. *3* Daher werde ich, ein Freund und Bundesgenosse des römischen Volkes, nun schon seit fünf Monaten mit Waffengewalt hier festgehalten, und weder die Wohltaten meines Vaters Micipsa noch eure Beschlüsse helfen mir. Ich weiß nicht, ob ich durch das Schwert oder den Hunger heftiger bedroht werde. *4* Mehr über Iugurtha zu schreiben, davon hielte mich eigentlich mein Schicksal ab, und schon vorher habe ich erfahren, dass ich in meiner elenden Lage wenig Zutrauen finde. *5* Ich begreife allerdings, dass jener höher hinaus strebt als ich und dass er nicht gleichzeitig die Freundschaft mit euch und mein Königreich erhofft. Welches von beiden schwerer für ihn wiegt, ist niemandem verborgen. *6* Denn am Anfang tötete er meinen Bruder Hiempsal, dann vertrieb er mich aus dem Königreich meines Vaters. Dies waren freilich alles nur Ungerechtigkeiten gegen uns, nicht gegen euch. *7* Nun aber greift er eure Herrschaft mit Waffen an, mich, den ihr als Herrscher über Numidien gesetzt habt, belagert er als einen Eingeschlossenen. Wie er die Worte eurer Gesandten ein-

---

51 Welches sie im Falle einer Niederlage nach heftiger und langwieriger Gegenwehr erwartete.

schätzt, zeigt die Gefahr, in der ich mich befinde. *8* Was bleibt da übrig außer eurer Gewalt, wodurch er bewegt werden könnte? *9* Denn ich freilich wollte lieber, dass das, was ich schreibe, und jenes, was ich zuvor im Senat beklagt habe, Unfug gewesen wäre, als dass mein Unglück meine Worte bestätigt hätte. *10* Aber da ich ja offenbar dazu geboren bin, dass das Verbrechen Iugurthas an mir offenbar werde, will ich nicht mehr den Tod noch die Beschwerlichkeiten, wenigstens aber die Gewalt des Feindes und die Qualen des Körpers fernhalten. Über das Königreich Numidien, welches euch gehört, beschließt, wie es euch gefällt. Mich entreißt der treulosen Hand durch den Einfluss eurer Herrschaft, bei der Treue zu unserer Freundschaft, wenn bei euch noch irgendeine Erinnerung an meinen Großvater Massinissa vorhanden ist.«

(25) Nachdem dieser Brief vorgelesen worden war, gab es einige, die der Meinung waren, dass ein Heer nach Afrika geschickt und Adherbal so schnell wie möglich Hilfe gebracht werden müsse. Über Iugurtha müsse inzwischen beraten werden, weil er den Gesandten nicht gehorcht hatte. *2* Gegen diese Meinung aber stemmten sich mit größter Macht die Förderer des Königs, damit ja kein Beschluss gefasst würde. *3* So wurde das allgemeine Wohl, wie es in den meisten Geschäften zu geschehen pflegt, vom persönlichen Vorteil besiegt. *4* Nach Afrika wurden dennoch nun einige Ältere geschickt, aus der Nobilität, die etwas größere Ehren erworben hatten. Unter ihnen war Marcus Scaurus, den wir oben bereits erwähnt haben, ein ehemaliger Konsul und nunmehr *princeps senatus*.

5 Diese bestiegen, weil die Sache Unwillen erregt hatte und sie gleichzeitig von den Numidern beschworen worden waren, innerhalb von nur drei Tagen das Schiff, und bereits nach kurzer Zeit in Utica angekommen, schickten sie einen Brief an Iugurtha: Er solle so schnell wie möglich in die Provinz [Africa] kommen, sie seien vom Senat zu ihm geschickt worden. *6* Jener war, sobald er begriff, dass berühmte Männer, von denen er gehört hatte, dass ihre Autorität in Rom stark war, gekommen waren, um seinen Plänen entgegenzutreten, zuerst erschüttert und wurde zwischen Furcht und Begierde hin und hergerissen. *7* Er fürchtete den Zorn des Senates, falls er den Legaten nicht gehorchte. Und weiter riss ihn sein vor Begierde blindes Herz zum begonnenen Verbrechen hin. *8* Dennoch siegte durch die gierige Veranlagung der schlechtere Rat. **9** Daher bemühte er sich, mit höchster Kraft nach Cirta, das er von einem Heer hatte umstellen lassen, aufzubrechen, indem er am meisten hoffte, durch eine Schar gefangener Feinde entweder mit Gewalt oder mit List eine Gelegenheit zum Sieg zu finden. **10** Sobald sich dies anders entwickelte und er nicht erreichen konnte, was er vorgehabt hatte, nämlich sich Adherbals zu bemächtigen, bevor er mit den Legaten zusammentraf, kam er, um nicht durch größere Verzögerung Scaurus', den er am meisten fürchtete, zu verärgern, mit einigen Reitern in die Provinz. **11** Aber obwohl mit den Worten des Senates schwere Drohungen angekündigt wurden, weil er von der Belagerung nicht ablasse, gingen die Gesandten, nachdem sie in der Rede viele Worte gemacht hatten, ergebnislos weg.

(26) Nachdem man dies in Cirta gehört hatte, vertrauten die Italiker, mit deren Tapferkeit die Mauern verteidigt worden waren, darauf, dass sie wegen der Größe des römischen Volkes bei einer Kapitulation unversehrt davonkommen würden, und überredeten Adherbal, dass er sich und die Stadt Iugurtha übergebe. Nur das Leben soll er sich von ihm ausbedingen. **2** Jener aber erklärte, obgleich ihm bewusst war, dass alles zuverlässiger war als die Treue Iugurthas, dennoch, weil die Italiker, wenn er Widerstand geleistet hätte, Macht genug gehabt hätten, ihn zu zwingen, so wie diese es verlangten, die Kapitulation. **3** Iugurtha ließ zuerst Adherbal unter Foltern töten. Dann tötete er alle erwachsenen Numider und die Kaufleute nach Belieben, wie sie jeweils den Bewaffneten in die Arme liefen.

Der Feldzug Calpurnius Bestias

(27) Nachdem dies in Rom bekannt geworden war und man begonnen hatte, die Sache im Senat zu verhandeln, beschönigten jene selben Diener des Königs durch Einwürfe und häufige Geschenke, auch durch In-die-Länge-Ziehen des Streites, die Grausamkeit der Tat.[52] **2** Und wenn nicht Gaius Memmius,[53] der designierte Volkstribun, ein entschlossener und der Macht der Nobilität feindlicher Mann, das römische

---

52 Aus römischer Sicht vor allem die Ermordung der italischen Kaufleute.
53 Gaius Memmius, Plebejer, 111 Volkstribun, 104 Prätor, danach in einem Repetundenprozess angeklagt, 100 als Konsulatsbewerber von den Schlägern des Volkstribunen Apuleius Saturninus getötet.

Volk gelehrt hätte, dass hier Iugurtha durch wenige Parteigänger ein
Verbrechen verziehen werde, so wäre in der Tat durch Hinauszögern
der Beratungen alle Empörung verloren gegangen. Eine solche Macht
habe die Bestechung und das Geld des Königs. *3* Aber sobald der Senat im Bewusstsein des Unrechts das Volk fürchtete, wurden aufgrund
der *lex Sempronia*[54] Numidien und Italien als Amtsaufgaben für die
künftigen Konsuln festgesetzt. *4* Als Konsuln wurden gewählt Publius
Scipio Nasica[55] und Lucius Bestia Calpurnius (sic!).[56] Calpurnius kam
Numidien, Scipio Italien zu. *5* Dann wurde das Heer, welches nach Afrika
übersetzen sollte, ausgehoben. Der Sold und die anderen für den Krieg
notwendigen Dinge wurden beschlossen.

(28) Als Iugurtha entgegen seiner Hoffnung diese Nachricht erhalten
hatte, schickte er, weil er nämlich immer noch überzeugt war, dass in
Rom alles käuflich sei, seinen Sohn[57] und mit diesem zwei Vertraute
als Gesandte zum Senat und trug ihnen auf, dass sie wie die, welche
er nach dem Tod Hiempsals geschickt hatte, alle Menschen mit Geld
zu gewinnen suchten. *2* Nachdem diese in Rom angekommen waren,
wurde der Senat von Bestia gefragt, ob er die Gesandten Iugurthas in
seine Mauern aufnehmen wolle. Dieser beschloss, dass sie, wenn sie
nicht kämen, um das Königreich und ihn selbst zu übergeben, Italien
innerhalb von zehn Tagen zu verlassen hätten. *3* Der Konsul befahl, dass
den Numidern die Entscheidung aus dem Senat überbracht werde. So
kehrten diese unverrichteter Dinge nach Hause zurück.

4 Inzwischen wählte sich Calpurnius, nachdem das Heer aufgestellt
worden war, Parteigänger aus der Nobilität, von denen er hoffte, dass
durch ihr Ansehen eventuelle Verfehlungen gedeckt würden. Unter
diesen befand sich Scaurus, von dessen Wesen und Art wir oben bereits

---

54 Beschlossen 123 auf Antrag von Gaius Gracchus in seiner ersten Amtszeit als Volkstribun;
    setzte fest, dass die Amtsbereiche der künftigen Konsuln schon vor den Komitien (Wahlver-
    sammlungen) bestimmt werden sollten.

55 Publius Cornelius Scipio Nasica, Sohn des Mörders des Tiberius Gracchus, 114 Prätor,
    111 Konsul, starb selbst im Amt, von Cicero, Über die Pflichten 1,109, als liebenswürdig
    beschrieben.

56 Lucius Calpurnius Bestia, 121 Volkstribun, 111 Konsul, Gegner der Gracchen (in seinem
    Konsulatsjahr kam Gaius Gracchus ums Leben), ließ sich später von Iugurtha bestechen
    und schloss einen für diesen günstigen Frieden. Zur Verantwortung gezogen, ging er 91
    freiwillig in die Verbannung.

57 Iugurtha hatte mindestens zwei erwachsene Söhne, die später im Triumphzug ihren
    Vater begleiteten.

berichtet haben. *5* Denn unser Konsul besaß viele gute Eigenschaften, sowohl am Körper als auch am Geiste, welche alle die Habgier überwog. Er ertrug Mühen, besaß scharfen Verstand, war vorausschauend, im Krieg nicht unerfahren, absolut sicher in Hinterhalt und Gefahr. *6* Die Legionen aber wurden durch Italien, Rhegion und von da nach Sizilien und von Sizilien weiter nach Afrika gebracht.[58] *7* Daher griff Calpurnius am Anfang, nachdem er sich Proviant beschafft hatte, Numidien heftig an und nahm im Kampf viele Menschen gefangen und eroberte einige Städte.

(29) Sobald aber Iugurtha begann, den Gesandten Geld anzubieten und die Schwierigkeiten des Krieges, welchen er führte, vorzustellen, wurde der vor Gier kranke Geist des Konsuls leicht umgedreht. *2* Außerdem wurde als Gefährte und Helfer bei Beratungen Scaurus mitgenommen. Dieser konnte, obwohl er von Anfang an, da die meisten aus seiner Partei bestechlich waren, den König heftig bekämpft hatte, dennoch durch die Menge des Geldes von Anstand und Ehre weg zum Bösen hin bewegt werden. *3* Aber Iugurtha erkaufte zuerst nur eine Verzögerung des Krieges, da er glaubte, dass er inzwischen in Rom durch Bestechung oder Geschenke etwas erreichen würde. Später aber, als er erfuhr, dass Scaurus an dem Handel mitwirkte, wurde er zu der größten Hoffnung verleitet, den Frieden wiederzuerlangen, und beschloss, persönlich mit ihnen über alle Verträge zu verhandeln. *4* Inzwischen wurde übrigens zur Beglaubigung von Konsul Sextius ein Quästor in Iugurthas Stadt Vaga[59] geschickt. Der Vorwand dieser Sache war die Annahme von Getreide, welches Calpurnius vor den Augen der Legaten eingefordert hatte, weil während des Aufschubs der Kapitulation ein Waffenstillstand geschlossen worden war. *5* Daher kam der König, wie er beschlossen hatte, in das Lager und sprach in wenigen Worten in Anwesenheit des römischen Kriegsrates[60] von der schlechten Beurteilung seiner Tat und bat, dass seine Kapitulation angenommen werde, und ging das Übrige mit Scaurus und Bestia im Geheimen durch. Am nächsten Tag wurde dann, gleichsam ohne Ordnung in einzeln erfragten Sätzen, sei-

---

58 In Afrika zog er möglicherweise durch das Tal des Bagradas (heute Medjerda), der aus zwei Wasserläufen besteht, dem Bagradas und dem Muthul (heute Oued Mellègue) in Numidien.
59 Vaga oder Vacca, jetzt Bedscha in Tunesien.
60 Ihm gehörten die Offiziere und die in Reichweite befindlichen Senatoren an.

ne Kapitulation angenommen.[61] **6** Aber wie es im Kriegsrat befohlen worden war, wurden 30 Elefanten, Vieh und viele Pferde mit einem kleinen Gewicht an Silber dem Quästor übergeben. Calpurnius brach nach Rom auf, um die Konsulwahlen abzuhalten. Zwischen Numidien und unserem Heer wurde inzwischen Frieden gehalten.

Memmius' Einspruch

(30) Nachdem dies in Afrika geschehen war, verbreitete sich per Gerücht, wie die Sache abgelaufen war, und in Rom wurde an allen Plätzen und bei allen Zusammenkünften über die Tat des Konsuls geredet. Beim Volk herrschte große Missbilligung, die Senatoren waren sehr besorgt. Sollten sie ein solches Verbrechen gutheißen oder den Beschluss des Konsuls kippen – das stand keineswegs fest. **2** Und am meisten hinderte sie Scaurus' Macht daran, weil man diesen für den Anstifter und Bundesgenossen Bestias hielt, das Wahre und Gute zu tun. **3** Aber Gaius Memmius, von dessen freier Gesinnung und Hass auf die Nobilität wir oben schon gesprochen haben, ermunterte während des Zweifels und des Zögerns des Senates in Versammlungen das Volk, Rechenschaft zu fordern. Er warnte sie davor, die *res publica*, ihre Freiheit aufzugeben und führte ihnen viele hochmütige und grausame Verbrechen der Nobilität vor Augen. Kurz: Auf jede Weise bemühte er sich, das Herz des Volkes zu entflammen. **4** Weil aber in jener unruhigen Zeit in Rom die Reden Memmius' berühmt und sehr wirksam waren,[62] bin ich der Meinung, dass es sich ziemt, eine aus seinen vielen Reden hier aufzuschreiben; und am besten nehme ich diejenige, welche er in der Heeresversammlung nach Bestias Rückkehr mit folgenden Worten vortrug:

(31) *Vieles spricht dagegen, ihr Bürger, mich eurer Sache anzunehmen, wenn mein Eifer für die res publica nicht alles überwöge, die Macht der Partei, eure Geduld, das fehlende Recht, und am meisten, dass der Anstand mehr Gefahr als Ehre bringt. 2 Denn ich schäme mich zu sagen, wie schändlich und ungerächt in diesen 20 Jahren, in denen ihr dem Hochmut einiger weniger zu Willen wart, eure Verteidiger zugrunde gegangen sind, sodass euer Herz durch Feigheit und Gedankenlosigkeit verdorben wurde, 3 die*

---

61 Eine endgültige Annahme war allerdings dem Senat vorbehalten.
62 Nach Cicero, Brutus 36,136, war er zwar ein mittelmäßiger Redner aber ein scharfer Ankläger.

ihr euch nicht einmal jetzt angesichts so offensichtlich schuldiger Feinde erhebt, und selbst jetzt die fürchtet, denen ihr selbst ein Schrecken sein müsstet. 4 Aber obwohl sich dies so verhält, zwingt mich meine Gesinnung, der Macht dieser Partei entgegenzutreten. 5 Dabei will ich euch die Freiheit, die mir von meinem Vater überliefert worden ist, vor Augen stellen. Ob ich es aber vergeblich getan habe – das liegt in eurer Hand, Bürger. 6 Aber ich ermuntere euch nicht, was eure Vorfahren oft gemacht haben, dass ihr bewaffnet gegen Unrecht vorgeht. Gewalt oder Auszug sind nicht erforderlich. Es ist nötig, dass ihr sie mit ihren eigenen Mitteln schlagt. 7 Als Tiberius Gracchus ermordet worden war, von welchem sie behaupteten, er habe königliche Macht angestrebt, wurden im römischen Volk Untersuchungen angestellt. Nach dem Mord an Gaius Gracchus und Marcus Fulvius[63] *wurden ebenso viele Sterbliche eures Standes im Gefängnis getötet. Der Niederlage beider hat nicht ein Gesetz, sondern nur deren Gutdünken ein Ende gemacht. 8 Mag es auch Vorbereitung einer Königsherrschaft sein, wenn einer dem Volk seinen Besitz wiedergibt – was ohne Vergießen von Bürgerblut nicht gerächt werden kann, mag zu Recht getan worden sein.*[64] *9 In den zurückliegenden Jahren habt ihr euch schweigend über die Ausplünderung der Staatskasse empört, darüber, dass Könige und freie Völker Steuern an einige wenige bezahlen, dass bei eben diesen der höchste Ruhm und die größten Reichtümer versammelt sind. Dennoch hatten sie noch nicht genug daran, Verbrechen dieser Art straflos ausgeführt zu haben, daher wurden schließlich die Gesetze, eure Hoheitsrechte, alles Göttliche und Menschliche den Feinden ausgeliefert. 10 Und die, die dies getan haben, schämen sich nicht einmal oder bereuen es, sondern an euch vorbei treten sie hochmütig Priesterämter oder das Konsulat an, ein Teil feiert Triumphe, ebenso als hätten sie diese als Ehre, nicht als Beute erworben. 11 Für Geld erworbene Sklaven ertragen die ungerechte Herrschaft ihrer Herren nicht, und ihr, Bürger, zur Herrschaft geboren, ertragt gleichmütig die Knechtschaft? 12 Wer aber sind die, die die res publica an sich gerissen haben? Ganz und gar verbrecherische Männer mit blutigen Händen, ungezügelter Habgier, die gefährlichsten und hochmütigsten, denen Treue, Anstand, Pflichtgefühl, schließlich alles Ehrenhafte und Unehrenhafte wohlfeil sind. 13 Einige von ihnen halten es für eine Schutzmaßnahme,*

---

63 Zu beiden Männern vgl. Anm. zu Kap. 16, S. 3.
64 Diese Sätze meint Memmius ironisch.

Volkstribune ermordet, andere, ungerechte Prozesse geführt, die meisten,
*Mord an euresgleichen begangen zu haben. **14** So ist einer umso sicherer,*
je schlechter er sich verhält. Die Furcht wegen ihrer Verbrechen haben sie
auf eure Feigheit übertragen. Dass diese alle dasselbe wünschen, dasselbe
*hassen, dasselbe fürchten, zwingt sie zusammenzuhalten. **15** Dies aber*
bedeutet unter Guten Freundschaft, unter Schlechten eine gemeinsame
*Partei zu haben. **16** Wenn ihr daher so viel Sorge auf die Freiheit verwandt*
hättet, wie jene zur Herrschaft entbrannt sind, wäre in der Tat die res publica
nicht so verwüstet worden, wie sie es jetzt ist, und eure Wohltaten wären bei
*den Besten, nicht bei den Frechsten gelandet. **17** Eure Vorfahren haben, um*
sich Recht zu verschaffen und um ihre Souveränität herzustellen, zweimal
bewaffnet nach dem Auszug aus Rom den Aventin besetzt,[65] und ihr wollt
für die Freiheit, die ihr von ihnen ererbt habt, nicht die äußersten Kräfte
einsetzen? Dies ist umso dringender geboten, je ehrenrühriger es ist, das
*Erkämpfte zu verlieren, als es niemals erhalten zu haben. **18** Jetzt sagt*
vielleicht einer: Was also denkst du? Soll man diejenigen bestrafen, die
die res publica dem Feind ausliefern? Das allerdings nicht, und schon gar
nicht mit Gewalt, was für euch unwürdiger wäre, wenn ihr es ausübtet,
als für sie, wenn sie es erlitten; wohl aber sollte man es tun aufgrund von
*Untersuchungen und der Anzeigen Iugurthas selbst. **19** Dieser wird, wenn*
er sich wirklich auf Gnade und Ungnade unterworfen hat, euren Befehlen
allerdings gehorsam sein. Wenn er diese jedoch verachtet, werdet ihr
daran freilich leicht ablesen können, wie seine Kapitulation tatsächlich
beschaffen ist, durch die Iugurtha die Straflosigkeit seiner Verbrechen,
einige wenige viel Reichtum, die res publica aber Schaden und Ansehens-
*verlust erhalten haben. **20** Wenn nun zufällig auch euch der Überdruss an*
deren Herrschaft gepackt hat und euch etwas anderes besser gefällt als
die Zeit, da Reiche, Provinzen, Gesetze, Rechte, Urteile, Krieg und Frieden,
schließlich alles Göttliche und Menschliche bei einigen wenigen Männern
liegt – werdet dann ihr, also das römische Volk, von Feinden unbesiegt,
Herrscher aller Völker, Mut genug haben, die Freiheit zu bewahren? Denn
*wer von euch hat bisher gewagt, die Sklaverei zurückzuweisen? **21** Ich aber,*
auch wenn ich der Meinung bin, dass es für einen Mann das Schmachvollste
ist, Unrecht zu erleiden, ohne dass dieses bestraft wird, ertrüge es dennoch

---

65 Vgl. Anmerkung zur Verschwörung des Catilina 33,3.

gleichmütig, dass ihr den verbrecherischsten Menschen verzeiht, weil sie ja Bürger sind, wenn nicht das Mitleid in diesem Fall ins Verderben führte. 22 Denn diese besitzen so viel Unverschämtheit, dass es ihnen nicht genug ist, ungestraft Böses getan zu haben: Wenn ihnen danach nicht die Möglichkeit genommen wird, falsch zu handeln, wird euch ewige Sorge bleiben, weil ihr endlich begreift, dass ihr entweder Sklaven werden oder mit Gewalt die Freiheit verteidigen müsst. 23 Denn welche Hoffnung auf Treue und Eintracht gibt es? Sie wollen herrschen, ihr wollt frei sein. Sie wollen Unrecht tun, ihr es verbieten. Schließlich gar gebrauchen sie eure Bundesgenossen als eure Feinde, eure Feinde als ihre Bundesgenossen. 24 Kann zwischen so unterschiedlichen Gesinnungen Frieden oder Freundschaft herrschen? 25 Deswegen ermahne und ermuntere ich euch, dass ihr ein solches Verbrechen nicht ungestraft übergeht. Niemand hat in die Staatskasse gegriffen, auch den Bundesgenossen hat niemand mit Gewalt Geld geraubt, was, obwohl es schwerwiegend wäre, aber aus Gewohnheit für unbedeutend gehalten würde. Dem ärgsten Feind ist das Ansehen des Senates preisgegeben worden. In Krieg und Frieden ist die res publica käuflich. 26 Wenn dies nicht untersucht wird, wenn die Schuldigen nicht bestraft werden – was bleibt dann übrig, außer dass wir denen, die dies getan haben, künftig gehorchen müssen? Denn alles Beliebige ungestraft tun zu können – das heißt König sein. 27 Ich rufe euch Bürger aber nicht dazu auf, dass ihr es vorziehen sollt, wenn eure Mitbürger Unrecht tun, statt gerecht zu handeln, sondern dazu, dass ihr nicht aus Nachsicht mit den Bösen selbst als die Guten ins Verderben geht. 28 Dazu ist es in der res publica viel nützlicher, die guten Taten statt die schlechten zu vergessen: Der Gute wird, wenn man ihn nicht beachtet, nur träger, der Schlechte aber dreister. 29 Dazu kommt, dass man, wenn es kein Unrecht gibt, der Hilfe nicht oft bedarf.

Iugurtha in Rom

(32) Indem er dies und anderes auf solche Art oft sagte, überredete Memmius das Volk dahin gehend, dass Lucius Cassius,[66] der damals Prätor war, zu Iugurtha geschickt wurde und diesen unter Zusage der Straflosigkeit nach Rom bringen sollte, wodurch umso leichter aufgrund der Aussage des Königs die Verbrechen Scaurus' und der Übrigen, die

---

66 Lucius Cassius Longinus, 111 Prätor, 107 Konsul mit Marius, gefallen in der Schlacht gegen die Tiguriner im Allobrogergebiet.

wegen unrechtmäßiger Geldannahme vor Gericht gezogen wurden,
offengelegt würden.

2 Während dies in Rom verhandelt wurde, begingen diejenigen,
die von Bestias Heer in Numidien zurückgelassen worden waren und
dort die Herrschaft innehatten, der Sitte ihres Befehlshabers folgend,
sehr viele ebenso verbrecherische Taten. *3* Es gab welche, die, mit Gold
bestochen, Iugurtha die Elefanten zurückgaben, andere verkauften die
Flüchtlinge, einige machten Beute bei denen, die mit Rom in Frieden
lebten. *4* Eine solche Gewalt der Habgier hatte wie eine Seuche ihre
Herzen befallen.

5 Cassius aber brach, nachdem der Gesetzesantrag Memmius'
durchgegangen und die gesamte Nobilität bestürzt war, zu Iugurtha
auf und überzeugte den Ängstlichen, der aufgrund seines schlechten
Gewissens seiner Lage misstraute, weil er sich ja dem römischen Volk
ergeben hatte, dass er lieber sein Einverständnis erhalten als seine Gewalt kennenlernen wollte. Er gab außerdem sein persönliches Ehren-
wort, welches jener nicht geringer als das öffentliche bewertete. So
bedeutend war damals Cassius' Ruf.

(33) Daher kam Iugurtha, ungeachtet seiner königlichen Würde, in
möglichst erbarmungswürdiger Aufmachung mit Cassius nach Rom.
2 Und obwohl er außerordentlich mutig war, bestärkt von allen, durch
deren Macht bzw. Verbrechen er all dies ausgeführt hatte, was wir
oben erwähnt haben, gewann er gegen viel Geld den Volkstribun
Gaius Baebius,[67] dessen Schamlosigkeit gegen jedes Recht und
Unrecht unempfindlich war. *3* Aber Gaius Memmius beruhigte die
Herzen, nachdem er eine Volksversammlung einberufen hatte, obwohl die Plebs dem König feindlich gegenüberstand und ein Teil ihn
in Fesseln sehen wollte und ein anderer, wenn er nicht die Mittäter
seines Verbrechens nenne, ihn nach Art der Vorfahren die Todesstrafe gegen den Feind an im vollziehen wollte, indem er mehr seiner
Würde als dem Volkszorn Rechnung trug. Schließlich bekräftigte er,
das freie Geleit werde durch ihn nicht angetastet werden. *4* Später,
sobald Ruhe eingekehrt war, richtete er, nachdem Iugurtha vorgeführt
worden war, an diesen das Wort. Er erwähnte dessen Verbrechen in

---

67 Gaius Baebius, Tribun 111, sonst nicht näher bekannt.

Rom und Numidien und zeigte die Untaten gegen Vater und Brüder auf. Obwohl das römische Volk begriff, wer ihm dabei geholfen habe und wer seine Unterstützer waren, wolle es dies dennoch lieber ausdrücklich von ihm selbst hören. Wenn er dies aber offenbare, setze er große Hoffnungen auf die Treue und Milde des römischen Volkes. Wenn er indes schweige, werde dies seinen Bundesgenossen nicht zum Vorteil gereichen, sondern er würde sich und seine Hoffnungen zugrunde richten.

(34) Dann, sobald Memmius seine Rede beendet und Iugurtha befohlen hatte, zu antworten, befahl der Volkstribun Gaius Baebius, von dem wir oben gesagt haben, dass er mit Geld bestochen worden war, dass der König schweige. Und obgleich die Menge, die in der Volksversammlung anwesend war, ungeheuer aufgeregt war und ihn mit ihrem Geschrei erschreckte, mit ihrem Blick, mit häufigen Angriffen und allem anderen, was im Zorn gerne geschieht, siegte dennoch die Schamlosigkeit. *2* So ging das Volk, zum Besten gehalten, nach der Volksversammlung auseinander. Iugurtha, Bestia und den anderen, die jene Untersuchung betroffen hatte, wuchs der Mut.

(35) Zu dieser Zeit[68] hielt sich in Rom ein Numider namens Massiva[69] auf, der Sohn Gulussas, Enkel Massinissas, der, weil er bei der Aufteilung unter den Königen ein Gegner Iugurthas gewesen war, bei der Kapitulation Cirtas und dem Tod Adherbals Afrika als Flüchtling verlassen hatte. *2* Diesen überredete Spurius Albinus,[70] der im Jahr nach Bestia und Quintus Minucius Rufus das Konsulat bekleidete, da jener ja aus der Familie Massinissas stammte und Iugurtha wegen dessen Verbrechen mit Drohungen hart zusetzte, dass er vom Senat die Königsherrschaft über Numidien erbitten solle. *3* Der auf Krieg begierige Konsul wollte lieber, dass die Dinge in Bewegung kämen, als dass sie so blieben, wie sie gerade standen. Ihm selbst war als Provinz Numidien zugefallen, Minucius Mazedonien. *4* Als Massiva begann, die Sache zu betreiben, hatte Iugurtha nicht genug Rückhalt bei seinen Freunden, weil diese zum Teil ihr Gewissen, zum Teil sein schlechter

---

68 Ab hier werden die Ereignisse des Jahres 110 berichtet.
69 Was man von ihm weiß, berichtet Sallust.
70 Spurius Postumius Albinus stammte aus einer Patrizierfamilie, seine Laufbahn bis zum Konsulat ist unbekannt, 110 Konsul mit Marcus Minucius Rufus, später wegen seines Versagens in Numidien in die Verbannung geschickt.

Ruf und die Furcht abhielten, und er befahl Bomilkar,[71] seinem nächsten und treuesten Freund, dass er durch Bestechung Massiva so viele
Hinterhalte wie möglich bereite, und besonders im Verborgenen, wenn
dies zu wenig nütze, den Numider auf beliebige Art zu töten. **5** Bomilkar befolgte die Aufträge des Königs geschwind, und durch Leute, die
in solchen Geschäften geschickt sind, suchte er Wege und forschte
schließlich alle günstigen Orte und Zeitpunkte aus. Dann, sobald die
Umstände es angezeigt erscheinen ließen, wurden die Fallen aufgestellt. **6** Dabei griff einer von denen, die zum Mord bereit waren, etwas
zu unvorsichtig an; er schlug ihn zwar nieder, aber, selbst ergriffen,
bekannte er, als er von vielen dazu ermuntert wurde, am meisten von
Konsul Albinus, das Verbrechen. **7** Bomilkar wurde angeklagt, mehr
der Gerechtigkeit wegen als gemäß dem Völkerrecht – als Begleiter
dessen, der mit freiem Geleit nach Rom gekommen war. **8** Iugurtha
aber, eines solchen Verbrechens überführt, hörte nicht eher auf, sich
gegen die Wahrheit zu stemmen, bis er merkte, dass er sich verhasster
gemacht hatte, als es das Wohlwollen gegen ihn und sein Geld erlaubten. **9** Daher schickte er Bomilkar, obwohl er bei der ersten Verhandlung
50 Bürgen aus der Reihe seiner Freunde gestellt hatte, weil er sich
mehr um seine Herrschaft als um die Bürgen sorgte,[72] heimlich nach
Numidien, da er fürchtete, dass sein übriges Volk die Angst beschlich,
ihm weiter zu gehorchen, wenn dieser zum Tode verurteilt würde. Und
auch er selbst brach wenige Tage später dorthin auf, nachdem ihm der
Senat befohlen hatte, Italien zu verlassen. **10** Nachdem er aber Rom
verlassen hatte, blickte er, so wird oft berichtet, schweigend dorthin
zurück und sprach schließlich: *Eine käufliche Stadt, die untergehen wird,
sobald sie ihren Käufer findet.*

Fortsetzung des Krieges unter Spurius Albinus

(36) Inzwischen veranlasste Albinus, nachdem er den Krieg wiederauf-
genommen hatte, dass Proviant, Sold und alles Übrige, was die Soldaten
brauchen würden, zügig nach Afrika gebracht würden. Und er brach
auch selbst sofort dorthin auf, damit er zu den Konsulwahlen, die nicht

---

71 Bomilkar, enger Vertrauter Iugurthas, später aber wegen eines misslungenen Anschlags
    auf den König hingerichtet.
72 Die nun die Strafe für den entflohenen Angeklagten zahlen mussten.

mehr fern waren,[73] den Krieg mit Waffen, mit einer Kapitulation oder wie auch immer beendet haben würde. *2* Iugurtha dagegen zog alles in die Länge und fand wieder und wieder Gründe für den Verzug. Er versprach eben die Kapitulation, dann tat er wieder so, als schrecke er davor zurück. Jetzt gab er nach und wenig später beharrte er wieder auf seiner Position, damit seine Leute ihm nicht misstrauten. So hielt er den Konsul mal im Krieg, mal im Frieden hin. *3* Und es gab damals einige, die glaubten, dass Albinus die Pläne Iugurthas keineswegs unbekannt waren, und dass der Krieg, der erst eilig war, weniger durch Sorglosigkeit als durch List so in die Länge gezogen wurde. *4* Nachdem aber die Zeit dahinflog und der Tag der Wahlen heranrückte, begab sich Albinus, indem er seinen Bruder Aulus[74] als Proprätor im Lager zurückließ, nach Rom.

(37) Zu dieser Zeit wurde in Rom die *res publica* durch Aufstände der Volkstribune schwer erschüttert. *2* Die Volkstribunen Publius Lucullus[75] und Lucius Annius[76] versuchten gegen den Widerstand der Amtskollegen, eine zweite Amtszeit zu erlangen,[77] und dieser Streit verhinderte das ganze Jahr hindurch die Wahlversammlung.[78]

3 Durch diesen Verzug wurde Aulus, von welchem wir gesagt haben, dass er als Proprätor im Lager zurückgelassen worden war, zu der Hoffnung verleitet, entweder den Krieg beenden zu können oder durch den Schrecken des Heeres den König um Geld zu erpressen, und er rief im Januar die Soldaten aus dem Winterlager zu einem Kriegszug auf, und in dem rauen Winter kam er in großen Märschen zu der kleinen Stadt Suthul,[79] wo sich die Schätze des Königs befanden. *4* Obwohl

---

73 Sie fanden gewöhnlich in der Jahresmitte statt.

74 Aulus Postumius Albinus, Bruder des Spurius; fraglich ist, ob er mit dem Konsul des Jahres 99 und/oder dem Legaten Sullas im Jahr 89 identisch ist. Letzterer wurde von seinen Soldaten als Verräter angeklagt und gesteinigt.

75 Publius Licinius Lucullus, Volkstribun des Jahres 110; sein Versuch, sich wiederwählen zu lassen, scheiterte.

76 Lucius Annius, Volkstribun 110, sonst nicht näher bekannt.

77 Dabei handelte es sich um einen Verstoß gegen den Grundsatz der Annuität, der für die meisten Ämter der römischen Republik galt, auch für das Volkstribunat.

78 Dies war ihnen durch das Interzessionsrecht der Volkstribunen möglich. Der Konsul konnte inzwischen nicht zu seinem Heer in die Provinz zurückkehren, da er die Wahlversammlungen, die er leitete, abwarten musste.

79 Suthul war das Schatzhaus Iugurthas in Numidien, seine Lage ist nicht sicher bestimmbar, manchmal wird es mit Calama gleichgesetzt, wo nach Orosius die Schätze der Numiderkönige aufbewahrt wurden, manchmal auch mit Sufetula, dem heutigen Sbeitla in Tunesien.

der Schatz wegen der unruhigen Zeit und wegen der günstigen Lage
des Ortes weder erobert noch besetzt werden konnte – denn er wurde
an der äußersten Spitze eines Bergvorsprungs aufbewahrt und war
von einer Mauer umgeben, die Ebene war schlammig und durch die
im Winter sich hier sammelnden Wasser hatte sie sich in einen Sumpf
verwandelt – beeilte sich Aulus dennoch, entweder um Eindruck zu
schinden, womit er dem König einen Schrecken einjagen wollte, oder
blind vor Gier, sich der Stadt des Schatzes zu bemächtigen, einen Wall
aufzuhäufen und anderes, was seinem Unternehmen nützlich sein
würde, vorzubereiten.

(38) Iugurtha aber, der die Eitelkeit und die Unerfahrenheit des Legaten erkannte, verstärkte listig noch dessen Wahnsinn, schickte demütige
Gesandte und führte selbst sein Heer, als ob er dem Kampf ausweichen
wollte, durch waldige Gegenden und Seitenwege. *2* Schließlich brachte
er Aulus durch die Hoffnung auf eine Übereinkunft dazu, dass er ihm
wie einem Fliehenden, indem er Suthul zurückließ, in eine ziemlich
abgelegene Gegend folgte. So würde das Verbrechen besser verborgen
bleiben. *3* Inzwischen leitete er durch schlaue Leute das Heer Tag und
Nacht in die Irre. Zum Teil bestach er die Zenturionen und die Anführer
der Reiterabteilungen, damit sie überliefen, andere, dass sie, wenn das
Zeichen gegeben würde, ihre Position verließen. *4* Nachdem er dies
wunschgemäß eingerichtet hatte, umstellte er mitten in der Nacht mit
einer Menge von Numidern unvorhersehbar Aulus' Lager. *5* Die eingeschlossenen römischen Soldaten griffen in ungewohnter Unruhe zu
ihren Waffen, andere versteckten sich, ein Teil beruhigte die Erschrocke-
nen, und sie zitterten an allen Gliedern; die Gewalt der Feinde war groß,
der nächtliche Himmel durch Wolken verdunkelt, die Gefahr auf allen
Seiten. Schließlich war ungewiss, ob Fliehen oder Bleiben sicherer war.
6 Aber aus der Reihe derer, von denen wir zuvor berichtet haben, dass
sie bestochen worden waren, lief eine Kohorte[80] von Ligurern mit zwei
Abteilungen aus Thrakern und einigen wenigen römischen Soldaten
zum König über, und der Zenturio des ersten Manipels[81] der Dritten
Legion gab den Feinden die Möglichkeit, durch die Schanze, welche ihm
zur Verteidigung zugewiesen war, einzudringen, und hier brachen die

---

80 Eine Kohorte umfasste in dieser Zeit 600 Mann.
81 Der älteste Zenturio einer Legion.

Numider alle herein. *7* Unsere Leute besetzten nach einer schändlichen Flucht, die meisten, nachdem sie ihre Waffen von sich geworfen hatten, den nächsten Hügel. *8* Die Nacht und die Beute im feindlichen Lager sorgten dafür, dass sie ihren Sieg nicht so recht ausnutzen konnten. *9* Darauf sprach Iugurtha am folgenden Tag in einer Unterredung mit Aulus Folgendes: Obwohl er ihn selbst mit seinem Heer bei Hunger und Schwert eingeschlossen festhielte, wolle er dennoch, eingedenk des menschlichen Schicksals, wenn er mit ihm ein Bündnis schließe, alle unversehrt unter das Joch schicken;[82] ferner solle er binnen zehn Tagen Numiden verlassen. *10* Obgleich dies eine schwere und ehrverletzende Forderung war, kam, weil sie so von Todesfurcht befreit wurden, ein solcher Friede, wie ihn der König wünschte, zustande.

(39) Sobald dies aber in Rom bekannt wurde, zogen Trauer und Furcht in die Stadt ein. Ein Teil wurde vom Schmerz um den bedrohten Ruhm des Reiches ergriffen, ein Teil fürchtete angesichts des ungewohnten Kriegsgeschicks um die Freiheit. Alle waren feindlich gegen Aulus gesinnt, und am meisten die, die schon in anderen Kriegen berühmt geworden waren, weil er lieber bewaffnet ehrlos geworden war, als dass er mit der Faust sein Heil gesucht hätte. *2* Daher befragte Konsul Albinus, der den Hass wegen des Verbrechens seines Bruders und die Gefahr fürchtete, den Senat wegen des Bündnisses und ließ dennoch inzwischen zur Ergänzung des Heeres Soldaten ausheben, forderte von den Bundesgenossen und den Latinern[83] Hilfe an und beeilte sich schließlich auf jede Weise. *3* Der Senat beschloss, dass, wie es angemessen war, ohne seine und des Volkes Zustimmung kein Bündnis zustande gekommen sein könne. *4* Der Konsul wurde von den Volkstribunen daran gehindert, die Truppen, die er ausgehoben hatte, mit sich zu führen, brach aber dennoch wenige Tage später nach Afrika auf. Denn das ganze Heer überwinterte, wie es zusammengekommen und aus Numidien herausgeführt worden war, in der Provinz. *5* Nachdem er dorthin gekommen war, beschloss er, obwohl er im Herzen darauf brannte, Iugurtha zu verfolgen und den Hass auf seinen Bruder zu

---

82 Eine Demütigung der Besiegten, die die Römer ihren Feinden zuteilwerden ließen, gelegentlich aber auch selbst über sich ergehen lassen mussten, so z. B. unter Spurius Postumius Albinus 321 nach einer Niederlage gegen die Samniten bei Caudium.

83 Die Formulierung *socii et nomen Latinum* zeigt die herausgehobene Stellung der Latiner unter den Bundesgenossen, die aus allen italischen Völkerschaften stammten.

mildern, nachdem er die Soldaten gesehen hatte, welche außer durch die Flucht auch wegen der fehlenden Befehlsgewalt Leichtsinn und Schwelgerei verdorben hatten, angesichts der gegebenen Lage, dass er gar nichts tun sollte.

(40) Inzwischen legte in Rom der Volkstribun Gaius Mamilius Limetanus[84] der Volksversammlung den Gesetzesantrag vor, dass nach denen gesucht werden solle, durch deren Rat Iugurtha die Beschlüsse des Senates missachtet habe, und festgestellt werden sollte, wer von ihm in Gesandtschaften und im Amt Geld erhalten habe, wer fünf geflohene Elefanten zurückgegeben habe, ebenso, wer in Frieden oder Krieg mit den Feinden Bündnisse geschlossen habe. *2* Durch diese Gesetzesvorlage fürchteten die einen im Bewusstsein ihrer Taten, andere die aus Neid erwachsenden Gefahren, weil sie ja nicht offen widersprechen konnten, da sie sonst zugegeben hätten, dass ihnen dies und jenes Derartige gefalle, und beschlossen, heimlich durch Freunde und vor allem durch Latiner und italische Bundesgenossen ihm Hindernisse in den Weg zu legen. *3* Aber es ist unglaublich, wenn man sich daran erinnert, wie aufmerksam das Volk war, mit welcher Entschiedenheit es die Gesetzesvorlage bestätigte, mehr aus Hass auf die Nobilität, von der jene Übel begangen worden waren, als aus Sorge um die *res publica*. Eine solche Launenhaftigkeit herrschte auf allen Seiten. *4* Als daher die Übrigen durch Furcht in die Enge getrieben worden waren, bewirkte Marcus Scaurus, von welchem wir bereits erklärt haben, dass er Bestias Legat war, mitten in der Freude des Volkes und der Flucht seiner Leute bei der unruhigen Bürgerschaft, weil gemäß der Vorlage des Mamilius drei Untersuchungsrichter gesucht wurden, dass er selbst in dieses Gremium gewählt wurde. *5* Die Untersuchung aber wurde scharf und heftig geführt, gemäß der Laune und Erwartung des Volkes: Wie zuvor oft die Nobilität, so packte in dieser unruhigen Zeit das Volk aus seinem Erfolg heraus der Übermut.

---

84 Gaius Mamilius Limetanus, Volkstribun 109.

Exkurs: Parteienkampf in Rom

(41) Im Übrigen waren die Sitte der Spaltung in Popularen und Optimaten und darauf alle üblen Künste erst vor wenigen Jahren in Rom
aufgekommen, aus Hass und vor Überfluss an all jenen Dingen, welche
die Sterblichen für die wichtigsten halten. *2* Denn vor der Zerstörung
Karthagos verwalteten das Volk und der Senat von Rom einvernehm-
lich und maßvoll die *res publica*, und zwischen den Bürgern herrschte
kein Wettkampf um Ruhm und Herrschaft. Die Furcht vor dem Feind
hielt die Bürgerschaft bei guten Sitten. *3* Sobald aber jener Schrecken
von den Gemütern gewichen war, zogen die ein, die das Glück lieben,
nämlich Ausschweifung und Hochmut. *4* So wurde die Ruhe, die man
in schweren Zeiten herbeigesehnt hatte, nachdem sie erreicht worden
war, umso herber und rauer. *5* Denn die Nobilität fing an, ihre Würde,
das Volk, seine Freiheit in Zügellosigkeit zu verwandeln, jeder alles für
sein Eigentum zu halten, an sich zu ziehen und zu rauben. So wurde
alles in zwei Parteien gespalten und die *res publica*, die in der Mitte von
beiden gelegen war, zerfleischt. *6* Im Übrigen vermochte die Nobilität
als Partei am meisten, die Macht des Volkes aber, das aufgelöst und
weit verstreut wohnte, vermochte weniger.[85] Nach dem Willen einiger
weniger wurde im Krieg und zu Hause verfahren; *7* bei denselben lagen
die Staatskasse, die Provinzen, die Ämter, der Ruhm und die Triumphe.
Das Volk war bedrückt von Kriegsdienst und Mangel; die Beute aus
den Kriegen teilten die Feldherren nur mit wenigen,[86] *8* während inzwischen die Eltern und die kleinen Kinder der Soldaten, weil jeder
Nachbar eines Mächtigeren war, von ihren Wohnorten vertrieben
wurden. *9* Daher zog mit der Macht die Gier ohne Maß und Ziel ein,
verschmutzte und verwüstete alles, hielt nichts für wert und heilig, bis
sie es mit sich selbst in den Abgrund riss. *10* Denn sobald sich in der
Nobilität welche fanden, die echten Ruhm ungerechtfertigter Macht
vorzogen, begann die Bürgerschaft zu beben und ein Streit unter den
Bürgern aufzukommen, als ob die Erde aus den Fugen geraten wäre.

---

85 Zu der Tatsache der weiten Zerstreuung und der großen Zahl, die einheitliches Handeln
erschwerte, kam, dass die Bürger als Klienten in der Regel von einem Angehörigen der
Nobilität als Patron abhängig waren.

86 Das eroberte Land fiel grundsätzlich an den römischen Staat. Den Rest verteilte der
Feldherr an Soldaten, besonders an seine Offiziere. Manches wurde für den Triumphzug,
einzelne Tempel oder Spiele verwendet.

(42) Denn nachdem Tiberius und Gaius Gracchus, deren Vorfahren im Punischen Krieg und in anderen Kriegen viel für die *res publica* gewonnen hatten, begonnen hatten, das Volk zu ermuntern, dass es seine Freiheit behaupte und die Verbrechen einiger weniger aufdecke, trat die schuldige und dadurch erschütterte Nobilität zum Teil durch Bundesgenossen und die Latiner, bisweilen auch durch römische Ritter, die sie durch die Hoffnung auf Gemeinschaft auf ihre Seite gezogen und vom Volk entfernt hatte, den Maßnahmen der Gracchen entgegen und tötete zuerst Tiberius und wenige Jahre später auch Gaius, der für dasselbe eintrat, Volkstribun der eine, Mitglied der Kommission zur Ansiedlung von Bauern der andere, gemeinsam mit Marcus Fulvius Flaccus, durch das Schwert. **2** Natürlich war die Gesinnung der Gracchen in ihrer Begierde nach Sieg nicht maßvoll genug. **3** Aber einem Guten ist es lieber besiegt zu werden, als auf schlechte Weise Unrecht zu besiegen. **4** Daher beseitigte aufgrund dieses Sieges die Nobilität aus eigenem Gutdünken heraus viele Menschen durch das Schwert oder durch Vertreibung und erwarb sich dadurch im Übrigen mehr Furcht als Macht. Ein solcher Vorgang hat meistens große Gemeinwesen zum Schlechten verändert, während die einen die anderen auf jede beliebige Weise besiegen und die Besiegten sich umso heftiger rächen wollen. **5** Aber wenn ich die Bemühungen und Eigenschaften der einzelnen Seiten und der ganzen Bürgerschaft einzeln oder ihrer Größe angemessen darstellen wollte, entflieht mir die Zeit schneller als die Sache selbst. Aus diesem Grund kehre ich zu meinem ursprünglichen Thema zurück.

Metellus übernimmt das Kommando in Numidien

(43) Nach dem Bündnis, das Aulus geschlossen hatte, und der schändlichen Flucht unseres Heeres teilten die designierten Konsuln Quintus Metellus[87] und Marcus Silanus[88] die Provinzen unter sich auf, und Metellus fiel Numidien zu, einem scharfsinnigen Mann, der, obwohl er gegen die Popularen eingestellt war, dennoch im Ruf der Gerechtigkeit

---

87 Quintus Caecilius Metellus, Prätor 112, Konsul 109; obwohl er kurz vor dem endgültigen Sieg über Iugurtha den Oberbefehl an Marius abgeben musste, erhielt er 106 einen Triumph und wurde von da an Numidicus genannt, 102 Zensor, ging dann aus Protest gegen das Ackergesetz des Apuleius Saturninus ins Exil nach Rhodos, Rückkehr 99.

88 Marcus Iunius Silanus, 123 Volkstribun, 113 oder 112 Prätor, 109 erster Konsul aus seiner Familie, von den Kimbern in der Gallia Transalpina geschlagen, aber 104 freigesprochen.

und Integrität stand. *2* Dieser wandte sich, sobald er sein Amt angetreten und alle übrigen Aufgaben mit seinem Kollegen besprochen hatte, ganz dem Krieg zu, den zu führen er im Begriff stand. *3* Dem alten Heer misstrauend hob er neue Soldaten aus, rief von überall Hilfe herbei, beschaffte Waffen, Geschosse, Pferde und alle militärischen Geräte, dazu hinreichend Proviant und schließlich alles, was in einem wechselvollen Krieg und für die vieler Dinge Bedürftigen nützlich zu sein pflegt. *4* Dies zu vollbringen, strengten sich im Übrigen der Senat mit seiner ganzen Autorität, die Bundesgenossen und Latiner und Könige freiwillig durch die Entsendung von Hilfstruppen, schließlich die gesamte Bürgerschaft mit höchstem Eifer an. *5* Als daher alle Dinge wunschgemäß vorbereitet und hergerichtet waren, brach er nach Numidien auf, begleitet von großer Hoffnung der Bürger, einmal wegen seiner guten Eigenschaften, dann vor allem, weil er einen gegenüber Reichtum unempfindlichen Geist hatte und weil durch die Begierde der Beamten vor dieser Zeit in Numidien unsere Kräfte aufgebraucht und die der Feinde vermehrt worden waren.

(44) Aber sobald er nach Afrika kam, wurde ihm von Prokonsul Spurius Albinus ein träges, unkriegerisches Heer übergeben, das weder Gefahr noch Mühe ertrug, flinker mit dem Mund als mit der Hand war, Plünderer bei Bundesgenossen und selbst Beute der Feinde, ohne Oberbefehl und Maß in seinem Verhalten. *2* Daher erwuchs dem neuen Feldherrn mehr Sorge aus den schlechten Sitten als Zuversicht oder Hilfe durch die Menge der [neuen] Soldaten. *3* Dennoch beschloss der Konsul, obgleich die Verzögerung durch die Wahlversammlung die für die Kriegsführung günstige Sommerzeit verkürzt hatte, weil er glaubte, dass aufgrund der erwarteten Ereignisse die Herzen der Bürger gespannt waren, nicht vorher den Krieg beginnen zu lassen, als bis er durch die Kriegszucht der Vorfahren die Soldaten gezwungen hätte, sich Mühe zu geben. *4* Denn Albinus, der durch die Niederlage seines Bruders Aulus und des Heeres erschüttert war, hatte, nachdem er beschlossen hatte, die Provinz Afrika nicht zu verlassen, in der ganzen Sommerzeit, die in seiner Amtszeit lag, die Soldaten in festen Lagern behalten, außer wenn schlechte Luft oder Nahrungsbedarf einen Ortswechsel erforderte. *5* Und diese Lager wurden weder befestigt, noch wurden nach militärischer Gewohnheit Nachtwachen aufgestellt. Wo

jeder wollte, verließ er die Feldzeichen. Die Marketender streiften zusammen mit den Soldaten lange, auch bei Nacht, umher; Herumtreiber
verwüsteten die Äcker, besetzten Landhäuser, führten im Wetteifer Beute an Vieh und Sklaven weg und tauschten diese mit Händlern gegen
eingeführten Wein und andere derartige Dinge. Außerdem verkauften
sie die öffentlichen Getreidezuteilungen und kauften jeden Tag mehr
Brot. Schließlich, was immer gesagt oder erdacht werden kann an
Trägheit und schändlicher Schwelgerei – in diesem Heer war all dies
verbreitet und noch anderes mehr.

(45) Dass aber in dieser schwierigen Situation Metellus nicht weniger
als in Kriegsangelegenheiten ein großer und weiser Mann war, habe ich
zuverlässig erfahren. So groß war die Mäßigung, mit der er zwischen
Nachsicht und Rohheit agierte. *2* Denn mit einem Beschluss beseitigte
er zuerst die Förderung der Trägheit, dass nämlich niemand im Lager
Brot oder andere gekochte Nahrungsmittel verkaufen dürfe, dass keine
Marketender dem Heer folgen dürften, dass die Soldaten nicht zusammengeschart im Lager noch bei ihrem Anhang einen Sklaven oder
Vieh haben dürften; den übrigen Dingen setzte er ein niedriges Maß.
Außerdem verlegte er täglich auf wechselnden Wegen das Lager, befestigte es an den Rändern, wenn Feinde in der Nähe waren, mit Wall und
Graben, stellte regelmäßig Nachtwachen auf und kontrollierte diese
persönlich mit den Legaten, ebenso war er in der Truppe einmal vorne,
dann hinten, dann in der Mitte präsent, damit nicht jemand die Reihen
verließe, sondern alle konstant bei den Feldzeichen marschierten und
die Soldaten Waffen und Verpflegung trügen. *3* So disziplinierte er das
Heer in kurzer Zeit mehr durch Verbote als durch Strafen.

(46) Inzwischen begann Iugurtha, sobald er durch Boten erfahren
hatte, was Metellus tat, und ihm aus Rom dessen Anständigkeit bestätigt wurde, seiner Lage zu misstrauen, und endlich versuchte er,
eine echte Kapitulation anzubieten. *2* Daher schickte er Gesandte mit
demütigen Bitten zum Konsul, die nur um ihr eigenes Leben und das
ihrer Kinder baten, alles andere würden sie dem römischen Volk überlassen. *3* Metellus hatte aber schon vorher an Beispielen erkannt, dass
das numidische Volk nicht zuverlässig war, sondern von schwankender
Gesinnung und zum Umsturz neigend. *4* Daher ging er die Gesandten
getrennt an, einen nach dem anderen, durch allmähliches Sondieren,

und nachdem er erkannt hatte, dass sie ihm günstig gesonnen waren, überredete er sie, indem er ihnen viel versprach, dass sie ihm Iugurtha, am besten lebend, wenn dies nicht möglich wäre, tot auslieferten. Außerdem befahl er öffentlich, dass dem König gemeldet werde, was nach seinem Wunsch geschehen solle. *5* Dann rückte er selbst innerhalb weniger Tage mit einem konzentrierten und schlagkräftigen Heer nach Numidien vor, wo entgegen dem Anschein des Krieges die Hütten voll von Menschen, das Vieh und die Landarbeiter auf den Feldern waren. Aus den Städten und Hütten eilten ihm die Hauptleute des Königs entgegen, bereit Getreide abzugeben und Proviant zu tragen und schließlich alles zu tun, was ihnen befohlen würde. *6* Aber Metellus schritt deswegen nicht weniger, sondern gleichmäßig voran, und wenn Feinde anwesend waren, in gesicherter Marschordnung; er erforschte alles weitläufig, akzeptierte äußerlich die Zeichen der Kapitulation und untersuchte die Orte, die für einen Hinterhalt geeignet waren. *7* Dabei hielt er sich selbst mit ausgewählten Kohorten, ebenso einer erlesenen Schar von Schleuderern und Bogenschützen in vorderster Linie auf. Den Abschluss bildete der Legat Gaius Marius[89] mit der Reiterei der Hilfstruppen, den Legionstribunen und den Präfekten der Kohorten, damit mit diesen vermischt die Leichtbewaffneten, wo immer ein Angriff der feindlichen Reiterei stattfinden würde, vorpreschen könnten. *8* Denn Iugurtha besaß so viel List, eine solche Kenntnis der örtlichen Gegebenheiten und eine solche Schlagkraft, dass man nicht beurteilen konnte, ob er anwesend oder abwesend, Krieg führend oder Frieden haltend, gefährlicher war.

(47) Nicht weit von dem Weg entfernt, den Metellus einschlug, lag eine kleine numidische Stadt namens Vaga[90] mit dem im ganzen Reich berühmtesten Markt für jede erdenkliche Ware, wohin zum Wohnen wie zum Handeln auch viele Italiker zu kommen pflegten. *2* Dort richtete

89 Gaius Marius, geboren 158/57 in Cereatae bei Arpinum, aus dem Ritterstand, 119 Volkstribun, in diesem Amt Gegner der Metelli, weil er eine Getreideverteilung ablehnte, 115 Prätor, 114 Prokonsul in Hispanien, 107 Konsul, ebenso 104 bis 100, Ansiedlung seiner Veteranen in Afrika 103, führte eine Heeresreform durch: einheitliche Dienstzeit von 16–20 Jahren verbunden mit einer Altersversorgung; Freiwillige werden ins Heer aufgenommen, der Staat bezahlt die Rüstung. Marius siegte über die Kimbern und Teutonen bei Aquae Sextiae 102 und Vercellae 101; 90 von Sulla aus Rom vertrieben, von Cinna zurückgerufen, 86 erneut Konsul, in diesem Jahr starb er am 13. Januar.
90 Vaga, heute Béja in Tunesien.

der Konsul, einerseits um zu prüfen, was die Einwohner dulden würden, andererseits wegen der günstigen Lage des Ortes einen Stützpunkt ein. Außerdem befahl er, dass dorthin Getreide und was man sonst für den Krieg brauchte, gebracht würden, weil er dachte, was die Umstände nahelegten, dass die große Zahl von Händlern das Heer mit Proviant unterstützen würde und die schon vorhandenen Nahrungsmittel eine Absicherung darstellten. *3* Während dieser Vorgänge begann Iugurtha, noch eifriger als früher Bittgesandtschaften zu schicken. Sie baten um Frieden und würden alles außer ihrem Leben und ihren Kindern Metellus überlassen. *4* Diese schickte der Konsul ebenso wie die ersten, nachdem er sie zum Verrat angestiftet hatte, nach Hause. Er werde den Frieden, den der König fordere, diesem weder verweigern noch versprechen. Vielmehr erwarte er inzwischen die Erfüllung der Versprechen der Gesandten.

(48) Als Iugurtha die Worte des Metellus mit dessen Taten verglich und bemerkte, dass er mit seinen eigenen Mitteln geprüft wurde, weil ihm ja mit Worten Frieden verkündet wurde, im Übrigen aber der Krieg beständig an Heftigkeit zunahm, ihm die größte Stadt genommen und das Land von Feinden ausgekundschaftet wurde und die Herzen des Volkes abspenstig gemacht wurden – da beschloss er, von der Notwendigkeit gezwungen, zu den Waffen zu greifen. *2* Nachdem er also den Weg der Feinde ausgekundschaftet hatte und sich wegen der günstigen Beschaffenheit des Ortes Hoffnungen auf den Sieg machte, beschaffte er sich so viele Truppen aller Art wie möglich und kam auf verborgenen Nebenstraßen Metellus' Heer zuvor. *3* Es gab in jenem Teil Numidiens, welchen Adherbal nach der Teilung besessen hatte, einen im Süden entspringenden Fluss namens Muthul,[91] von welchem etwa 20 Meilen[92] entfernt ein parallel zum Fluss verlaufender Gebirgszug[93] liegt, der weder wilden noch landwirtschaftlichen Bewuchs aufweist. Aus dessen Mitte aber zieht sich mit riesiger Ausdehnung quer ein Hügel, bedeckt mit Ölbäumen, Myrtensträuchern und anderen Bäumen, die im trockenen Boden und im Sand gedeihen. *4* Die dazwischen liegende

---

91 Muthul, südlicher Arm des Bagradas.
92 Ca. 30 km.
93 In diesem Gebirgszug wurde schon der Berg Thambes vermutet. Insgesamt sind Sallusts geographische Angaben allerdings zu ungenau, um den Ort sicher zu identifizieren.

Ebene aber ist dürr und leidet an Wassermangel außer in unmittelbarer Umgebung des Flusses. Die dort wachsenden Sträucher werden von den Bauern und vom Vieh oft aufgesucht.

(49) Daher ließ sich auf diesem Hügel, von welchem wir gesagt haben, dass er quer zum Gebirgszug liegt, Iugurtha mit seinem Heer weitläufig nieder, stellte den Elefanten und einem Teil der Fußtruppen Bomilkar voran und erklärte diesem, was er zu tun habe. Er selbst stellte sich mit der gesamten Reiterei und ausgewählten Fußtruppen näher am Berg auf. *2* Dann mahnte er und beschwor seine Leute, indem er bei den einzelnen Abteilungen und Manipeln herumging, dass sie eingedenk der früheren Tapferkeit und der Siege sich und ihren König gegen die Habgier der Römer verteidigen sollten. Sie würden ja jetzt gegen die kämpfen, die sie einst besiegt und unters Joch geschickt hatten. Deren Anführer sei ausgetauscht worden, nicht deren Mut. Was sich für einen Feldherrn gehöre, habe er alles für seine Leute vorbereitet: einen höher gelegenen Ort, wo die Klugen (Numider) mit den Unerfahrenen (Römern), nicht die kleinere mit der größeren Anzahl oder die Ungeübten mit den im Krieg Besseren kämpften. *3* Daher mögen sie bereit und konzentriert sein, sobald das Zeichen gegeben wird, die Römer anzugreifen. Dieser Tag werde entweder alle Anstrengungen und Siege bestätigen oder der Anfang der schlimmsten Bedrückungen sein. *4* Dazu erinnerte er Mann für Mann, wie er sie jeweils wegen militärischer Leistungen mit Geld oder Ehrungen ausgezeichnet hatte, an seine Wohltaten, stellte diese den anderen als Vorbild dar, und schließlich, indem er jedem nach seiner Begabung Versprechungen machte, ihn bedrohte und beschwor, stachelte er jeden auf seine Weise an. *5* Als inzwischen Metellus ohne eine Ahnung von den Feinden mit seinem Heer den Berg herabstieg und das Ganze erblickte, war er zunächst im Zweifel, was der ungewohnte Anblick bedeute – denn zwischen den Sträuchern hatten sich Pferde und Numider niedergelassen, von der Niedrigkeit der Bäume nicht vollständig verdeckt, dennoch aber nicht richtig erkennbar, weil die Natur des Ortes damals mit List sie selbst und ihre Feldzeichen verbarg – dann stellte er, nachdem er die List schnell durchschaut hatte, allmählich seine Schlachtreihen auf. *6* Dort stellte er unter Vertauschung der Ordnung auf der rechten Seite, die dem Feind am nächsten lag, eine Schlachtordnung mit dreifacher Reserve auf, zwischen den Manipeln verteilte er die Schleuderer und

Bogenschützen, stellte die ganze Reiterei auf die Flügel, ermahnte die Soldaten aus Zeitmangel nur kurz und führte die Schlachtreihe, wie er sie aufgestellt hatte, nach der linken Seite hin in die Ebene.

(50) Doch sobald er bemerkte, dass die Numider sich ruhig verhielten und nicht vom Hügel herabstiegen, fürchtete er, wegen der Jahreszeit und des Wassermangels, dass das Heer durch Durst überwältigt werden könne, und schickte den Legaten Rutilius mit ausgewählten Kohorten und einem Teil der Reiterei an den Fluss vor, dass sie den Platz für das Lager in Beschlag nähmen, weil er glaubte, dass die Feinde seinen Weg durch häufigen Ansturm und Seitenangriffe verzögern und, weil sie ja ihren Waffen misstrauten, die Ermüdung und den Durst der Soldaten herbeiführen würden. *2* Schließlich rückte er selbst, wie es die Lage und der Ort erlaubten, indem er den Berg hinabstieg, langsam vor; Marius hielt sich hinter den Vordersten, er selbst war bei den Reitern des linken Flügels, welche er in der Schlachtreihe ganz nach vorne gestellt worden waren. *3* Sobald aber Iugurtha sah, dass die vordersten Reihen des Metellus an den ersten seiner Leute vorbeizogen, besetzte er zum Schutz mit etwa 2000 Fußsoldaten den Berg, von dem Metellus herabkam, damit dieser nicht zufällig für die zurückweichenden Feinde zum Rückzugsort und schließlich zur Befestigung werden konnte. Dann plötzlich gab er das Zeichen und griff die Feinde an. *4* Die einen Numider schlugen die Nachhut nieder, ein anderer Teil griff von links und rechts an, sie waren sehr feindselig, drohten und verwirrten an allen Stellen die Reihen der Römer, von welchen selbst die, die dem Feind mit ziemlich festem Mut entgegentraten, durch die Unübersichtlichkeit des Kampfes ausgetrickst wurden. Gerade sie wurden nur von ferne verwundet und konnten dagegen die Hände, die sie schlugen und angriffen, nicht in ihre Gewalt bringen. *5* Davor zogen sich die schon von Iugurtha belehrten Reiter, wo immer eine Schar der Römer begann sie zu verfolgen, nicht zusammen als Einheit zurück, sondern einer vom anderen so weit weg wie möglich. *6* So hielten sie die Römer entweder von der Verfolgung ab oder, wenn sie dies nicht konnten, zerstreuten sie und umkreisten sie von hinten oder von der Seite. Wenn es aber günstiger war, in die Hügel zu fliehen statt in das Feld, so entkamen die daran gewohnten Pferde der Numider zwischen den Sträuchern leicht. Die Unsrigen lähmte die Rauheit und die fehlende Kenntnis des Ortes.

(51) Außerdem war der Anblick der ganzen Sache unübersichtlich, unsicher, schändlich und erbärmlich. Ein Teil floh, getrennt von den anderen, andere nahmen die Verfolgung auf, weder auf Feldzeichen noch auf die Schlachtreihen achteten sie; sobald jeden jeweils seine Gefahr bedrohte, leistete er Widerstand und versuchte vorzurücken. Waffen, Geschosse, Pferde, Männer, Feinde und römische Bürger waren durcheinandergemischt. Nichts konnte nach Plan oder Befehl durchgeführt werden, alles lenkte der Zufall. *2* Daher war der Tag schon weit fortgeschritten, als schließlich die Sache unentschieden endete. *3* Als nämlich alle durch die Anstrengung und die Hitze erschöpft waren, führte Metellus, da er merkte, dass die Numider sie nicht mehr so stark bedrohten, die Soldaten allmählich wieder zusammen, stellte die Reihen wieder her und führte vier Legionskohorten gegen die Fußtruppen der Feinde. Deren größter Teil saß müde an höher gelegenen Stellen. *4* Gleichzeitig bat er die Soldaten, ermunterte sie, dass sie nicht fliehen sollten und nicht duldeten, dass die fliehenden Feinde siegen. Denn diese hätten weder ein Lager noch Befestigungen, wohin sie bei ihrer Flucht eilen könnten. Alles liege bei ihnen an den Waffen.

5 Aber nicht einmal Iugurtha war inzwischen ruhig. Er ging herum, ermunterte, nahm den Kampf wieder auf und versuchte selbst mit ausgewählten Leuten alles. Den Seinen kam er zu Hilfe, den zögernden Feinden drohte er, wenn er gemerkt hatte, dass sie sich in sicherer Entfernung aus dem Kampf zurückzogen.

(52) Auf diese Weise kämpften untereinander zwei Feldherren, die höchsten Männer, selbst untereinander gleich, sonst aber an Kräften ungleich. *2* Denn Metellus konnte auf die Tugend seiner Soldaten bauen, aber der Ort war ungünstig für ihn. Für Iugurtha war alles günstig außer seinen Soldaten. *3* Schließlich stürmten die Römer, sobald sie begriffen, dass ihnen weder die Flucht offenstand noch ihnen vom Feind die Gelegenheit zum Kämpfen geboten würde – und es war schon Abend –, auf den gegenüberliegenden Hügel, wie es ihnen befohlen worden war. *4* Nachdem sie den Ort verloren hatten, wurden die Numider überwältigt und zerstreut. Einige starben, und die meisten retteten ihre Schnelligkeit und die den Feinden nicht vertraute Örtlichkeit. *5* Inzwischen führte Bomilkar, von dem wir gesagt hatten, dass er von Iugurtha den Elefanten und einem Teil der Fußtruppen vorangestellt

worden war, sobald Rutilius an ihm vorbeigezogen war, allmählich seine Leute an einen geeigneten Ort, während der Legat an den Fluss, wohin er vorausgeschickt worden war, weitereilte; leise, wie es die Umstände erforderten, stellte er eine Schlachtreihe auf und ließ nicht darin nach auszuforschen, was der Feind an allen Stellen machte. *6* Nachdem er vernommen hatte, dass Rutilius bereits gewichen war und sein Mut frei war und dass gleichzeitig das Geschrei aus Iugurthas Kampf zunahm, fürchtete er, dass der Legat die Sache begreifen und seinen bedrängten Leuten zu Hilfe kommen könne, und breitete das Heer, welches er, der Tapferkeit der Soldaten misstrauend, dicht aufgestellt hatte, damit es in den Weg der Feinde trete, weit aus und rückte auf diese Weise zu Rutilius' Lager vor.

(53) Die Römer schlossen aus dem unvermuteten Staub auf eine enorme Gewalt, denn das Gelände verweigerte durch die dort angesiedelten Sträucher eine direkte Sicht. Zuerst glaubten sie wohl, der trockene Boden werde vom Wind aufgewirbelt, dann aber, sobald sie sahen, dass er gleich blieb und, wie sich eine Schlachtreihe vorwärtsbewegte, ihn auch mehr und mehr näher kommen sahen, verstanden sie die Sache, nahmen eilig ihre Waffen und stellten sich, wie es befohlen worden war, vor dem Lager auf. *2* Dann, sobald jene näher kamen, rannten sie von beiden Seiten mit lautem Geschrei aufeinander zu. *3* Die Numider, die nur zurückgehalten worden waren, solange sie auf die Hilfe der Elefanten hofften, ergriffen die Flucht, sobald sie sahen, dass diese durch die Äste des Gesträuchs behindert und versprengt umzingelt wurden. Und die meisten gingen fort, nachdem sie ihre Waffen abgeworfen hatten, bedeckt durch den Schutz des Hügels oder der Nacht, die inzwischen eingetreten war. *4* Vier Elefanten wurden gefangenen, alle übrigen, vierzig an der Zahl, wurden getötet. *5* Die Römer aber rückten, obwohl sie durch den Weg und die Mühe des Lagerbaus und den Kampf matt und erschöpft waren, dennoch, weil Metellus über Erwarten lange ausblieb, gerüstet und gespannt diesem entgegen. *6* Denn die List der Numider duldete weder Mattigkeit noch Nachlässigkeit. *7* Und zuerst erregten in der dunklen Nacht, nachdem sie kaum weit voneinander entfernt waren, durch ein Dröhnen, als ob Feinde heranrückten, die einen bei den anderen zugleich Schrecken und Aufruhr, und fast wäre durch die Unklugheit Bürgermord begangen

worden, wenn nicht auf beiden Seiten die vorausgeschickten Reiter die Sache erforscht hätten. *8* Daher kam statt der Furcht gleich Freude auf: Die Soldaten riefen sich gegenseitig fröhlich beim Namen, sie erzählten sich alles und hörten ihre Taten, und jeder hob seine eigenen tapferen Leistungen zum Himmel. Ja so verhält es sich mit den menschlichen Schicksalen: Im Sieg ist es den Trägen erlaubt, sich zu rühmen, widrige Umstände aber entziehen selbst den Guten den Ruhm.

(54) Metellus blieb in demselben Lager vier Tage und ließ seine Verwundeten sich erholen, beschenkte nach militärischer Sitte die im Kampf Verdienten, lobte alle in der Heeresversammlung und stattete Dank ab und ermunterte sie, die übrigen Dinge, die leicht sein würden, mit demselben Gleichmut zu ertragen: Für den Sieg sei jetzt genug gekämpft, die übrigen Mühen würden der Beute gewidmet sein. *2* Dennoch schickte inzwischen Iugurtha Überläufer und andere Gelegenheitsboten, damit sie erforschten, wo er sei und was er mache, ob er mit wenigen unterwegs sei oder ein Heer habe, ob er sich besiegt fühle und so benehme. *3* Jener aber hatte sich in waldige und von der Natur befestigte Gegenden zurückgezogen und sammelte dort ein Heer, durch eine Anzahl von Menschen vergrößert, aber unfähig und unsicher, das mehr Acker und Vieh als den Krieg gepflegt hatte. *4* Dies geschah aus dem Grund, weil außer den königlichen Reitern kein einziger Numider bei der Flucht dem König gefolgt war. Wohin einen jeden sein Sinn trug, dorthin wichen sie aus, und dies wurde nicht einmal für ein militärisches Verbrechen gehalten. Solche Sitten haben sie dort.

5 Sobald daher Metellus sah, dass das Herz des Königs noch immer entschlossen war, den Krieg fortzusetzen, der nur nach dessen Willen geführt werden könne, und weil er außerdem sah, dass diese, wenn sie besiegt würden, kleinere Verluste hätten als er im Falle ihres Sieges, beschloss er, dass der Kampf mit den Feinden nicht mit Kämpfen und nicht in der Schlachtreihe, sondern auf andere Weise geführt werden müsse. *6* Daher begab er sich in die reichsten Gegenden Numidiens, verwüstete die Äcker, nahm viele Militärlager und kleine, schlecht befestigte Städte ohne Schutz ein und zündete sie an, befahl, dass die Männer getötet würden und alles andere Beute der Soldaten sei. Aufgrund dieses Schreckens wurden den Römern viele Menschen als Geiseln gegeben. Getreide und anderes, was nützlich war, wurde ihnen

freiwillig dargeboten. Wo immer es die Lage forderte, wurde ein Stützpunkt eingerichtet. *7* Diese Taten schreckte das Volk mehr von seinem
König ab als ein schlecht geführter Kampf. *8* Denn die ganze Hoffnung
liegt in der Flucht, wenn man zu folgen gezwungen wurde und seine
eigenen Orte nicht verteidigen kann, weil man einen fremden Krieg
führen muss. *9* Dennoch fasste er angesichts der Lage den Plan, der ihm
am besten erschien: Er befahl, dass der größte Teil des Heeres an diesen
Orten warten solle, er selbst folgte mit ausgewählten Reitern Metellus
auf nächtlichen Ritten und auf Umwegen und griff unerkannt die sich
zerstreuenden Römer an. *10* Die meisten von ihnen fielen unbewaffnet,
viele wurden gefangen genommen, niemand entkam unverletzt, und
die Numider entwichen hinter den nächsten Hügel, noch bevor die
Römer, wie es ihnen befohlen wurde, aus dem Lager gekommen waren.

(55) Inzwischen war in Rom eine große Freude aufgekommen, als
man von den Taten Metellus' erfahren hatte, dass er selbst und das Heer
sich nach der Art der Vorfahren verhalten hatten, dass man an einem
widrigen Ort durch die Tapferkeit dennoch Sieger geblieben war, sich
des Landes der Feinde bemächtigt hatte, dass man den großartigen
Iugurtha wegen der Sorglosigkeit gegenüber Albinus gezwungen habe,
die Hoffnung auf Rettung in die Einsamkeit oder die Flucht zu legen.
2 Daher beschloss der Senat, weil dies glücklich ausgeführt worden war,
Opfer für die unsterblichen Götter. Die Bürgerschaft, zuerst ängstlich
und besorgt, freute sich über den Ausgang des Krieges. Über Metellus
gab es glänzende Urteile.

3 Daher war er umso aufmerksamer auf einen Sieg bedacht, sich auf
jede Weise zu beeilen, dennoch auf der Hut zu sein und dem Feind keine
Gelegenheiten zu bieten, da auf Ruhm Neid folge. *4* Daher war er auch
umso ängstlicher, je berühmter er wurde, und nach einem Hinterhalt
Iugurthas schickte er sein Heer nicht mehr verteilt auf Beutezug. Sobald
man Getreide oder Futter brauchte, bewegten sich die Kohorten mit der
ganzen Reiterei als Schutz. Aber mehr mit Feuer verwüstete man den
Acker als durch Plündern. *5* Einen Teil des Heeres führte er selbst, die
Übrigen Marius. *6* An zwei Orten, die nicht weit voneinander entfernt
waren, baute man ein Lager, wo Schlagkraft erforderlich war, zogen sie
alle zusammen. *7* Im Übrigen handelten sie getrennt, damit Flucht und
Schrecken wuchsen.

8 Zu dieser Zeit folgte Iugurtha hinter den Hügeln, wobei er einen Zeitpunkt oder Ort zum Kampf suchte. Immer wenn er hörte, dass der Feind an einen bestimmten Ort kommen würde, verdarb er Futter und Quellwasser, woran Mangel herrschte, mal zeigte er sich Metellus, mal Marius, griff die Hintersten im Heereszug an und verschwand sofort wieder hinter den Hügeln, drohte mal den einen, mal den anderen, lieferte weder einen Kampf, noch hielt er Ruhe, er hinderte nur den Feind an dessen Vorhaben.

(56) Sobald der römische Feldherr erkannte, dass er durch Listen ermattet werden sollte und dass der Feind ihm keine Möglichkeit zu einer Schlacht bieten würde, beschloss er, eine große Stadt in der Gegend, in der er sich aufhielt, eine der wichtigste Burgen des Reiches namens Zama,[94] zu bestürmen, indem er davon ausging, dass, wie es das Geschäft erforderte, Iugurtha mit seinen kämpfenden Leuten zu Hilfe kommen werde und dort der Kampf stattfinden würde. **2** Jener aber erfuhr, was vorbereitet wurde, von Geflohenen und kam Metellus mit großen Märschen zuvor. Die Stadtbewohner ermunterte er, dass sie die Stadt verteidigten, wobei ihnen die Flüchtlinge zu Hilfe kamen, die zuverlässigsten Leute von den Truppen des Königs, denn sie durften nicht wieder untreu werden. Außerdem versprach er, dass er selbst rechtzeitig mit einem Heer da sein würde. **3** Nachdem die Dinge so geordnet worden waren, begab er sich an möglichst verborgene Orte, und wenig später erfuhr er, dass Marius vom Weg aus mit einigen Kohorten nach Sicca[95] geschickt worden war, um Getreide zu holen, in die Stadt, die als erste von allen nach der schlecht ausgegangenen Schlacht vom König abgefallen war. **4** Dorthin brach er mit ausgewählten Reitern bei Nacht auf und schon mit den ausziehenden Römern lieferte er sich am Tor eine Schlacht und ermunterte gleichzeitig mit lauter Stimme die Siccenser, dass sie die Kohorten von hinten umzingeln sollten. Das Glück gebe ihnen die Gelegenheit zu einer einmaligen Tat. Wenn sie dies täten, würden später er in seinem Reich und sie in Freiheit ohne Furcht ihr Leben verbringen. **5** Und wenn Marius sich nicht beeilt hätte, anzugreifen und aus der Stadt herauszukommen, hätte tatsächlich ein großer

---

94 Zama Regia, vorübergehend Hauptstadt Iugurthas, später Residenz Iubas, an der Straße von Hadrumetum (Sousse) nach Sicca (El Kef) gelegen.
95 Sicca Veneria, heute El Kef in Tunesien.

Teil der Siccenser die Seiten gewechselt. Eine solche Wankelmütigkeit pflegen die Numider. *6* Iugurthas Soldaten aber wurden nur kurz von ihrem König gebremst und ergriffen, nachdem der Feind mit größerer Macht herandrängte, unter Verlusten nur einiger weniger die Flucht.

Die Schlacht bei Zama

(57) Marius gelangte nach Zama. Diese Stadt liegt in einer Ebene und ist mehr durch menschliche Bauten als von Natur aus geschützt, entbehrte keiner notwendigen Mittel und war reich an Waffen und Männern. *2* Daher umstellte Metellus, nachdem für Zeit und Ort alles vorbereitet war, die ganze Mauer mit seinem Heer, und gab den Legaten Befehl, wo jeder Einzelne aufzupassen hatte. *3* Als dann das Zeichen gegeben worden war, erhob sich von allen Seiten ein riesiges Kampfgeschrei, aber diese Tatsache erschreckte die Numider nicht besonders. Entschlossen und aufmerksam hielten sie aus, und der Kampf ging los. *4* Die Römer kämpften, jeder nach seiner Fähigkeit, einige warfen mit Kugeln und Steinen, andere rückten nahe heran, untergruben die Mauer und legten Leitern an und wollten am liebsten den Kampf mit den Händen austragen. *5* Die Stadtbewohner dagegen warfen mit Steinen auf die am nächsten Stehenden, warfen Pfähle und Spieße, außerdem ein Gemisch aus Pech mit Schwefel und Harz und brennende Gegenstände. *6* Aber nicht einmal die, die sich ferner gehalten hatten, waren durch ihre Angst hinreichend gesichert. Denn die meisten wurden durch die Wurfgeschosse und das, was mit der Hand geworfen wurde, verwundet, und während sie gleicher Gefahr ausgesetzt waren, waren der Gute und der Träge hinsichtlich der Ehre ungleich.

(58) Während in Zama so gekämpft wurde, drang Iugurtha unvorhergesehen mit einer großen Schar in das Lager der Feinde ein. Während die Sorglosen, die in Sicherheit waren, alles andere als einen Kampf erwarteten, brach er durch das Tor. *2* Unsere Leute aber, durch die plötzliche Angst erschreckt, sorgten für sich, jeder wie er konnte. Die einen flohen, die anderen griffen zu den Waffen. Ein großer Teil wurde verwundet oder getötet. *3* Im Übrigen bildeten aus der ganzen Masse kaum vierzig, eingedenk des römischen Namens, einen geschlossenen Zug, schafften sich ein wenig oberhalb der anderen Raum und konnten von dort selbst mit der größten Kraft nicht vertrieben werden, sondern

nur die von Weitem geworfenen Geschosse zurücksenden, und weil sie wenige gegenüber vielen waren, waren weniger Würfe vergeblich. Wenn aber die Numider näher herankamen, konnten sie wahrhaft Tapferkeit zeigen und diese mit größter Kraft niederhauen, zerstreuen und in die Flucht schlagen. **4** Inzwischen vernahm Metellus, während er den härtesten Kampf ausfocht, feindliches Geschrei hinter sich, und als er sein Pferd gewendet hatte, wurde er gewahr, dass die Fliehenden zu ihm eilten, was ihm anzeigte, dass es seine Leute waren. **5** Daher schickte er die ganze Reiterei eilig zum Lager und sofort danach Gaius Marius mit den Kohorten der Bundesgenossen, und diesen beschwor er weinend und bei seiner Freundschaft und bei der *res publica*, dass kein Schandfleck auf dem siegreichen Heer zurückbleibe und er nicht zulasse, dass die Feinde abzögen, ohne bezahlt zu haben. **6** Jener führte die Aufträge in kurzer Zeit aus. Iugurtha aber, gehindert durch die Befestigung des Lagers, weil sich einige kopfüber den Wall hinabstürzten, andere in der Enge ihm selbst entgegeneilten, zog sich, nachdem er viele Leute verloren hatte, in eine befestigte Gegend zurück. **7** Metellus, der seinen Plan nicht ausgeführt hatte, kehrte, nachdem die Nacht hereingebrochen war, mit dem Heer ins Lager zurück.

(59) Daher befahl er am nächsten Tag, noch bevor sie zur Bestürmung hinauszogen, dass die ganze Reiterei auf der Seite, von wo die Ankunft des Königs stattfinden würde, vor dem Lager kämpfen solle, die Tore und die am nächsten gelegenen Orte verteilte er auf die Tribunen, dann machte er sich selbst zur Stadt auf und griff wie am vorigen Tag die Mauern an. **2** Inzwischen griff Iugurtha plötzlich aus dem Verborgenen unsere Leute an. Die, welche am nächsten in seiner Nähe standen, wurden erschreckt und verwirrt, die Übrigen kamen schnell zu Hilfe. **3** Und sie hätten dem Numider nicht länger standhalten können, wenn ihm nicht die Fußtruppen mit den Reitern vermischt eine große Niederlage in diesem Treffen beigebracht hätten. Indem sie sich auf diese verließen, folgten die Reiter nicht, wie es im Reiterkampf zu geschehen pflegt, und blieben dann wieder zurück, sondern sie ritten den Reitern entgegen, umzingelten die Schlachtreihe und verwirrten sie völlig. So besiegten sie den Feind schon fast allein mit ihren Fußtruppen.

(60) Zur selben Zeit wurde in Zama mit großer Heftigkeit gekämpft. Wo sich jeweils ein Legat oder ein Tribun einsetzte, strengten sie sich

umso heftiger an, und keiner setzte in den anderen mehr Hoffnung als in sich selbst. Ebenso machten es die Stadtbewohner: Sie leistete Widerstand und waren an allen Stellen sehr entschlossen. Jeder war begieriger, andere zu verwunden, als sich selbst zu schützen. *2* Geschrei erhob sich zum Himmel, vermischt mit Anfeuerung, Freude, Seufzen und Dröhnen der Waffen, von allen Seiten flogen Geschosse. *3* Jene aber, die die Mauern verteidigten, blickten, sobald die Feinde ein wenig nachließen, gespannt auf die Reiterschlacht. *4* Je nachdem, wie Iugurthas Sache gerade stand, konnte man sie mal munter, mal ängstlich sehen, und sobald sie von ihren Leuten gesehen oder gehört werden konnten, mahnten die einen, andere ermunterten, machten Handzeichen und Bewegungen mit ihren Körpern und führten sich auf, als ob sie Geschossen auswichen oder welche absenden wollten. *5* Sobald Marius dies bemerkte – denn er hatte in jenem Abschnitt das Kommando –, ging er absichtlich langsamer vor und tat, als ob er unsicher wäre. Er duldete, dass die Numider, ungestört durch Angriffe, zum Kampf ihres Königs hinsahen. *6* Dann griff er, als diese durch die Aufmerksamkeit für die Ihren gefesselt waren, plötzlich mit großer Gewalt die Mauern an, und die Soldaten hatten schon die Treppe erklommen, da nahmen sie in der Nähe den höchsten Punkt ein, als die Stadtbewohner zusammenliefen und Steine, Feuer und andere Geschosse auf sie warfen. *7* Zuerst widerstanden unsere Leute noch, als dann aber die eine oder andere Leiter zerbrach, wurden die, die oben standen, herabgerissen, die anderen gingen, so gut sie konnten, die wenigsten unversehrt, die meisten verwundet, weg. *8* Schließlich wurden beide Kämpfe durch die Nacht unterbrochen.

Die Römer ändern ihre Taktik

(61) Nachdem Metellus gesehen hatte, dass das Unternehmen vergeblich war und weder die Stadt eingenommen noch Iugurtha außer durch einen Hinterhalt oder an einem ihm genehmen Ort eine Schlacht liefern würde und dass sich der Sommer bereits dem Ende zuneigte, ging er von Zama weg und stellte in den Städten, die er auf seine Seite gebracht hatte und die durch ihre Lage oder Mauern hinreichend gesichert waren, Schutzwachen auf. *2* Außerdem stationierte er das Heer in der Provinz [Africa], die Numidien am nächsten liegt, zur Überwinterung. *3* Er selbst verbrachte aber seine Zeit nicht in der Weise der anderen

in Ruhe, sondern bereitete vor, weil ja der Krieg mit Waffen nicht recht
vorankam, dem König durch dessen Freunde einen Hinterhalt zu stellen
und deren Treulosigkeit als Waffe zu gebrauchen. *4* Daher ging er auf
Bomilkar, der mit Iugurtha in Rom gewesen war und von dort, nach-
dem Bürgen gestellt worden waren, heimlich vor dem Urteil wegen des
Mordes an Massiva geflohen war, weil bei diesem wegen der engsten
Freundschaft auch die größte Möglichkeit der Täuschung gegeben
war, mit vielen Versprechungen zu. Und zuerst erreichte er, dass jener
heimlich zu einer Unterredung zu ihm kam. Dann, nachdem er ihm sein
Wort gegeben hatte, überzeugte er ihn mühelos, dass, wenn er ihm
Iugurtha lebend oder tot ausliefere, es geschehen werde, dass ihm der
Senat Straflosigkeit und die Erhaltung seines ganzen Eigentums zugestehen werde, zumal Bomilkar mit seiner treulosen Gesinnung damals
zu fürchten hatte, dass, falls ein Friede mit den Römern zustande käme,
er selbst aufgrund der Friedensbedingungen ausgeliefert würde.

(62) Dieser begab sich, sobald es günstig war, zu dem ängstlichen
Iugurtha, der sein eigenes Schicksal bedauerte. Er ermahnte ihn und
beschwor ihn mit Tränen, dass er doch nun an sich und seine Kinder und
das Volk der Numider denke, das es verdient habe. In allen Kämpfen sei-
en sie besiegt worden, die Äcker verwüstet, viele Menschen gefangen,
getötet, die Truppen des Königs minimiert, oft genug schon seien die
Tüchtigkeit der Soldaten und deren Glück auf die Probe gestellt worden.
Er möge sich davor hüten, dass die Numider durch sein Zögern einst
für sich selbst sorgten. *2* Dadurch und durch ähnliche Reden bewog er
das Herz des Königs zur Kapitulation. *3* Legaten wurden zum Feldherrn
gesandt, die sagten, dass Iugurtha tun werde, was befohlen würde,
und ohne Bedingung sich und sein Reich in ihre Hand gebe. *4* Metellus
befahl, dass fast alle aus dem Senatorenstand aus dem Winterlager
gerufen wurden. Mit diesen und anderen, die er für würdig erachtete,
hielt er eine Ratsversammlung ab. *5* So ordnete er aufgrund eines nach
der Sitte der Vorfahren in der Ratsversammlung gefassten Beschlusses
durch die Legaten an, dass Iugurtha 200 000 Pfund Silber, alle Elefanten
sowie eine bestimmte Zahl an Pferden und Waffen abzugeben habe.
6 Nachdem dies ohne Verzug geschehen war, befahl er, dass alle Überläufer gebunden vorgeführt würden. *7* Ein großer Teil von ihnen wurde
befehlsgemäß vorgeführt, einige wenige waren, sobald die Kapitulation

ausgesprochen worden war, zu König Bocchus nach Mauretanien gegangen. *8* Daher fing Iugurtha, sobald er seiner Männer, Waffen und
seines Geldes beraubt war, während er selbst zum Erhalt von Befehlen
nach Tisidium[96] gerufen wurde, wiederum an, seine Gesinnung zu
ändern und aus seinem schlechten Gewissen heraus das, was richtig
war, zu fürchten. *9* Als schließlich viele Tage mit Hin- und Herüberle-
gen verbracht worden waren, indem er einmal aus Abscheu vor den
Widrigkeiten alles für besser hielt als den Krieg, dann wieder sich selbst
bedauerte, wie schwer der Fall von der Königsherrschaft in die Sklaverei
sein würde, nahm er schließlich, da so viele und große Schutztruppen
vergeblich geopfert worden waren, erneut den Krieg auf. *10* Und in Rom
schlug ein Senatsbeschluss über die Provinzen Numidien Metellus zu.

Marius' Pläne

(63) Zu derselben Zeit hatte zufällig ein Opferschauer Gaius Marius,
der den Göttern Opfer darbrachte, Großes und Wunderbares durch
Prophezeiung vorausgesagt: Was auch immer er im Herzen bewege,
solle er im Vertrauen auf die Götter ausführen, und er werde stets dabei
Glück haben. Alles werde einen glücklichen Verlauf nehmen. *2* Jener
aber hegte schon vorher den dringenden Wunsch nach dem Konsulat,
welches zu erhalten alle Voraussetzungen außer einer altehrwürdigen
Familie im Überfluss vorhanden waren: Fleiß, Redlichkeit, gute militärische Fähigkeiten, ausgeprägter kriegerischer Geist, Bescheidenheit
daheim, Selbstbeherrschung hinsichtlich Begierde und Reichtümern
– nur nach Ruhm war er begierig.

3 Aber er war in Arpinum geboren und hatte dort seine ganze Kindheit verbracht, und sobald sein Alter ihn zum Kriegsdienst qualifizierte,
war er in diesen eingetreten und übte sich nicht in griechischen Küns-
ten[97] oder städtischer Weltgewandtheit. So wuchs in kurzer Zeit seine
Begabung ungetrübt und in guten Fähigkeiten. *4* Sobald er daher das
Militärtribunat vom Volk erstrebte, als die meisten sein Gesicht noch
nicht kannten, wurde er, in allen Tribus wohlbekannt, dazu ausgerufen.
5 Dann erwarb er sich ein Amt nach dem anderen und handelte in jeder
Verantwortung so, dass er für das jeweils höhere, das er anstrebte, als

---

96 Tisidium, später Oppidum Thisiduense, heute Krich el Oued.
97 Redekunst.

würdig erachtet wurde. *6* Dennoch wagte dieser Mann, der zu jener Zeit
so qualifiziert war, nicht – denn erst später wurde er durch seinen Ehrgeiz zu Fall gebracht – das Konsulat anzustreben. Auch übertrug damals
das Volk andere Magistrate, das Konsulat aber die Nobilität unter sich
von Hand zu Hand. *7* Ein *homo novus* besaß weder die Berühmtheit
noch waren seine Taten je ausreichend, dass er dieser Ehre für würdig
und für ausreichend rein gehalten worden wäre.

(64) Sobald daher Marius sah, dass die Worte des Opferschauers dahin
gerichtet waren, wohin auch die Begierde seines Herzens ihn drängte,
bat er Metellus um die Beurlaubung zum Zwecke der Bewerbung um
das Amt. Obwohl seine Tüchtigkeit, sein Ruhm und weitere wünschenswerte Eigenschaften andere übertrafen, steckten doch in diesem ein
verächtlicher Geist und Hochmut, das für die Nobilität typische Übel.
2 Daher wunderte er sich zunächst, bewegt von der ungewohnten Situation, über diesen Plan, und er ermahnte ihn wie in Freundschaft, dass
er nicht etwas so Ungehöriges unternehme und nicht seinen Mut über
das Schicksal erhebe: Nicht alles dürfe von allen angestrebt werden.
Ihm müsse das Seine genug sein. Schließlich möge er sich hüten, vom
römischen Volk zu fordern, was von diesem zu Recht verweigert werde.
3 Nachdem er solches und ähnliche Dinge gesagt, die Gesinnung des
Marius sich aber nicht geändert hatte, antwortete dieser, dass er, sobald
er im Hinblick auf seine Amtspflichten könne, tun werde, was er anstrebe. *4* Und später soll er, so wird berichtet, den Bittenden gewarnt haben,
dass er nicht so eilig abreise. Er werde noch früh genug mit seinem
(des Metellus) Sohn[98] das Konsulat anstreben. Dieser war zu dieser Zeit
in unmittelbarer Umgebung des Vaters ebendort im Kriegslager und
etwa 20 Jahre alt. Diese Tatsache ließ Marius ebenso für das Amt, das er
anstrebte, wie gegen Metellus heftig entbrennen. *5* Daher ging er mit
Begierde und Zorn, den schlechtesten Ratgebern, vor. Und er enthielt
sich keines Wortes und keiner Tat, wenn sie nur der Gunstgewinnung
dienten. Die Soldaten, denen er im Winterlager vorstand, befehligte er
mit einem nachsichtigeren Kommando als vorher. Bei den Kaufleuten,
von denen es in Utica eine große Zahl gab, redete er ebenso verächtlich

---

98 Metellus Pius, 89 oder 88 Prätor, von seinem Alter her konnte er sich um 86 für das Konsulat bewerben, wenn Marius 80 Jahre alt gewesen wäre. Tatsächlich wurde der junge Metellus
erst im Jahre 80, also nach dem Tod des Marius und nach dessen sieben Konsulaten Konsul.

wie angeberisch vom Krieg: Wenn ihm die Hälfte des Heeres überlassen werde, würde er in nur wenigen Tagen Iugurtha in Ketten halten. Auf Beschluss des Feldherrn werde die Sache hinausgeschleppt, weil er sich als träger Mann von königlichem Hochmut an seiner Befehlsgewalt zu sehr freue. *6* Dies alles erschien ihnen umso wahrer, weil sie durch die lange Dauer des Krieges ihre Vermögen verloren hatten und für ihren begierigen Sinn die Sache nicht schnell genug voranging.

(65) In unserem Heer war damals übrigens ein Numider namens Gauda,[99] Sohn Mastanabals, Enkel Massinissas, welchen Micipsa in seinem Testament als Ersatzerben eingesetzt hatte, an einer Krankheit leidend und deswegen im Geiste ein wenig zurückgeblieben. *2* Diesem verweigerte Metellus, als er ihn bat, dass er seinen Stuhl nach der Art der Könige neben den seinen stelle, und ebenso zu seinem Schutz eine Schar römischer Reiter verlangte, beide Forderungen: die Ehre, weil es nach der Sitte nur für die geschehe, welche das römische Volk Könige nenne, die Wache, weil es für römische Reiter eine Schande wäre, als Begleiter eines Numiders angesehen zu werden. *3* Auf den so verärgerten Mann ging Marius zu und ermunterte ihn, dass er mit seiner Hilfe vom Feldherrn eine Wiedergutmachung dieser Beleidigungen fordere. Er bekam den Mann in schmeichlerischer Rede dazu, der wegen seiner Krankheit geistig nicht bei Kräften war: Er sei König, ein großartiger Mann, der Enkel Massinissas; wenn Iugurtha gefangen oder getötet würde, werde er ohne Verzug die Herrschaft über Numidien erhalten. Dies könne umso schneller geschehen, wenn er selbst (Marius) als Konsul in diesen Krieg geschickt würde. *4* So bewegte er selbst sowohl diesen als auch die römischen Ritter, die Fußsoldaten und die Kaufleute und andere, die meisten aber die Hoffnung auf Frieden, dass sie nach Rom an ihre Verwandten negativ über Metellus in diesem Krieg schrieben und Marius als ihren Feldherrn forderten. *5* Daher warben viele Menschen in ehrenvollster Empfehlung für das Konsulat des Marius. Gleichzeitig versuchte in diesen Unruhen das Volk, als die Nobilität durch die *lex Mamilia*[100] verunsichert war, *homines novi* auf den Schild zu heben. So gelang Marius alles.

---

99 Gauda wurde wegen seiner Anfälligkeit zunächst nicht Nachfolger Micipsas, durch die Unterstützung von Marius aber später König von Ostnumidien. Sein Sohn und Nachfolger war Hiempsal II.
100 Vgl. dazu Kap. 40,1–2.

Ein neuer Hinterhalt der Numider

(66) Inzwischen bereitete Iugurtha, nachdem er, weil er die Kapitulation abgelehnt hatte, den Krieg wieder begonnen hatte, mit großer Sorgfalt alles vor, beeilte sich und versammelte ein Heer. Die von ihm abgefallenen Städte versuchte er durch Schrecken oder Belohnung zu beeinflussen, die zu ihm haltenden zu befestigen. Waffen, Geschosse und anderes, was er in der Hoffnung auf Frieden verloren hatte, erneuerte er oder kaufte es, die Knechte der Römer lockte er an, und sie selbst, die unter ihrem Schutz standen, versuchte er mit Geld. Des Weiteren ließ er nichts unangetastet, nichts in Ruhe, wühlte alles auf. *2* Daher verschworen sich bei den Vagensern, bei denen Metellus am Anfang, als Iugurtha Frieden machen wollte, Schutztruppen aufgestellt hatte, erschöpft von den demütigen Bitten des Königs und zuvor gegen ihren eigenen Willen ihm entfremdet, die Anführer der Stadt untereinander. Denn das Volk war, wie es meistens zu geschehen pflegt und besonders bei den Numidern, diesem so wankelmütigen Haufen, aufrührerisch und zerstritten, begierig nach Umsturz, der Ruhe und der Muße abgeneigt. Darauf setzten sie, als sie untereinander ihre Angelegenheiten abgemacht hatten, den dritten Tag fest, weil dieser Festtag, in ganz Afrika gefeiert, mehr Spiel und Ausgelassenheit als Schrecken anzeigte. *3* Als dieser Tag gekommen war, luden sie die Zenturionen und Militärtribunen und den Präfekten der Stadt selbst, Titus Turpilius Silanus,[101] jeder einen in sein Haus ein: Diese alle außer Turpilius schlugen sie beim Essen nieder. Später griffen sie die umherschweifenden, unbewaffneten Soldaten an, da diese ja an diesem Tag auch ohne Befehlshaber waren. *4* Dasselbe tat das Volk, ein Teil instruiert vom Adel, ein Teil vom Eifer in solchen Dingen angestachelt, einigen, die weder den Plan noch die Vorgänge verstanden, gefiel allein schon der Aufruhr und der Umsturz.

(67) Die römischen Soldaten zweifelten, durch die unvorhergesehene Furcht unsicher und träge, was sie am besten machen sollten. Bei der Burg der Stadt, wo sich die Feldzeichen und Schilde befanden, waren feindliche Schutztruppen, die zuvor verschlossenen Türen verhinderten die Flucht. Dazu warfen die Frauen und Kinder von den Dächern der Gebäude Steine und anderes, was sich ihnen gerade bot, im Kampf

---

101 Titus Turpilius Silanus, Stadtkommandant, später wegen Verrates angeklagt, verurteilt und enthauptet.

herab. *2* Daher konnte man sich weder nach zwei Seiten gegen das Übel wehren, noch konnten die Tapfersten gegen den schwächsten Menschenschlag Widerstand leisten. Neben den Guten und den Schlechten wurden die Mutigen und die Unkriegerischen niedergeschlagen, ohne dass dies bestraft wurde. *3* In dieser schlimmen Situation entkam der Präfekt Turpilius als Einziger der Italiker unversehrt den überaus wilden Numidern aus der verschlossenen Stadt. Ob dies durch Erbarmen seines Gastgebers, oder einen Pakt oder durch Zufall geschah, wissen wir nicht genau, nur soviel, dass er, weil ihm in dieser üblen Lage ein schändliches Leben lieber war als ein unversehrter Ruf, ruchlos und völlig ehrlos erscheint.

(68) Metellus zog sich, nachdem er von den in Vaga vorgefallenen Ereignissen gehört hatte, traurig für eine Weile zurück. Dann, sobald sich unter die Betrübnis Zorn gemischt hatte, ging er eilig und mit größter Sorgfalt daran, das Unrecht zu rächen. *2* Die Legion, mit der er überwinterte, und mit ihr so viele numidische Reiter wie er konnte, setzte er bei Sonnenuntergang gleichermaßen ohne Gepäck in Bewegung und kam am nächsten Tag etwa zur dritten Stunde in einer Ebene an, die von ein wenig höher gelegenen Stellen umgeben war. *3* Dort verweigerten die von der Länge des Marsches ermüdeten Soldaten jede weitere Tätigkeit, und er belehrte sie, dass die Stadt Vaga nicht mehr als eine Meile entfernt sei, es zieme sich, dass sie die verbleibende Anstrengung gleichmütig ertrügen, wenn sie nur die Sühne für ihre Mitbürger, die tapfersten und gleichzeitig elendesten Männer einforderten. Außerdem zeigte er ihnen eine fette Beute auf. *4* Nachdem er so ihren Mut wieder aufgerichtet hatte, befahl er, dass die Reiter vorne und die Fußsoldaten so eng wie möglich gehen und die Feldzeichen verbergen sollten.

(69) Die Vagenser schlossen, sobald sie merkten, dass ein Heer gegen sie anrückte, indem sie zuerst meinten, wie die Lage es nahelegte, dass es sich um Metellus handle, die Tore. Dann aber, sobald sie sahen, dass jene nicht die Äcker verwüsteten und die ersten Reiter für numidische Ritter ansahen, hielten sie sie wieder für Iugurtha und seine Leute und liefen ihnen mit großer Freude entgegen. *2* Die Reiter und Fußtruppen brachen, als das Zeichen gegeben wurde, plötzlich hervor, die einen töteten das sich aus der Stadt ergießende Volk, die anderen eilten zu den Toren, ein Teil nahm die Türme. Der Zorn und die Hoffnung auf

Beute waren stärker als die Ermüdung. *3* So erfreuten sich die Vagenser nur zwei Tage lang an ihrem Verrat. Die ganze große und reiche Stadt erlitt die Strafe und wurde zur Beute. *4* Der Präfekt der Stadt, Turpilius, von dem wir oben berichtet haben, dass er als Einziger entkommen war, wurde von Metellus vor Gericht gestellt, und nachdem er sich nicht hinreichend verteidigen konnte, verurteilt und geschlagen und schließlich hingerichtet; denn er besaß latinisches Bürgerrecht.[102]

Bomilkars Umsturzversuch

(70) In derselben Zeit begehrte Bomilkar, auf dessen Veranlassung hin Iugurtha die Kapitulation, von der er später wieder abgekommen war, eingegangen war, weil er dem König verdächtig war und auch seinerseits den König verdächtigte, einen Umsturz und suchte nach einer List zum Verderben des Königs, indem er Tag und Nacht seinen Geist damit beschäftigte. *2* Als er schließlich alles überlegt hatte, verband er sich Nabdalsa[103] als Gefährten, einen vornehmen Mann mit großen Reichtümern, geschätzt und angesehen bei seinen Untertanen, der gewohnt war, meistens ein eigenes Heer vom König getrennt zu führen und für diesen alle Dinge auszuführen, welche zu tun Iugurtha, weil er ermüdet oder in Wichtigeres verwickelt war, zu viel waren. Daraus waren ihm Ruhm und Reichtum entstanden. *3* So wurde in der Beratung der beiden der Tag für den Hinterhalt festgesetzt. Das Übrige wollten sie, wie es die Lage erforderte, der Zeit entsprechend vorbereiten. *4* Nabdalsa brach zu seinem Heer auf, welches er mitten zwischen den Winterlagern der Römer zu kommandieren hatte, damit nicht der Acker ungerächt von den Feinden verwüstet würde. *5* Nachdem dieser wegen der Größe der Tat mutlos geworden war und zum vereinbarten Zeitpunkt nicht kam, und weil seine Angst dem Unternehmen hinderlich war, schickte Bomilkar, gleichzeitig begierig das Angefangene zu vollenden und verärgert über die Ängstlichkeit seines Partners, um nicht unter Aufgabe des alten Plans einen neuen zu schmieden, durch Vertraute einen Brief an ihn, in welchem er die Weichlichkeit und Sorglosigkeit des Mannes anklagte, die Götter zu Zeugen anrief, bei welchen er geschworen habe, und ermahnte ihn, die Belohnung Metellus' nicht in einen Fluch

---

102 Sonst wäre diese Strafe nicht rechtens gewesen.
103 Außer bei Sallust nicht erwähnt.

zu verwandeln. Das Ende Iugurthas sei gekommen. Nur ob er durch ihre (Nabdalsas und Bomilkars) oder durch Metellus' Tüchtigkeit zugrunde gehe, darüber werde hier noch verhandelt. Daher möge er in seinem Innersten darüber nachdenken, ob er lieber eine Belohnung oder eine Strafe wolle.

(71) Als aber dieser Brief herbeigebracht wurde, ruhte Nabdalsa zufällig, von der Anstrengung seines Körpers ermüdet, in seinem Bett, *2* und sobald er die Worte Bomilkars vernommen hatte, überkam ihn zunächst Sorge, dann, wie es bei einem trägen Geist zu geschehen pflegt, der Schlaf. *3* Er hatte einen Numider als Verwalter seiner Geschäfte, der treu und anständig war und Mitwisser aller Pläne außer dem des Umsturzes. *4* Als dieser von dem ankommenden Brief hörte, rechnete er erfahrungsgemäß damit, dass seine Tätigkeit oder seine Ideen gefragt seien, und trat in das Zelt ein und hob den Brief, den der Herr, als er sich zum Schlafen niedergelegt hatte, vorsichtig neben seinen Kopf in den Sand gelegt hatte, auf, las ihn durch und begab sich, nachdem er eindeutig den Hinterhalt verstanden hatte, zum König. *5* Als Nabdalsa sich wenig später erhoben hatte und weder den Brief fand und erfuhr, was inzwischen passiert war, versuchte er zuerst dem Anzeiger zu folgen, und nachdem dies vergeblich gewesen war, trat er vor Iugurtha, um diesen zu besänftigen. Er sagte, in dem, was er selbst zu tun vorbereitet hätte, sei ihm die Treulosigkeit seines Dieners zuvorgekommen. Weinend beschwor er bei der alten Freundschaft und bei den bisher treu vollbrachten Taten, dass er ihn nicht eines solchen Verbrechens beschuldigen solle.

(72) Darauf antwortete der König nach außen ganz freundlich, während er aber anders dachte. Nachdem Bomilkar und viele andere, die er als Mitverschworene seines Verbrechens kenne, hingerichtet worden waren, unterdrückte er seinen Zorn, damit nicht aus dieser Sache ein Aufruhr entstehe.

2 Nach diesem Geschehen war Iugurtha aber zu keiner Zeit und an keinem Ort mehr ruhig. Weder einem Ort noch irgendeinem Sterblichen noch einem Zeitpunkt traute er wirklich. Landsleute und Feinde fürchtete er gleichermaßen, überall sah er sich um, und jedes Geräusch erschreckte ihn, an einem Ort nach dem anderen, oft gegen die königliche Würde, hielt er sich auf, nachts ruhte er, schreckte gelegentlich

aus dem Schlaf hoch, griff zu den Waffen und schuf Unruhe. So wurde
er durch Schrecken gleichsam wahnsinnig.

(73) Daher bereitete Metellus, sobald er vom Untergang Bomilkars
und dem Bekanntwerden des Umsturzversuches von Fliehenden erfuhr, wiederum alles für eine Neuaufnahme des Krieges vor und beeilte
sich dabei. *2* Marius entließ er nach Hause, weil dieser ihn mit Bitten
wegen seines Aufbruchs bedrängte und ihm eine Zurückweisung und
eine Beleidigung wenig sinnvoll erschien. *3* Und da in Rom das Volk
die Briefe, die über Metellus und Marius geschickt worden waren, zur
Kenntnis genommen hatte, nahm es die Nachrichten von beiden zufrieden auf. *4* Dem Feldherrn wurde seine Zugehörigkeit zur Nobilität,
die zuvor als Zierde gegolten hatte, nun negativ ausgelegt, und jenem
anderen brachte die Einfachheit seiner Herkunft Gunst ein. Ferner
wurde jeder von beiden mehr am Eifer für die Parteien als an seinen
guten und schlechten Eigenschaften gemessen. *5* Außerdem hetzten
aufrührerische Amtsinhaber das Volk auf, klagten Metellus vor allen
Versammlungen gleichsam auf den Tod an und hoben Marius'Tüchtigkeit in den Himmel. *6* Schließlich war das Volk so aufgeregt, dass alle
Handwerker und Bauern, in deren Händen letztlich die Sache lag, ihre
Arbeit niederlegten und in großer Zahl zu Marius kamen und seine
Ehre höher schätzten als ihre eigenen Belange. *7* Nachdem die Nobilität
derart verschreckt worden war, wurde nach vielen Unruhen dem *homo
novus* das Konsulat übertragen. Und danach wurde die Plebs von dem
Volkstribun Manlius Mancinus[104] gefragt, wen es als Heerführer im Krieg
gegen Iugurtha haben wolle, und sie antwortete in großer Zahl: Marius.
Der Senat aber hatte kurz zuvor Numidien Metellus übertragen. Diese
Sache blieb vergeblich.

Metellus erobert Thala

(74) Zur selben Zeit ging Iugurtha, nachdem er die Freunde verloren
hatte, von denen er die meisten selbst getötet, die Übrigen verschreckt
hatte und ein Teil zu den Römern, die anderen zu König Bocchus geflohen waren, weil ohne Gefolgsleute kein Krieg geführt werden konnte
und er Vertrauen in neue Freunde nach solcher Treulosigkeit der alten

---

104 Titus Manlius Mancinus, Volkstribun 107, Anhänger Marius'.

für gefährlich hielt, wechselhaft und schwankend vor. Denn ihm gefiel weder die Sache selbst noch ein Rat noch irgendeine Person. Wege und Anführer wechselte er täglich, mal den Feinden entgegen, gelegentlich in die Einsamkeit, oft in eine mögliche Fluchtrichtung, und innerhalb kurzer Zeit setzte er seine Hoffnungen auf die Waffen, dann zweifelte er, ob er seiner Tapferkeit oder der Treue des Volkes weniger trauen sollte. So war seine Situation, wohin er sich auch wandte, widrig. *2* In dieser Wartezeit aber zeigte sich ihm plötzlich Metellus mit seinem Heer. Die Numider wurden den Umständen entsprechend von Iugurtha vorbereitet und ausgestattet, dann ging der Kampf los. *3* Dort, wo in der Schlacht der König war, wurde eine Weile gekämpft. Alle seine übrigen Soldaten wurden beim ersten Zusammentreffen geschlagen und flohen. Die Römer bemächtigten sich einer gewissen Zahl von Feldzeichen und Waffen und einiger Soldaten. Denn den Numidern gelten in allen Schlachten die Füße sicherer als die Waffen.

(75) Nach dieser Flucht misstraute Iugurtha seiner Lage völlig und gelangte mit den Flüchtlingen und einem Teil der Reiterei in die Wüste und dann nach Thala,[105] in eine große und reiche Stadt, wo die meisten Schätze und die Ausstattung seiner Söhne aufbewahrt wurden. *2* Nachdem Metellus dies erfahren hatte, ignorierte er, obwohl er wusste, dass zwischen Thala und dem nächsten Fluss in einer Spanne von 52 Meilen nur trockenes und wüstes Gelände ist, dennoch in der Hoffnung, den Krieg zu beenden, wenn er sich dieser Stadt bemächtigen könnte, alle Belastungen und ging daran, auch die Natur zu besiegen. *3* Daher befahl er, alle Lasttiere von ihrem Gepäck zu befreien außer dem Getreide für zehn Tage; ferner, dass sie Schläuche und andere Wasserbehälter trügen. *4* Des Weiteren suchte er auf den Feldern so viel zahmes Vieh, wie er konnte, und lud diesem Gefäße verschiedener Art auf, meistens aus Holz, die er in den Zelten der Numider gesammelt hatte. *5* Dazu befahl er den Nachbarn, die sich Metellus nach der Flucht des Königs ergeben hatten, dass jeder so viel Wasser wie möglich trage. Ort und Tag, wann sie bereitzustehen hatten, nannte er ihnen. Er selbst belud die Lasttiere

---

105 Die hier erwähnte Stadt Thala kann nicht sicher identifiziert werden. Da das berberische Wort Thala »Frühling« bedeutet, mag es mehrere Orte dieses Namens gegeben haben, so auch das heutige, die höchst gelegene Stadt in Tunesien, die mit dem hier gemeinten Ort nicht identisch sein kann. Dieses Thala mag in der Nähe des Gaetuler-Gebietes gelegen haben, da Iugurtha später, nach seiner Niederlage zu diesem Volk flieht.

mit Wasser aus dem Fluss, von welchem wir oben gesagt haben, dass er der Stadt am nächsten liegt. Auf diese Weise ausgestattet, brach er nach Thala auf. *7* Dann, sobald man an den Ort kam, wohin er die Numider bestellt hatte, und das Lager aufgestellt und befestigt worden war, sei, so heißt es, plötzlich ein solcher Regen aus dem Himmel herabgekommen, dass allein dieser für das Heer schon mehr als genug war. *8* Außerdem war die Anlieferung durch die Numider größer als erwartet, weil sie wie meistens, wenn sich jemand gerade ergeben hat, ihre Dienste eifrig versahen. *9* Auch nutzten die Soldaten aus Scheu mehr das Regenwasser, und diese Tatsache steigerte ihren Mut beträchtlich, denn sie glaubten, dass sie von den unsterblichen Göttern begünstigt würden. Dann gelangten sie gegen Iugurthas Erwartung am nächsten Tag nach Thala. *10* Die Stadtbewohner, die sich durch die Unwirtlichkeit des Ortes hinreichend befestigt geglaubt hatten, wurden durch die ungeheure und ungewohnte Sache verschreckt, bereiteten aber um nichts nachlässiger den Krieg vor. Dasselbe taten auch unsere Leute.

(76) Der König aber, der glaubte, dass Metellus nichts mehr unmöglich sei, weil dieser ja alles, Waffen, Geschosse, Orte, Zeiten und schließlich die Natur selbst, indem er anderen befahl, durch Fleiß überwunden hatte, floh bei Nacht mit seinen Söhnen und einem großen Teil seines Geldes aus der Stadt. Und auch danach blieb er an keinem Ort länger als einen Tag und eine Nacht, stellte sich aber so, als eile er nur wegen seiner Geschäfte. Außerdem fürchtete er seine Auslieferung, die er durch Schnelligkeit zu verhindern können glaubte, denn solche Pläne werden aus Muße und Gelegenheit gefasst. *2* Als Metellus aber sah, dass die Stadtbewohner sich dem Kampf widmeten und gleichzeitig die Stadt durch ihre Lage und durch Befestigungen geschützt war, umgab er die Mauer mit einem Graben und einem Wall. *3* Dann ließ er an den am meisten geeigneten Orten Sturmdächer vorschieben, einen Wall aufhäufen, auf dem Wall Türme errichten und so die Belagerungswerke und deren Arbeiter sichern. *4* Dagegen machten sich die Stadtbewohner eilig bereit. Weiteres geschah von beiden Seiten nicht. *5* Schließlich bemächtigten sich die Römer, durch die viele Arbeit zuvor und durch die Kämpfe ermüdet, vierzig Tage nach ihrer Ankunft nur der Stadt. Die ganze Beute war von den Flüchtlingen verdorben worden. *6* Nachdem diese gesehen hatten, dass die Mauer mit Widdern niedergerissen wur-

de und ihre Sache verloren war, hatten sie Gold und Silber und andere Dinge, die sie für wertvoll hielten, in den Palast des Königs gebracht; dort tranken sie und schlugen sich den Bauch voll und verbrannten die Schätze und den Palast und sich selbst, und was sie als Besiegte von den Siegern zu befürchten hatten, zahlten sie freiwillig selbst.

Exkurs: Leptis

(77) Gleichzeitig, als Thala genommen wurde, kamen Legaten aus Leptis[106] zu Metellus und baten, dass er ihnen Schutztruppen und einen Stadtkommandanten schicke. Hamilkar,[107] ein vornehmer Mann, Parteigänger, plane einen Umsturz, gegen diesen richteten weder die Befehle der Beamten noch Gesetze etwas aus. Wenn er sich nicht beeile, seien sein Heil und ihre Bundesgenossen in höchster Gefahr. *2* Denn die Einwohner von Leptis hatten schon zu Beginn des Iugurthinischen Krieges an Konsul Bestia und später nach Rom Leute geschickt, die um Freundschaft und Bundesgenossenschaft nachfragten. *3* Sobald sie diese erlangt hatten, blieben sie immer anständig und treu und führten mit dem Schiff alles aus, was von Bestia, Albinus und Metellus befohlen wurde. *4* Daher erlangten sie vom Feldherrn mühelos, was sie erbaten. Es wurden vier Kohorten Ligurer hingeschickt und Gaius Annius[108] als Kommandant.

(78) Diese Stadt war von Sidoniern gegründet worden, von welchen wir erfahren haben, dass sie als Flüchtlinge wegen innerer Streitigkeiten mit Schiffen an diese Orte gekommen waren. Übrigens lag sie zwischen den beiden Syrten, denen ihr Name von ihrer tatsächlichen Beschaffenheit her gegeben wurde.[109] *2* Denn es sind zwei nahe beieinander liegende Meerbusen an der östlichsten Küste Afrikas von ungleicher Größe aber gleicher Beschaffenheit. Das an sie grenzende Land ist flach, das übrige, wie es der Zufall mit sich brachte, hoch und bei anderer Witterung flach. *3* Denn sobald das Meer steigt und durch die Winde zu

---

106 Leptis Magna, an der Mündung des Wadi Lebdah gelegen, gegründet von Phöniziern, nach dem Zweiten Punischen Krieg von Massinissa den Karthagern abgenommen; jetzt in Libyen gelegen.
107 Sonst nicht bekannt.
108 Gaius Annius, Präfekt unter Metellus, Prokonsul in Hispanien unter Sulla, von wo er letztendlich Sertorius vertrieb.
109 Von griechisch σύρειν – ziehen, schleppen; zu der in der Antike angenommenen Erklärung vgl. den folgenden Textabschnitt.

toben beginnt, führen die Fluten Schlamm und Sand und riesige Fels-
brocken mit sich. So verändert sich die Oberfläche der Küste gleichzeitig
mit den Winden. Die Syrten sind also nach dem »Schleppen« benannt.
4 Die Sprache ihrer Bewohner hat sich durch eheliche Verbindungen mit
den Numidern gewandelt, hinsichtlich der Gesetze, des Kultes und der
meisten anderen Dinge sind sie noch durch Sidon geprägt. Dies hat sich
umso leichter erhalten, als sie ihr Leben fern vom Herrschaftszentrum
des Königs verbrachten. *5* Zwischen ihnen und dem benachbarten
Numidien gibt es viele große Wüstenstreifen.

(79) Weil wir aber in diesen Gegenden durch die Handelstätigkeit der
Einwohner von Leptis gekommen sind, scheint es mir sehr würdig, die
herausragende und wunderbare Tat zweier Karthager zu erwähnen. An
diese Sache mahnt uns der Ort. *2* In jener Zeit beherrschten die Karthager den größten Teil Afrikas, die Bürger von Kyrene aber waren zahlreich
und wohlhabend. *3* Das Feld in der Mitte war sandig und eintönig.
Und keinen Fluss und keinen Berg gab es, der eine Grenze bezeichnet
hätte. Deswegen kämpften sie miteinander in einem langen und heftigen Krieg. *4* Nachdem beide Streitkräfte, ebenso die Flotten, oftmals
zerstreut und geflohen waren und sie sich gegenseitig gelegentlich
aufgerieben hatten, fürchteten sie, dass die erschöpften Besiegten und
Sieger bald ein Dritter angreifen könnte, und schlossen einen Waffenstillstand mit dem Versprechen, dass an einem festgesetzten Tag Legaten von zu Hause aufbrechen und einander entgegenlaufen sollten,
und dort wo sie sich treffen würden, dort sei die gemeinsame Grenze
beider Völker. *5* Daher wurden von Karthago zwei Brüder ausgesandt,
die Philaenus hießen, die auf dem Weg schnell fortschritten. Die aus
Kyrene gingen langsamer. Ob diese Nachlässigkeit aus Zufall geschah,
weiß ich nicht genau. *6* Außerdem pflegt in dieser Gegend ein Sturm
die Menschen nicht weniger als auf dem Meer aufzuhalten. Denn sobald
durch ebene, von Sträuchern unbewachsene Gegenden der Wind geht,
wirbelt er Sand vom Boden auf, treibt diesen mit großer Gewalt herum
und pflegt die Augen und den Mund zu verstopfen. So wird auch ein
Marsch durch schlechte Sicht verhindert. *7* Nachdem die Gesandten
aus Kyrene einmal gemerkt hatten, wie weit sie zurücklagen, und, weil
sie die Sache verdorben hatten, fürchteten, daheim bestraft zu werden,
beschuldigten sie die Karthager, vorzeitig von daheim aufgebrochen

zu sein und Verwirrung gestiftet zu haben, und schließlich wollten sie alles lieber in Kauf nehmen als besiegt heimzugehen. *8* Als aber die Karthager eine andere Bedingung forderten, die nur gerecht sein sollte, ließen die Griechen (aus Kyrene) den Karthagern folgende Auswahl: Entweder sollten sich jene, an der Stelle, die sie als Grenze für ihr Volk wünschten, lebendig begraben lassen, oder selbst an den Ort, an den sie gehen wollen, unter der gleichen Bedingung fortschreiten. *9* Die Brüder Philaeni nahmen die Bedingung an und weihten sich und ihr Leben ihrer Stadt. Also wurden sie lebendig begraben. *10* Die Karthager weihten an dieser Stelle den Brüdern Philaeni einen Altar, weitere Ehren wurden ihnen zu Hause zuteil. Nun kehre ich zum eigentlichen Thema zurück.

Bocchus wird in den Krieg einbezogen

(80) Nach dem Verlust von Thala glaubte Iugurtha nichts mehr sicher vor Metellus, und nachdem er mit wenigen Gefährten durch eine große Wüste aufgebrochen war, gelangte er zu den Gaetulern, ein wilder und ungehobelter Menschenschlag, der zu jener Zeit mit den Römern noch nicht bekannt war. *2* Eine Menge von ihnen versammelte er an einem Ort und gewöhnte sie allmählich daran, Ordnung einzuhalten, den Feldzeichen zu folgen, Befehlen zu gehorchen und auch sonst militärisches Verhalten zu üben. *3* Außerdem machte er sich die nächsten Angehörigen König Bocchus' durch große Geschenke und noch größere Versprechen ergeben. Mit ihnen als Helfer ging er den König an und brachte ihn dazu, dass er einen Krieg gegen die Römer beginne. *4* Dies geschah deswegen umso leichter und bereitwilliger, weil Bocchus am Anfang dieses Krieges Legaten nach Rom gesandt und um ein Bündnis und Freundschaft gebeten hatte, *5* welch überaus günstiges Angebot einige wenige, als der Krieg begonnen hatte, verhindert hatten, blind vor Begierde, weil sie alles Ehrenhafte und Unehrenhafte käuflich zu halten pflegten. *6* Auch hatte vorher Iugurthas Tochter Bocchus geheiratet. Eine solche Verwandtschaft zählte aber bei den Numidern und Mauren nicht sehr viel, weil ein einzelner Mann je nach Reichtum möglichst viele Ehefrauen hat, manche zehn, andere mehr, die Könige aber noch mehr. *7* So wird das Herz durch die große Zahl hin- und hergerissen: Keine hält den Rang einer echten Gefährtin, alle sind gleich billig.

(81) Daher kamen die Heere an einem Ort zusammen, mit dem beide einverstanden waren. Dort versprach man sich gegenseitig die Treue, und Iugurtha entflammte Bocchus' Gesinnung mit einer Rede. Die Römer seien ungerecht, von tiefsitzender Habgier, der gemeinsame Feind aller. Denselben Grund hätten sie für den Krieg mit Bocchus wie mit ihm selbst und mit anderen Völkern, die Begierde zu herrschen, ihnen seien alle Königreiche zuwider. Jetzt seien sie, kurz zuvor die Karthager, ebenso König Perseus,[110] danach, wer auch immer ihnen sehr reich erscheine, der Feind der Römer. *2* Nachdem er dies und weitere solche Dinge gesagt hatte, beschlossen sie einen Marsch nach Cirta, weil Metellus dort die Beute, die Gefangenen und das Gepäck versammelt hatte. *3* Daher erwartete Iugurtha, dass nach der Einnahme der Stadt die Mühe nicht umsonst gewesen sein werde oder, wenn der Römer seinen Leuten zu Hilfe käme, er eine Schlacht schlagen werde. *4* Denn schlau beeilte er sich, Bocchus' Friedenschancen (mit den Römern) zu minimieren, damit der nicht etwa, indem er die Sache hinausziehe, etwas anderes als den Krieg lieber wolle.

(82) Nachdem der Feldherr von dem Zusammenschluss der Könige erfahren hatte, gab er ihm nicht nachlässig oder, wie er es oft getan hatte, wenn Iugurtha besiegt worden war, an einem beliebigen Ort die Gelegenheit zum Kampf. Außerdem erwartete er die Könige nicht weit von Cirta in einem befestigten Lager. Er dachte, dass es besser sei, nachdem er die Mauren kennengelernt hätte, weil sich mit ihnen ja ein neuer Feind näherte, dann aus dem Vorteil heraus eine Schlacht zu liefern. *2* Inzwischen erfuhr er aus Rom durch einen Brief, dass die Provinz Numidien Marius übertragen worden war; denn dass jener Konsul geworden war, hatte er schon vorher vernommen. Durch diese Dinge wurde er mehr als recht und billig erschüttert und konnte weder seine Tränen zurückhalten noch seine Zunge mäßigen. Der in anderen Situationen herausragende Mann ertrug hier zu wenig mannhaft seinen Ärger. *3* Diese Tatsache legten einige als Hochmut aus, andere als eine gute Eigenschaft, die durch Beleidigung verletzt worden war, viele dahin gehend, dass ihm der bereits errungene Sieg aus den Händen

---

110 Perseus, letzter König von Makedonien 179–168 und entschiedener Feind der Römer, von diesen aber in der Schlacht bei Pydna besiegt, zunächst auf der Flucht, aber 167 im Triumphzug mitgeführt und 165 oder 162 als Gefangener gestorben.

gerissen wurde. Uns ist hinreichend bekannt, dass jener mehr durch die Ehre des Marius als durch sein erlittenes Unrecht gequält wurde, und dass er nicht so schmerzlich getroffen gewesen wäre, wenn die Provinz ein anderer als Marius erhalten hätte.

(83) Durch diesen Schmerz also gebremst, und weil es ihm albern schien, eine fremde Angelegenheit auf eigene Gefahr in Ordnung zu bringen, sandte er Legaten zu Bocchus, die forderten, dass er nicht ohne Grund ein Feind des römischen Volkes werden solle. Er habe zum jetzigen Zeitpunkt noch eine große Chance, ein Bündnis und eine Freundschaft einzugehen, was schließlich besser sei als der Krieg. Obwohl er seinen Kräften vertraue, sollte er doch nicht Sicheres gegen Unsicheres eintauschen; jeder Krieg sei schnell angefangen, dagegen nur schwer zu beenden; Anfang und Ende desselben lägen nicht in derselben Hand. Anzufangen stehe jedem offen, auch einem Trägen, ihn zu beenden nur, wenn es die Sieger wollen. Daher möge er für sich und sein Königreich sorgen, damit er nicht sein blühendes Land mit dem Untergang Iugurthas verbinde. *2* Darauf antwortete der König recht freundlich: Er wünsche den Frieden, aber er erbarme sich des Schicksals Iugurthas. Wenn jenem dieselbe Möglichkeit offenstehe, würde man in allem einig werden. *3* Darauf wiederum schickte der Feldherr Boten mit Einwänden gegen Bocchus' Forderungen. Jener hieß einiges gut, anderes lehnte er ab. Auf dieselbe Weise wurden von beiden Boten hin- und hergeschickt, und die Zeit schritt fort, und Metellus' Wunsch gemäß wurde der Krieg hinausgezögert ohne Feindberührung.

Amtsantritt

(84) Marius aber, der, wie wir oben berichtet haben, auf drängenden Wunsch des Volkes Konsul geworden war, drohte, nachdem ihm vom Volk die Provinz Numidien aufgetragen worden war, der Nobilität, der er zuvor schon feindlich gesinnt war, jetzt viel und heftig: Einmal beleidigte er Einzelne, einmal sie alle zusammen und behauptete, er habe das Konsulat als Sieger über sie alle wie eine Beute erhalten. Andere noch schwerer wiegende Dinge sagte er über sich zu ihrer Beleidigung. *2* Inzwischen kümmerte er sich zuerst um das, was für den Krieg nötig war. Er forderte Ersatz für die Legionen, forderte Hilfstruppen von Völkern und Königen an, und rief außerdem aus Latium die Tapfersten, die

meisten aus Kriegen bekannt, einige dem Ruf nach, zusammen, und er nötigte durch persönliche Bitten Männer, in den Kriegsdienst mit ihm aufzubrechen. *3* Aber der Senat wagte nicht, obwohl er so gegen ihn war, ihm irgendeine Sache zu verweigern. Im Übrigen beschloss er sehr gerne die Aufstockung der Legionen, weil man nicht glaubte, dass der Kriegsdienst dem Volk genehm sein würde und Marius entweder bei der Kriegsführung oder durch den Eifer des Volkes letztendlich verlieren würde. Aber darauf hoffte man vergeblich. Eine solche Begierde, Marius zu begleiten hatte die meisten ergriffen. *4* Jeder dachte, dass er durch die Beute reich würde, dass er als Sieger heimkehren würde, und andere trugen sich mit Gedanken dieser Art. Und dies hatte Marius zum großen Teil mit seiner Rede bewirkt. *5* Denn als er, nachdem alles, was er gefordert hatte, durch Beschlüsse bewilligt worden war, Truppen ausheben wollte, rief er zur Aufmunterung, ebenso um die Nobilität, wie er es gewohnt war, aufzuregen, eine Heeresversammlung des Volkes ein. Dann sprach er folgendermaßen:

Marius' Antrittsrede

(85) *Ich weiß, Bürger, dass die meisten nicht mit derselben Einstellung die Befehlsgewalt von euch erbitten, wie sie diese, wenn sie sie erst einmal erhalten haben, ausüben. Zuerst sind sie fleißig, demütig, maßvoll, dann führen sie ein Leben in Trägheit und Hochmut. 2 Mir dagegen scheint es gerade andersherum richtig. Denn soviel mehr die res publica im Vergleich zum Konsulat oder der Prätur ist, mit soviel mehr Sorge muss man jene leiten als man die Ämter anstreben soll. 3 Und es entgeht mir nicht, wie viel an Verantwortung ich mit dem größten Wohlwollen von eurer Seite auf mich genommen habe. Einen Krieg vorzubereiten und gleichzeitig die Staatskasse zu schonen, die zum Kriegsdienst zu zwingen, die man eigentlich nicht belasten will, im Innern und nach außen für alles zu sorgen und dies unter Neidern, Widersachern, Parteigängern, Meinungen – Bürger, das ist ziemlich hart. 4 Dazu kommt, dass, wenn andere sich etwas zuschulden kommen lassen, dann die alte Nobilität, die tapferen Taten der Vorfahren, die Leistungen der Angehörigen und Verwandten, die Klientelverhältnisse, diese alle zum Schutz vorhanden sind. Für mich aber liegen alle Hoffnungen in mir selbst, welche ich mit Tüchtigkeit und mit Anständigkeit bewahren muss. Alles andere ist mir nicht sicher. 5 Und auch das begreife ich,*

Bürger, dass alle Gesichter auf mich gerichtet sind, die Gerechten und Guten sind wohlwollend gegen mich – weil meine guten Leistungen ja der res publica Erfolg bringen –, dass die Nobilität aber nur eine Gelegenheit zum Angriff sucht. 6 Weshalb ich mich umso heftiger anstrengen muss, damit ihr nicht unterworfen werdet und damit jene nicht Recht behalten. 7 So gelangte ich von der Kindheit zu diesem Alter, dass ich an alle Mühen und Gefahren gewöhnt wurde. 8 Dass ich das, was ich vor euren Wohltaten nur um Dank getan habe, nun wie nach erhaltenem Lohn bleiben lasse, das ist nicht meine Absicht, Bürger. 9 Jenen, die sich nur während der Kandidatur anständig stellen, fällt es schwer, sich in Machtpositionen zu mäßigen. Mir, der ich das ganze Leben mit besten Fähigkeiten geführt habe, ist Gutes zu tun schon aus Gewohnheit zur Natur geworden. 10 Ihr habt befohlen, dass ich den Krieg gegen Iugurtha führen soll, was die No-bilität höchst ärgerlich aufgenommen hat. Ich fordere euch auf: Prüft eure Herzen, ob es besser ist, dies zu ändern, wenn ihr jemanden aus jenem Klüngel der Nobilität mit dieser oder einer anderen Aufgabe betraut, einen Mann mit einer herrlichen alten Geschlechterreihe und einer großen Zahl von Ahnenbildern,[111] aber ohne persönliche Kriegsverdienste. Natürlich, damit er in einer solchen Sache ängstlich vor allem zittert, hetzt und je-manden aus dem Volk als Berater in seinem Amt heranzieht. 11 So ge-schieht es meistens, dass der, den ihr als Befehlshaber ernannt habt, sich selbst einen anderen Befehlshaber sucht. 12 Aber ich kenne die, Bürger, die erst, nachdem sie zu Konsuln gewählt wurden, die Taten der Vorfahren und die militärischen Vorschriften der Griechen zu studieren begonnen haben: Leute mit verdrehter Einstellung, denn zu handeln, wie es in späterer Zeit (im Amt) zu geschehen hat, kommt im Alltag und in der tatsächlichen Le-bensführung vorher (vor dem Amt). 13 Vergleicht nun, Bürger, mich als homo novus mit dem Hochmut dieser Leute. Was jene zu hören und zu lesen pflegen, habe ich auf ihrer Seite gesehen, anderes habe ich ausge-führt. Was jene in Büchern gelernt haben, das habe ich durch Kämpfen gelernt. 14 Nun schätzt ihr ein, ob die Taten oder die Worte mehr wert sind.

---

111 Römische Bürger durften von ihren Vorfahren Wachsmasken anfertigen lassen, diese
wurden in einem besonderen Schrein im Atrium aufbewahrt und beim Begräbnis weiterer
Familienmitglieder im Leichenzug mitgeführt, wohl vor allem aus Repräsentationsgründen.
Dies symbolisierte die Aufnahme des jüngst Verstorbenen in den Kreis der Vorfahren. Hatten
die Vorfahren ein höheres Amt bekleidet, durften die Bilder auch öffentlich aufgestellt
werden.

Sie verachten mein Emporkommen, ich ihre Trägheit, mir wird mein Glück,
ihnen ihre Unanständigkeit vorgeworfen. 15 Obwohl ich glaube, dass es
nur eine einzige Natur gibt, die wir alle gemeinsam haben, denke ich doch,
dass der jeweils Tapferste der wirklich Vornehmste ist. 16 Und wenn man
schon die Väter eines Albinus oder eines Bestia fragen könnte, wollten sie
wohl lieber, dass einer wie ich oder einer wie sie von ihnen abstammte?
Was glaubt ihr, würden sie antworten, außer dass sie die jeweils besten
Kinder wollten? 17 Was, wenn sie mich zu Recht verachten, würden sie dies
ebenso mit ihren Vorfahren machen, die die Nobilität wie ich aufgrund
ihrer Tüchtigkeit errungen haben? 18 Mögen sie mein Amt beneiden, so
beneiden sie auch meine Mühe, meinen Anstand, sogar meine Gefahren,
weil ich es ja durch diese erhalten habe. 19 Allerdings verbringen so ver-
dorbene Menschen voller Hochmut ihr Leben so, als ob sie die von euch
vergebenen Ämter verachten; so streben sie sie an, als ob sie ehrenvoll
gelebt hätten. 20 Dass sie sich ja nicht täuschen, wenn sie die unterschied-
lichsten Dinge gleichzeitig erwarten, den Genuss der Faulheit und den Lohn
der Tüchtigkeit. 21 Und ebenso, wenn sie bei euch oder im Senat Worte
machen, meistens erheben sie mit ihrer Rede ihre Vorfahren in den Himmel;
durch die Erwähnung von deren tapferen Taten glauben sie selbst berühm-
ter zu werden. 22 Das Gegenteil ist der Fall: Denn um so viel, wie das Leben
jener berühmter wird, wird die Nachlässigkeit in ihren Ämtern schändlicher.
23 Und tatsächlich verhält sich die Sache so: Der Ruhm der Vorfahren ist
für die Nachkommen wie ein Licht und lässt weder ihre guten noch ihre
schlechten Eigenschaften im Dunkeln. 24 Ich bekenne meinen Mangel in
dieser Sache, Bürger, allerdings das, was viel heller leuchtet, das darf ich
als meine eigenen Taten bezeichnen. 25 Nun seht, wie ungerecht sie sind:
Was sie sich aus fremder Tüchtigkeit selbst anmaßen, gestehen sie mir aus
meiner eigenen nicht zu. Natürlich, weil ich keine Ahnenbilder habe und
weil ich erst neuerdings zur Nobilität gehöre. Dabei ist es gewiss besser,
diese errungen zu haben als sie geerbt und verdorben zu haben. 26 Ich
weiß freilich genau, dass, wenn sie mir schon antworten wollten, ihre Rede
überreich und wohlgesetzt sein wird, aber bei eurer größten Wohltat wür-
den sie mich und euch durch Schmähungen in jeder Hinsicht zerfleischen,
es ist aber nicht richtig zu etwas zu schweigen, damit nicht jemand Be-
scheidenheit als Schuldbekenntnis auffasse. 27 Denn mich kann keine
Rede in der Überzeugung meines Sinnes verletzen, weil die Wahrheit not-

*wendig gut von mir spricht, falsche Behauptungen aber widerlegt mein Charakter. **28** Weil aber eure Pläne angeklagt werden, die ihr mir das höchste Amt und die wichtigste Aufgabe übertragen habt, überlegt wieder und wieder, ob man dies bereuen muss. **29** Gewiss kann ich zu meiner Beglaubigung keine Ahnenbilder und keine Triumphe und keine Konsulate meiner Vorfahren vorweisen, aber, wenn es die Lage erfordert, Lanzen, eine Fahne, Ehrenzeichen, andere Kriegsgeschenke, außerdem Narben an meiner Vorderseite.[112] **30** Dies sind meine Ahnenbilder, das ist meine feine Abstammung, nicht Überbleibsel einer Erbschaft, wie dies bei jenen der Fall ist, sondern was ich selbst mit überaus vielen Mühen und Gefahren gesucht habe. **31** Meine Worte sind nicht rhetorisch ausgefeilt. Davon halte ich nicht viel. Tüchtigkeit zeigt sich hinreichend aus sich selbst. Jene bedürfen der Kunstfertigkeit, damit sie schändliche Taten durch ihre Rede verbergen. **32** Auch habe ich keine griechische Wissenschaft gelernt, zu wenig gefiel es mir, jene zu lernen, weil sie den Gelehrten zur Tüchtigkeit nichts nützen. **33** Aber in jenen, für die res publica bei Weitem besten Dingen bin ich gelehrt: den Feind zu schlagen, Schutztruppen zu führen, nichts zu fürchten außer einem schändlichen Ruf, Winter und Sommer gleichermaßen zu ertragen, auf dem Boden zu schlafen, gleichzeitig Mangel und Anstrengung hinzunehmen. **34** Durch diese Anweisungen ermuntere ich zum Kriegsdienst und halte nicht sie dünn und mich fett, ich bereite nicht mir Ruhm und ihnen Mühe. **35** Dies ist üblich, dies ist bürgerliche Art zu befehlen, denn wenn man sicher in Bequemlichkeit lebt und das Heer mit Opfern zwingt – das heißt Herrscher sein, nicht Feldherr sein. **36** Durch dieses und Derartiges haben eure Vorfahren sich und ihre res publica berühmt gemacht. **37** Auf diese Dinge stützt sich die Nobilität und ist doch selbst diesen Eigenschaften so fern. Uns, deren wahre Nachahmer, verachtet sie und fordert von euch alle Ämter zurück, als ob ihr sie nicht verdient hättet, sondern ihr verdanktet. **38** Übrigens irren die hochmütigsten Menschen bei Weitem. Deren Vorfahren hinterließen ihnen alles, was erlaubt war, Reichtümer, Ahnenbilder, ihr berühmtes Gedächtnis; Tüchtigkeit aber haben sie ihnen nicht vererbt, und sie konnten es auch nicht: Sie allein wird nicht als Geschenk vergeben und nicht empfangen. **39** Schmutzig nennen sie mich und unkultiviert, weil ich nicht fein genug das Gastmahl*

---

112 Das sind die, die jemand im Kampf erhalten hat; Narben auf der Rückseite erhält man, wenn man flieht.

schmücke und keinen Schauspieler und keinen Koch halte, der teurer als der Verwalter ist. **40** Gerne bekenne ich, dass dies zutrifft, Bürger. Denn von meinem Vater und anderen erhabenen Männern habe ich es so erfahren, dass der Schmuck den Frauen, die Mühe den Männern zukommt und alle Guten mehr Ruhm als Reichtum haben müssen, dass die Waffen, nicht der Hausrat zur Zierde gereichen. **41** Ja das, was erfreut, was sie teuer schätzen, das tun sie immer: sie mögen lieben und trinken; wie sie die Jugend verbracht haben, mögen sie das Alter verbringen, in Gelagen, dem Bauch hingegeben und dem schändlichsten Teil des Körpers. Schweiß, Sand und anderes Derartige mögen sie uns überlassen, denen dies angenehmer als Gastmähler ist. **42** So ist es aber nicht: Denn sobald sich die schändlichsten Männer durch Verbrechen entehrt haben, gehen sie los, um den Guten die Belohnung zu entreißen. **43** So schaden höchst ungerecht Schwelgerei, Trägheit, die schlechtesten Eigenschaften, jenen, die sie pflegen, gar nichts, der unschuldigen res publica aber fügen sie Schaden zu. **44** Weil ich ja nun ihnen geantwortet habe, wie es meine Eigenschaften, nicht wie es ihre Schandtaten erforderten, will ich jetzt noch einiges wenige zur res publica sagen. **45** Vor allem anderen seid guten Mutes in Bezug auf Numidien, Bürger. Denn was bis zu diesem Zeitpunkt Iugurtha geschützt hat, habt ihr alles beseitigt: Habgier, Unerfahrenheit und Hochmut. Dann ist dort ein ortskundiges Heer, aber, beim Herkules, mehr zur Tat entschlossen als erfolgreich. **46** Denn ein großer Teil davon ist durch die Begierde und die Furchtsamkeit der Feldherren aufgerieben worden. **47** Deswegen strengt ihr euch, die ihr im waffenfähigen Alter steht, mit mir an und setzt euch ein für die res publica. Und niemand soll durch die Niederlage anderer oder den Hochmut der Feldherren geängstigt werden. Ich werde in der Schlachtreihe, als Beschützer und Begleiter in der Gefahr bei euch sein, mich und euch will ich in allen Situationen nebeneinander führen. **48** Und in der Tat, wenn die Götter uns beistehen, wird alles bereit sein, Sieg, Beute und Lob. Wenn diese zweifelhaft oder fern wären, gehörte es sich dennoch für alle Anständigen, der res publica zu Hilfe zu kommen. **49** Denn niemand ist je durch Trägheit unsterblich geworden, und noch niemand wünschte, wenn er Kinder hatte, dass diese ewig lebten, sondern mehr, dass sie ein gutes und ehrenvolles Leben lebten. **50** Ich würde noch mehr sagen, Bürger, wenn Worte einem Ängstlichen Mut zufügen würden, für die Entschlossenen aber glaube ich genug gesagt zu haben.

(86) Nachdem Marius eine solche Rede gehalten hatte und er sah, dass er damit die Herzen des Volkes aufgerichtet hatte, belud er zügig die Schiffe mit Proviant, Sold, Waffen und anderen nützlichen Dingen. Er befahl, dass mit diesen Aulus Manlius[113] als Kommandant aufbreche. *2* Er selbst hob inzwischen Soldaten aus, nicht wie es früher geschah und auch nicht nach Klassen, sondern wie ein jeder wollte, die meisten nach Köpfen gezählt.[114] *3* Dies geschah, so meinten die einen, aus Mangel an Vermögen, andere durch den Ehrgeiz des Konsuls, der durch diesen Menschenschlag berühmt und groß geworden war. Und für einen Menschen, der nach Macht strebt, ist jeweils der Bedürftigste auch der Brauchbarste, den die Sorge für das Seine nicht belastet, weil er ja nichts hat, und alles mit einer Belohnung ehrenvoll erscheint.

4 Daher brach Marius mit einer größeren Zahl von Leuten, als es befohlen worden war, nach Afrika auf und erreichte nach wenigen Tagen Utica. *5* Das Heer wurde ihm vom Legaten Publius Rutilius übergeben, denn Metellus ließ sich bei Marius nicht blicken, damit er nicht das sehen musste, was er schon beim Hören nicht ertragen konnte.

Marius führt den Krieg weiter

(87) Der Konsul aber brach, nachdem die Legionen und Hilfskohorten aufgefüllt worden waren, in einen fruchtbaren und von Beute schweren Acker auf. Alles dort Eingenommene schenkte er den Soldaten. Dann griff er die Burgen und Städte an, die von Natur aus und mit Soldaten nicht hinreichend befestigt waren. Viele Kämpfe, aber leichte, machten andere an andere Orten. *2* Inzwischen nahmen die neuen Soldaten furchtlos an der Schlacht teil. Sie sahen, dass Fliehende entweder gefangen oder niedergehauen wurden und dass jeweils der Tapferste auch am sichersten war. Mit Waffen wurden die Freiheit, das Vaterland und die Eltern und alles andere geschützt, Ruhm und Reichtum erworben. *3* So kämpften in kurzer Zeit die alten und neuen Soldaten zusammen, und die Tapferkeit aller glich sich an.

4 Als aber die Könige von der Ankunft Marius' erfuhren, begaben sie sich getrennt an schwer zugängliche Orte. So hatte es Iugurtha gewollt,

---

113 Aulus Manlius, 107 Legat des Marius, 106 führte er mit Sulla die Verhandlungen mit Bocchus.
114 D. h. ohne Vermögen.

der hoffte, dass bald die Feinde ebenso verteilt angreifen würden. Die Römer würden wie die meisten, von Furcht zurückgehalten, lasch und undiszipliniert werden.

(88) Metellus war inzwischen nach Rom aufgebrochen und wurde entgegen seiner Erwartung von fröhlichen Herzen aufgenommen, vom Volk und den Senatoren, nachdem der Neid gewichen war, gleichermaßen herzlich.

2 Marius aber war unverdrossen und klug ebenso auf die eigenen Angelegenheiten wie auf die der Feinde aufmerksam. Er erkannte, was für beide gut und schlecht war, erforschte die Wege der Könige, kam ihren Plänen und Fallen zuvor und duldete nicht, dass bei ihm selbst etwas nachlässig oder bei den anderen etwas sicher war. *3* Und sowohl die Gaetuler als auch Iugurtha griff er oft an, wenn sie bei unseren Bundesgenossen Beute machten, und zerstreute sie auf dem Weg, den König selbst ließ er nicht weit von der Stadt Cirta die Waffen wegwerfen und sein Heil in der Flucht suchen. *4* Nachdem er aber erkannt hatte, dass dies nur ruhmvoll war, den Krieg aber nicht voranbrachte, beschloss er die Städte, welche durch Besatzung oder Lage für den Feind und gegen ihn am günstigsten waren, einzeln zu belagern. So würde Iugurtha entweder seines Schutzes entblößt, wenn er dies duldete, oder er müsste sich der offenen Schlacht stellen. *5* Denn Bocchus hatte oft Boten zu ihm geschickt: er wünsche die Freundschaft des Römischen Volkes und dass er von ihm nichts Feindliches zu befürchte habe. *6* Ob er dies nur vorgab, um unvorhergesehen etwas Schlimmeres geschehen zu lassen, oder ob er durch die Wandelbarkeit seiner Gesinnung Frieden und Krieg miteinander zu vertauschen pflegte, ist nicht hinreichend geklärt.

Die Einnahme von Capsa

(89) Aber der Konsul machte, sobald er beschlossen hatte, befestigte Städte und Burgen anzugreifen, dem Feind einige Leute mit Gewalt, andere durch das Aufzeigen von Furcht oder Gefahr abspenstig. *2* Und zuerst führte er nur mäßige Schläge, denn er schätzte, dass Iugurtha, um seine Leute zu schützen, ihm in die Arme fallen werde. *3* Aber sobald er erfahren hatte, das jener weit weg war und sich anderen Geschäften zuwandte, schien ihm der Zeitpunkt angemessen, größere und heftigere Angriffe zu starten.

4 Zwischen den riesigen Wüsten lag eine größere, blühende Stadt namens Capsa,[115] als deren Gründer Herkules Libys genannt wird. Deren Bürger waren unter Iugurtha abgabenfrei und standen nur wenig unter seinem Befehl und wurden deswegen für die treuesten gehalten, und sie war gegen Feinde nicht nur mit Mauern, Besatzung und Waffen geschützt, sondern tatsächlich viel mehr durch die Unwirtlichkeit der Gegend. *5* Denn außer der Stadt selbst ist alles außen herum Wüste und unbebaut, ohne Wasser, gefährlich durch Schlangen, deren Kraft wie die aller Tiere bei Hunger noch heftiger ist, dazu kommt die Natur der Schlangen, die an sich schon verderblich ist und durch Durst mehr als durch jede andere Sache gereizt wird. *6* Marius hatte eine riesige Begierde ergriffen, diese Stadt einzunehmen, ebenso wegen des Nutzens für den Krieg wie wegen der offensichtlichen Schwierigkeit der Sache und weil Metellus Thala mit großem Ruhm eingenommen hatte, das ganz ähnlich gelegen und befestigt war, außer dass bei Thala nicht weit von den Mauern ein paar Quellen waren, die Bewohner von Capsa aber nur einen Brunnen mit Wasser, und zwar innerhalb der Mauern, hatten und ansonsten Regenwasser benutzten. *7* Dies wird dort und überall in Afrika, soweit es fern vom Meer weg ist und nicht bebaut wird, umso leichter ertragen, als sich die Numider meistens von Milch und Wildfleisch ernähren und weder nach Salz noch nach anderen den Gaumen täuschenden Geschmacksstoffen verlangen. *8* Nahrung verwendeten sie gegen Hunger und Durst, nicht zur Lust und zur Schwelgerei.

(90) Als daher der Konsul alles ausgeforscht hatte, stützte er sich, wie ich glaube, auf die Götter – denn gegen solche Schwierigkeiten konnte er nicht genug an Rat heranziehen, weil ja auch der Getreidemangel drohte, da sich die Numider mehr um Ställe für das Vieh als um die Felder kümmern, und was auch immer gewachsen war, auf Befehl des Königs in befestigten Städte verbracht worden war und der Acker in dieser Jahreszeit trocken und leer von Früchten war, denn es war das Ende des Sommers – und brachte dennoch, gemessen an der Situation, eine hinreichende Menge an Vorrat zusammen: *2* Das ganze Vieh, das er in den vorherigen Tagen als Beute gewonnen hatte, teilte er unter den Reitern der Hilfstruppen zum Forttreiben auf. Ferner befahl er, dass

---

115 Jetzt Gafsa, wahrscheinlich phönizischen Ursprungs aber mit numidischer Bevölkerung, wichtiger Knotenpunkt natürlicher Straßen.

der Legat Aulus Manlius mit den leicht bewaffneten Kohorten zu dem Städtchen Laris[116] gehe, wo er Sold und Vorräte gelagert hatte, und er sagte, dass er nach wenigen Tagen, um Beute zu machen, dorthin kommen werde. Indem er so sein eigentliches Vorhaben verschleierte, zog er weiter zum Fluss Tanais.[117]

(91) Übrigens hatte er auf dem Weg täglich das Vieh an das Heer und die Zenturien und die Einheiten gerecht verteilt, und er sorgte dafür, dass aus den Häuten Schläuche gemacht wurden. Gleichzeitig begrenzte er den Mangel an Getreide und beschaffte, ohne dass es einer merkte, mancherlei Dinge, die bald nützlich waren. Schließlich am sechsten Tag, als man an dem Fluss anlangte, wurde der größte Nutzen der Schläuche erreicht. *2* Nachdem dort ein Lager mit nur leichter Befestigung errichtet worden war, erhielten die Soldaten ihr Essen, und er befahl, dass sie zum Aufbruch gleichzeitig mit dem Sonnenuntergang bereit sein sollten. Alles Gepäck sollten sie abgelegt und nur mit Wasser sich und das Vieh beladen haben. *3* Dann, als die Zeit gekommen schien, schritt er aus dem Lager und ließ sich erst nieder nach einem Marsch, der die ganze Nacht lang dauerte. Ebenso machte er es in der nächsten. In der dritten Nacht dann, lange vor Sonnenaufgang, gelangte er an einen hügeligen Ort. Von Capsa lag dieser nicht weiter als eine Strecke von zwei Meilen entfernt, und dort wartete er mit allen Truppen, so heimlich es ging. *4* Als aber der Tag anbrach und die Numider nichts Feindliches fürchteten und viele aus der Stadt herausgekommen waren, befahl er, dass plötzlich die gesamte Reiterei und mit ihr die schnellsten Fußtruppen Kurs auf Capsa hielten und die Tore besetzten. Dann eilte er selbst, sofort zu folgen, und duldete nicht, dass die Soldaten plünderten. *5* Nachdem dies die Stadtbewohner erkannt hatten, war die Lage verwirrt, die Angst riesig, die Not überraschend, daher versammelte sich ein Teil der Bewohner außerhalb der Mauern, um die Kapitulation zu erklären. *6* Außerdem wurde die Stadt angezündet, die erwachsenen Numider getötet, alle anderen in die Sklaverei gegeben, die Beute unter den Soldaten verteilt. *7* Dieses Verbrechen gegen das Kriegsrecht wurde nicht aus Begierde des Konsuls, nicht um des Verbrechens willen begangen, sondern weil der Ort für Iugurtha so günstig, für uns der

---

116 Laris zwischen Sicca und Zama, an der Ostgrenze von Numidien, jetzt Lorbes in Tunesien.
117 Wohl der heutige Oued el Derb.

Zugang so schwierig war, der Menschenschlag so unzuverlässig ist, treulos und sich vorher weder durch eine Wohltat noch durch Furcht hätte zügeln lassen.

Die Einnahme der Burg am Mulucha

(92) Nachdem Marius einen solchen Erfolg ohne einen Nachteil für einen seiner Leute erlangt hatte, begann er, vorher schon groß und berühmt, jetzt für noch größer und berühmter gehalten zu werden. *2* Alles, auch nicht gut ausgeführte Dinge, wurde ihm nun als Tugend ausgelegt. Die Soldaten, die er unter laschem Befehl hielt, die gleichzeitig reich wurden, erhoben ihn in den Himmel. Die Numider fürchteten ihn mehr als einen Sterblichen. Schließlich glaubten alle, die Bundesgenossen und Feinde, dass er entweder einen göttlichen Geist habe oder dass ihm durch Zustimmung der Götter alles offenbart werde.

3 Der Konsul aber zog, sobald jene Sache gut abgelaufen war, zu anderen Städten weiter, nahm einige wenige gegen den Widerstand der Numider ein, die meisten zerstörte er, verlassen wegen des Elendes der Einwohner von Capsa, mit Feuer. Mit Trauer und Mord wurde alles erfüllt. *4* Schließlich hatte er sich vieler Orte bemächtigt und der meisten ohne Blutvergießen in seinem Heer, da nahm er eine andere Sache in Angriff, nicht mit derselben Härte wie Capsa, im Übrigen aber nicht weniger schwierig.

5 Denn nicht weit vom Fluss Mulucha, welcher die Reiche Iugurthas und Bocchus' teilte, liegt in einer Ebene ein felsiger Berg, der eine kleinere Burg immerhin tragen konnte, gewaltig hoch und nur über einen engen Zugang zu erreichen. Dieser war ganz und gar von Natur aus, als ob er von Menschen planvoll so gebaut wäre, steil abfallend. *6* Diesen Ort einzunehmen, strengte sich Marius, weil dort die Schätze des Königs lagerten, mit aller Gewalt an. Diese Sache aber wurde durch Zufall besser ausgeführt als nach Plan. *7* Denn in der Burg waren genug Männer und Waffen, ein großer Getreidevorrat und ein Quellbrunnen. Für Wälle und Türme und andere Belagerungsmaschinen war der Ort ungeeignet. Der Weg zur Festung war eng und nach beiden Seiten abschüssig. *8* Sturmdächer wurden mit großer Gefahr vergeblich angelegt, denn sobald diese ein wenig vorrückten, wurden sie mit Feuer und Steinen beschädigt. *9* Die Soldaten konnten weder für ihre Arbeit haltmachen wegen der Unebenheit des Ortes, noch zwischen den Sturmdächern ohne Gefahr ihre Aufgabe verrichten. Die jeweils Besten fielen oder wurden verwundet, im Übrigen vermehrte sich nur die Angst.

(93) Marius aber bedachte ärgerlich bei sich, als so viele Tage und Mühen verwendet worden waren, ob er das Unternehmen abbrechen sollte, weil es vergeblich war, oder ob er das Glück versuche, dessen er sich oft so erfolgreich bedient hatte. *2* Als er dies viele Tage und Nächte intensiv hin und her gewälzt hatte, fing zufällig ein Ligurer, ein Mannschaftssoldat aus den Hilfskohorten, der zum Wasserholen aus dem Lager gegangen war, weil die Seite den Kämpfenden abgewandt war, zwischen den Felsen einige Schnecken. Von diesen hob er die eine und andere, dann mehrere auf und stieg allmählich beim Sammeln bis fast zum Gipfel des Berges hoch. *3* Als er dort seine Einsamkeit wahrgenommen hatte, *4* schaute er sich, wie es so die Art der Menschen ist, von der Begierde ein Abenteuer zu bestehen, um. Und zufällig stand an dieser Stelle eine Eiche zwischen den Felsen, ein wenig nach vorne ragend, dann gebogen und sich in die Höhe streckend, wohin die Natur alle Lebewesen richtet. Auf deren Zweige und auch auf vorspringende Felsen gestützt, gelangte der Ligurer auf die Ebene der Burg, weil alle Numider den Kämpfenden zugewandt waren. *5* Nachdem er alles ausgeforscht hatte, wovon er glaubte, dass es bald nützlich sein könnte, ging er auf demselben Weg zurück, nicht nur ängstlich, wie er herabsteige, sondern nach allem ausschauend und sich umsehend. *6* Daher ging er schnell zu Marius, berichtete von seiner Tat, ermunterte ihn, dass er von dieser Seite, die er selbst erstiegen hatte, die Burg prüfe und versprach, dass er der Führer auf dem Weg und durch die Gefahr sein werde. *7* Marius schickte mit dem Ligurer, um dessen Versprechen zu prüfen, einige der Anwesenden mit. Wie die Begabung eines jeden Einzelnen von ihnen war, so meldeten sie, dass die Sache entweder leicht oder schwer sei. Der Mut des Konsuls wurde dennoch wieder etwas aufgerichtet. *8* Daher wählte er aus den Reihen der Tubabläser und der Hornisten die Gewandtesten, fünf an der Zahl, aus und mit ihnen zu ihrem Schutz vier Zenturionen, befahl allen, dem Ligurer zu gehorchen und setzte für ihre Aktion den folgenden Tag fest.

(94) Sobald aber der befohlene Zeitpunkt gekommen und alles bereit und geordnet war, zog er zu dem Ort hin. Jene übrigens, die hinauf-

steigen wollten, hatten, durch den Führer belehrt, Waffen und Kleidung
getauscht. Sie waren an Kopf und Füßen nackt, damit sie eine bessere
Sicht und besseren Halt im Felsen hätten. Auf dem Rücken trugen sie
Schwerter und Schilde, numidische aber aus Häuten, gleichzeitig auch
des Gewichts wegen, und weil sie beim Anstoßen nicht so dröhnten.
2 Als daher der Ligurer vorausschritt, band er an Felsvorsprüngen und,
wenn ein paar Wurzeln wegen ihres Alter herausragten, auch dort Seile
an, an denen sich hochziehend die Soldaten leichter aufsteigen konnten, und manchmal half er den wegen der Ungewohntheit des Weges
Ängstlichen mit der Hand. Sobald der Aufstieg etwas steiler wurde,
schickte er die Einzelnen unbewaffnet vor sich her und folgte dann
selbst mit ihren Waffen. Wo eine Stelle wackelig schien, probierte er sie
als der Fähigste aus, und öfter stieg er an einer Stelle auf und wieder
zurück, dann sofort flößte er den anderen Mut ein, indem er zur Seite
trat. *3* Von dem langen Weg ermüdet kamen sie endlich auf die Ebene
der Burg, die auf dieser Seite verlassen war, weil alle, wie an den anderen
Tagen, ihre Aufmerksamkeit auf den Feind richteten. Sobald Marius
durch Boten erfahren hatte, was der Ligurer vollbracht hatte, feuerte
er, obgleich er den ganzen Tag mit dem Kampf gegen die Numider
beschäftigt gewesen war, jetzt erst recht seine Soldaten an und ging
selbst vor die Sturmdächer, setzte eine Schildkröte[118] in Bewegung
und setzte den Feind gleichzeitig mit Geschossen, Bogenschützen und
Schleuderern enorm in Schrecken. *4* Die Numider aber, die vorher oft
die Sturmdächer der Römer umgeworfen hatten, schützten sich nicht
mit den Mauern der Burg. Denn statt vor der Mauer Tag und Nacht
tätig zu sein, verfluchten sie die Römer und warfen Marius Sorglosigkeit vor, drohten unseren Soldaten mit der Sklaverei bei lugurtha und
gebärdeten sich, wenn ihnen etwas gelungen war, sehr wild. *5* Während
inzwischen alle, die Römer und die Feinde, ganz dem Kampf zugewandt
waren, beide mit großer Gewalt, für Ruhm und Herrschaft die einen, die
anderen für ihre Rettung kämpfend, erklang plötzlich von hinten ein
Signal. Und zuerst flohen die Frauen und Kinder, die zum Zuschauen herangekommen waren, dann jeder, wie er der Mauer am nächsten stand,
schließlich alle, Bewaffnete und Unbewaffnete. *6* Sobald dies geschah,

---

118 Eine Kampfformation, bei der die Römer mit ihren Schilden gemeinsam einen Panzer
um die Truppe herum bildeten.

drohten die Römer umso heftiger, zerstreuten sie und verwundeten sie nur, stiegen dann über die Körper der Getöteten, strebten, begierig um Ruhm kämpfend, zur Mauer, und nicht einen von allen hielt die Beute auf. *7* So fand die durch den Zufall korrigierte Zögerlichkeit des Marius ihren Ruhm aus dem Versäumnis.

Lucius Cornelius Sulla

(95) Während diese Tat ausgeführt wurde, kam der Quästor Lucius Sulla[119] mit großer Reiterei in das Lager, für deren Aushebung in Latium und bei den Bundesgenossen er in Rom zurückgeblieben war.

2 Weil es aber die Person eines solchen Mannes anmahnt, scheint es mir passend, von dessen Wesen und Art einiges zu sagen. Wir werden nämlich an keinem anderen Ort von Sullas Angelegenheiten reden, und Lucius Sisenna,[120] der am besten und sorgfältigsten von allen, die sich zu dieser Sache geäußert haben, die Sache verfolgte, scheint mir zu wenig mit unabhängigem Mund geredet zu haben. *3* Sulla stammte also aus einem vornehmen patrizischen Geschlecht, die Familie war durch die Trägheit der Vorfahren fast ausgelöscht worden. Er war in griechischer und lateinischer Wissenschaft gleichermaßen gebildet und gelehrt, hatte einen unermesslichen Geist, war begierig nach Vergnügungen, aber noch begieriger nach Ruhm. Er liebte verschwenderische Muße, dennoch hinderte ihn die Lust niemals an Geschäften, außer dass er etwas ehrenvoller hinsichtlich seiner Ehefrau hätte beraten sein können. Tatkräftig, schlau war er und leicht für eine Freundschaft zu gewinnen, die Größe seines Geistes, wenn es darum ging, Geschäfte vorzutäuschen, war unglaublich. In vielen Dingen war er freigiebig,

---

119 Lucius Cornelius Sulla, später Felix genannt, 107 Quästor, der darauf achtete, dass ihm sein Anteil am Sieg über Iugurtha auch angerechnet wurde, 101 bei Vercellae wiederum Offizier unter Marius, 97 Prätor, militärische Erfolge im Osten des Reiches und in Italien, 88 Konsul, Marsch auf Rom, Vertreibung Marius', Entmachtung der Volkstribunen, Aufstockung des Senats um 300 Ritter, 87 Aufbruch zum Krieg gegen Mithridates von Pontos, Plünderung griechischer Städte und Tempel zur Finanzierung des Feldzuges, Sieg über Mithridates, aber Friedensvertrag gegen hohe Zahlungen, Sieg über aufständische Samniten und grausame Rache mit Proskriptionen, Ansiedlung von 120 000 Veteranen und 1000 Klienten in Militärkolonien als Machtbasis, Errichtung einer Senatsdiktatur, 80 Diktator, 79 Rücktritt, 78 gestorben.

120 Lucius Cornelius Sisenna, geboren um 118 v. Chr., Politiker und Schriftsteller, Anhänger Sullas, 78 Prätor, dann Prokonsul in Sizilien, 67 als Legat in Kreta gestorben, Verfasser von *Historiae* (Zeitgeschichte), deren Fortsetzer Sallust wurde. Von Sisenna sind etwa 140 Fragmente erhalten.

am meisten beim Geld. *4* Und ihm, dem Glücklichsten von allen, ging
vor seinem Sieg im Bürgerkrieg niemals das Glück über den Fleiß, und
viele zweifelten, ob er eher tapfer oder glücklich war. Denn ich bin
nicht sicher, ob das, was er später tat, zu erörtern mich eher verdrießt
oder schämt.

(96) Sulla also wurde, wie oben schon gesagt, nachdem er in Afrika
und in Marius' Lager mit der Reiterei angekommen war, noch roh und
unerfahren im Krieg, in kurzer Zeit der Geschickteste von allen. *2* Dazu
sprach er die Soldaten freundlich an, gewährte vielen, die ihn baten,
anderen von sich aus Wohltaten, nahm nur widerwillig welche an,
diese aber gab er eiliger als geliehenes Geld zurück, forderte selbst
von niemandem etwas und arbeitete mehr darauf hin, dass ihm so
viele wie möglich etwas schuldig waren, *3* erzählte Witze und ernste
Dinge, auch mit den Einfachsten; bei der Arbeit, in der Schlachtreihe
und bei den Wachen war er da und verzichtete darauf, wie es sonst der
schlechte Ehrgeiz pflegt, den guten Ruf des Konsuls oder eines anderen
Guten zu verletzen; er duldete nicht, dass ihm mit Rat oder Tat jemand
zuvorkam, und er kam selbst den meisten zuvor. *4* Durch diese Dinge
und Verhaltensweisen war er in kurzer Zeit bei Marius und den Soldaten
am beliebtesten.

Iugurthas letzter Angriff

(97) Iugurtha aber schickte, nachdem die Stadt Capsa und andere
Orte befestigt worden waren und er sie als nützliche Standorte samt
vielem Geld verloren hatte, Boten an Bocchus: Er solle so schnell wie
möglich Truppen nach Numidien führen. Der Zeitpunkt, den Kampf
auszufechten, sei da. *2* Als er vernahm, dass dieser zögerte und sich
mit Zweifeln am Krieg und Überlegungen zum Frieden trug, bestach er
ihn wiederum, wie zuvor schon dessen Angehörigen, mit Geschenken
und versprach dem Mauren selbst den dritten Teil Numidiens, wenn
entweder die Römer aus Afrika vertrieben würden oder der Krieg ohne
Schaden an seinen Grenzen abgeschlossen würde. *3* Durch diese Belohnung verlockt, kam Bocchus mit einer großen Menge Iugurtha zu Hilfe.

Also griffen sie mit den vereinten Heeren beider Marius, der schon
ins Winterlager aufbrach, an, als nicht einmal der zehnte Teil des Tages mehr übrig war, in der Annahme, dass die Nacht, die schon da

war, ihnen, falls sie besiegt würden, Schutz böte, und wenn sie Sieger
blieben, kein Hindernis darstellte, weil sie die Gegend ja kannten, während dagegen für die Römer jede der beiden Situationen in Dunkelheit
schwieriger sein würde. *4* Daher erfuhr der Konsul genau in dem Augen-
blick aus der Menge die Ankunft der Feinde, in dem die Feinde selbst
auch schon da waren. Und bevor das Heer ausgestattet werden oder
das Gepäck gesammelt werden konnte und bevor er das Signal oder
irgendeinen Befehl vernehmen konnte, gingen die maurischen und
gaetulischen Reiter nicht in einer Schlachtreihe noch in irgendeiner
militärischen Formation, sondern jeweils in Haufen, wie der Zufall sie
zusammengeschart hatte, auf unsere Leute los. *5* Diese alle griffen, von
dem unvermuteten Schrecken zitternd und dennoch eingedenk ihrer
Tapferkeit, zu den Waffen oder verteidigten andere, die danach griffen,
gegen die Feinde, ein Teil bestieg die Pferde und ging den Feinden entgegen. Der Kampf ähnelte mehr einem Raubüberfall als einer Schlacht,
ohne Feldzeichen, ohne Ordnung, Reiter und Fußtruppen vermischt,
schlugen jeweils die einen nieder, verletzten die anderen, viele, die
gegen den Feind überaus heftig kämpften, griffen sie von hinten an.
Weder Tapferkeit noch Waffen schützten wirklich wegen der Überzahl
der Feinde und weil man von allen Seiten umzingelt war. Schließlich
bildeten die Römer, die älter und von daher im Krieg erfahrener waren,
wenn der Zufall oder der Ort sie zusammenbrachte, einen Kreis (mit den
Rücken nach innen), und widerstanden so, von allen Seiten gleichzeitig
gedeckt und geschützt, der Gewalt der Feinde.

(98) Und auch in dieser schweren Situation war Marius nicht erschreckt oder niedergeschlagener als sonst, sondern mit seiner Schar,
welche er aus den Tapfersten mehr als aus seinen vertrauten Soldaten
ausgelesen hatte, schweifte er überall umher und half hier seinen bedrängten Leuten aus, griff da die Feinde, wo sie am entschlossensten
Widerstand leisteten, an. Tatkräftig kümmerte er sich um die Soldaten,
weil er ja doch nicht allen, die verwirrt bzw. ratlos waren, Befehle er-
teilen konnte. *2* Schon war der Tag vergangen, als die Barbaren doch
weder etwas ausrichten konnten noch, wie die Könige sich ausgerechnet hatten, im Schutze der Nacht heftiger drohen konnten. *3* Darauf zog
Marius aus der Menge der Dinge einen Schluss, und sobald Raum für
einen Rückzug seiner Leute war, besetzte er die beiden nahe gelegenen

Hügel dazwischen, von denen auf einem, der für ein Lager nicht hoch genug war, eine reiche Wasserquelle lag, und der andere zum Gebrauch nützlich, weil er zum großen Teil hervorstehend und abschüssig war und nur weniger Befestigung bedurfte. *4* Ferner befal er, dass Sulla mit den Reitern die Nacht bei dem Wasser verbringen sollte. Er selbst zog allmählich die versprengten Soldaten, und zwar nach der Zerstreuung der Feinde, an einer Stelle zusammen und führte dann alle im Eilmarsch zu jenem anderen Hügel. *5* So wurden die Könige, durch die Schwierigkeit des Ortes gezwungen, vom Kampf abgeschreckt. Aber dennoch duldeten sie nicht, dass ihre Leute sich weit entfernten, sondern ließen sich an beiden Hügeln verteilt, sodass sie die Menge umgaben, nieder. *6* Dann feierten die Barbaren, nachdem sie zahlreiche Feuer entzündet hatten, den größten Teil der Nacht in ihrer Art, tanzten, grölten herum und die wilden Anführer selbst führten sich als Sieger auf, weil sie nicht geflohen waren. *7* All dies aber war für die Römer aus der Dunkelheit heraus und an dem erhobenen Ort leicht zu sehen und ein großer Ansporn.

(99) Durch die Unerfahrenheit der meisten Feinde bestärkt befal Marius, so leise wie möglich zu sein. Nicht einmal ein Signal, wie eigentlich in der Nachtwache üblich, durfte geblasen werden. Dann, sobald die Sonne aufging, als die Feinde schon erschöpft und erst kurz zuvor eingeschlafen waren, gaben völlig unerwartet die Wächter, ebenso die Tubabläser der Kohorten, der Einheiten und der Legionen alle gleichzeitig das Signal, die Soldaten erhoben Geschrei und brachen aus den Toren hervor. *2* Die Mauren und Gaetuler konnten, durch den unbekannten und erschütternden Laut plötzlich aufgeschreckt, weder fliehen noch zu den Waffen greifen noch irgendetwas tun oder sich vorsehen. *3* Daher hatte alle durch den Lärm, das Geschrei, als niemand zu Hilfe kam, unsere Leute aber drohten, durch den Aufruhr, den Schrecken und die Aufregung gleichsam der Wahnsinn gepackt. Schließlich wurden alle zerstreut und in die Flucht geschlagen, die meisten Waffen und Feldzeichen eingenommen, und in dieser Schlacht waren mehr Leute gefallen als in den vorangegangenen zusammen, denn durch den Schlaf und die ungewohnte Furcht war ihre Flucht behindert worden.

(100) Darauf brach Marius ins Winterlager auf, wie er bereits begonnen hatte. Deswegen hatte er entschieden, wegen der Vorräte in den

am Meer gelegenen Städten zu bleiben. Aber dennoch war er durch den Sieg nicht unvorsichtig oder sorglos geworden, sondern unverändert ließ er im Angesicht des Feindes die Schlachtreihe weiterziehen: *2* Sulla mit der Reiterei rechts, auf der linken Seite Aulus Manlius mit den Schleuderern und Bogenschützen, außerdem leitete er die Kohorte der Ligurer. Als Erste und Letzte hatte er Tribune mit ausgewählten Manipeln aufgestellt. *3* Die Überläufer, die nicht so wertvoll waren und die Gegend am besten kannten, forschten nach dem Weg der Feinde. Gleichzeitig kümmerte sich der Konsul, als ob kein anderer sonst damit beauftragt gewesen wäre, um alles, er war an allen Stellen anwesend, lobte und schalt je nach Verdienst. *4* Er selbst war bewaffnet und aufmerksam, ebendazu zwang er die Soldaten. Und nicht weniger sorgfältig, als er den Marsch anführte, ließ er das Lager befestigen, den Wachen an den Toren schickte er Legionskohorten, vor das Lager Reiter der Hilfstruppen, außerdem stationierte er andere auf dem Wall in der Verschanzung, ging selbst bei den Wachen herum, nicht so sehr, weil er misstraute, dass seine Befehle ausgeführt wurden, als darum, dass den Soldaten nach einem Gespräch mit dem Befehlshaber die Arbeit williger von der Hand gehe. *5* Und natürlich zwang Marius zu dieser und zu anderen Zeiten im Krieg gegen Iugurtha durch eigene Ehrenhaftigkeit das Heer mehr zur Disziplin als durch Androhung von Übeln. Viele sagten, dass dies aus Ehrgeiz geschehe, ein Teil auch, weil er die von Kindheit an gewohnte Härte und anderes, was die Übrigen Armut nennen, inzwischen als Lust empfand. Dennoch wurde die *res publica* in gleicher Art und durch den strengsten Befehl gut und ehrenvoll geführt.

(101) Daher zeigten sich schließlich am vierten Tag nicht weit von der Stadt Cirta von allen Seiten gleichzeitig schnell Späher, wodurch man begriff, dass der Feind in der Nähe war. *2* Weil aber die Leute aus verschiedenen Richtungen zurückkommend von überall her dasselbe anzeigten, war der Konsul unsicher, wie er die Schlachtreihe aufstellen sollte, ohne die Ordnung zu verändern, verharrte er am selben Ort und hielt sich für alles bereit. *3* So wurde Iugurthas Hoffnung enttäuscht, der seine Truppen in vier Teile geteilt hatte in der Erwartung, dass, wenn sie von allen Seiten gleichzeitig kämen, einige in den Rücken des Feindes vorstoßen würden. *4* Inzwischen ermunterte Sulla, den die Feinde zuerst erreichten, seine Kohorten nach Einheiten, und griff dann mit so

dicht wie möglich zusammengezogenen Reitern, selbst mit einigen anderen die Mauren an, die Übrigen blieben am Platz und bedeckten ihre Körper gegen die von Weitem geworfenen Geschosse, und wenn ihnen etwas in die Hand fiel, vernichteten sie es. *5* Während auf diese Weise die Reiter kämpften, kam Bocchus mit den Fußtruppen, welche sein Sohn Volux[121] anführte, und zwar nicht in der ersten Schlacht, da sie auf dem Weg gezögert hatten, sondern sie griffen die Nachhut der Römer an. *6* Zu dieser Zeit kämpfte Marius in der vordersten Reihe, weil dort Iugurtha mit den meisten war. Als dann der Numider von der Ankunft Bocchus' gehört hatte, wandte er sich heimlich mit einigen wenigen zu den Fußtruppen. Dort rief er lateinisch – denn vor Numantia hatte er gelernt, diese Sprache zu sprechen –, unsere Leute kämpften vergeblich, vor Kurzem habe er Marius persönlich erschlagen. Und gleichzeitig zeigte er ein blutiges Schwert, welches er im Kampf, kräftig auf unsere Leute einschlagend, beschmiert hatte. *7* Sobald die Soldaten dies hörten, wurden sie mehr durch die Tragweite der Sache als durch die Glaubwürdigkeit des Boten erschreckt, und gleichzeitig hob sich der Mut der Barbaren, und sie schlugen umso heftiger auf die erschreckten Römer ein. *8* Schon waren sie nicht weit von der Flucht entfernt, als Sulla, nachdem er seine Gegner vernichtet hatte, in die Seite der Mauren vorstieß. *9* Bocchus wandte sich sofort ab. Iugurtha aber, der seine Leute unterstützen und den schon fast erreichten Sieg nicht aufgeben wollte, brach, von Reitern umzingelt, nachdem er rechts und links alle niedergehauen hatte, alleine, den Geschossen der Feinde ausweichend, hervor. *10* Und inzwischen kam Marius seinen fliehenden Reitern zu Hilfe, von welchen er schon gehört hatte, dass sie getrieben würden. *11* Schließlich waren die Feinde überallhin zerstreut, da ereignete sich ein schreckliches Schauspiel auf dem offenen Feld: Verfolgen, Fliehen, Getötet- und Gefangenwerden, verletzte Männer und Pferde und viele, die Wunden erhalten hatten und weder fliehen noch sie still ertragen konnten, die sich aufrichteten und dann niederstürzten; schließlich war alles, wohin man blickte, bedeckt von Geschossen, Waffen, Leichen, und dazwischen blutige Erde.

---

121 Alles, was von ihm bekannt ist, überliefert Sallust in diesem Buch.

Friedensverhandlungen mit Bocchus

(102) Nach diesem Ereignis gelangte der Konsul als unstreitiger Sieger zu dem Städtchen Cirta, wohin zu kommen er von Anfang an vorgehabt hatte. *2* Dorthin kamen am fünften Tag, nachdem die Barbaren wiederum schlecht gekämpft hatten, Gesandte von Bocchus, die Marius im Auftrag ihres Königs baten, dass er seine beiden treuesten Leute zu ihm schicken solle. Er wolle mit ihnen über seinen und des römischen Volkes Vorteil verhandeln. *3* Jener befahl sofort, dass Lucius Sulla und Aulus Manlius gehen sollten. Diese richteten, obwohl sie als Herbeigerufene hingingen, das Wort an den König, um entweder seine Gesinnung gegen den Frieden auszurichten oder den nach Frieden Begierigen noch heftiger zu entflammen. *4* Daher sprach Sulla, hinter dessen Beredsamkeit, wenn auch nicht hinter dessen Alter, Manlius zurückstand, einige wenige Worte folgender Art:

5 König Bocchus, groß ist unsere Freude, wenn dich, einen solchen Mann, die Götter ermahnt haben, dass du einmal Frieden lieber als den Krieg hast und dich als den Besten nun nicht mehr durch Vermischung mit dem Schlechtesten von allen, nämlich Iugurtha, beschmutzen willst, und dass du gleichzeitig die harte Notwendigkeit von uns nimmst, dich als einen in die Irre Gegangenen und jenen größten Verbrecher gleichermaßen zu verfolgen. *6* Dazu kommt, dass es dem römischen Volk von Anfang an besser erschien, Freunde statt Sklaven zu suchen, und dieses es für sicherer hält, Willigen als Gezwungenen zu befehlen. *7* Dir aber ist keine Freundschaft nützlicher als die unsere. Erstens weil wir weit weg sind, worin die geringste Zumutung liegt, Gute aber ebenso, als ob wir nahe wären. Zweitens, weil wir genug Untertanen haben, weil aber an Freunden weder wir noch sonst jemand je genug haben kann. *8* Wenn dir dies nur von Anfang an gefallen hätte! In der Tat hast du vom römischen Volk bis heute viel mehr Wohltaten empfangen als Übel erlitten. *9* Weil aber das Schicksal die menschlichen Angelegenheiten am meisten regiert, dem es freilich gefiel, dir sowohl unsere Kraft als auch unser Wohlwollen vorzuführen, eile nun, da es von diesem erlaubt wird, und mach so weiter. *10* Du hast viele und günstige Eigenschaften, womit du leicht deine Irrtümer durch Dienste wiedergutmachen wirst. *11* Schließlich nimm dir dies zu Herzen, dass das römische Volk niemals an Wohltaten übertroffen wurde. Denn was es im Krieg vermag, weißt du sehr wohl.

12 Darauf antwortete Bocchus höflich und freundlich und äußerte sich auch mit wenigen Worten über sein Vergehen: Er habe nicht in feindlicher Gesinnung, sondern um sein Reich zu schützen zu den Waffen gegriffen, *13* denn der Teil Numidiens, aus dem er mit Gewalt Iugurtha vertrieben hatte,[122] sei nach Kriegsrecht seiner geworden, dass dieser von Marius verwüstet würde, konnte er nicht dulden. *14* Außerdem hätte er zuvor Legaten nach Rom geschickt, deren Bitte um Freundschaft zurückgewiesen worden war. Ferner möchte er ältere Dinge übergehen und dann, wenn es Marius gestatte, Legaten zum Senat schicken. *15* Darauf, nach erhaltener Erlaubnis, war das Herz des Barbaren von seinen (bisherigen) Freunden abgeneigt, wobei Sulla und Manlius durchaus fürchteten, dass Iugurtha, wenn er von der Gesandtschaft erfahren würde, das, was gerade vorbereitet wurde, wieder mit Geschenken verderben würde.

(103) Inzwischen brach Marius, nachdem das Heer ins Winterlager verbracht worden war, mit ausgewählten Kohorten und einem Teil der Reiterei auf in eine einsame Gegend, um einen Turm des Königs zu belagern, wohin Iugurtha alle als Schutz stationiert hatte. *2* Darauf wählte wiederum Bocchus, sei es durch Nachdenken darüber, was ihm die beiden Kämpfe eingebracht hatten, oder ermahnt von anderen Freunden, die Iugurtha noch nicht verdorben hatte, fünf aus der Menge seiner Verwandten aus, deren Treue er kannte und deren Fähigkeiten sehr gut waren. *3* Er befahl diesen, als Gesandte zu Marius zu gehen und, falls dieser einverstanden wäre, nach Rom. Er erteilte denselben die Befugnis, über die Dinge zu verhandeln und über die Frage, wie der Krieg beizulegen sei. *4* Diese brachen zeitig zu den Winterlagern der Römer auf. Dann wurden sie auf dem Weg von gaetulischen Räubern überfallen und beraubt und flohen ängstlich, ohne sich zu zieren, zu Sulla, den der Konsul, als er zu seiner Expedition aufgebrochen war, als *legatus pro praetore* zurückgelassen hatte. *5* Dieser behandelte sie nicht als nutzlose Feinde, wie sie es verdient hätten, sondern korrekt und freundlich, weshalb die Barbaren auch den unverdienten Ruf der Römer wegen ihrer Gier bestritten und Sulla wegen seiner Großzügigkeit ihnen gegenüber für ihren Freund hielten. *6* Denn auch Großzügigkeit war vielen unbekannt.

---

122 Man beachte, dass Sallust oben (Kap. 97,2) die Umstände des Landerwerbs anders berichtet.

Für freigiebig hielt man niemanden, der nicht dasselbe anstrebte wie man selbst, alle Geschenke wurden als Wohlwollen ausgelegt. *7* Daher eröffneten sie dem Quästor Bocchus' Pläne und baten ihn gleichzeitig, ihr Förderer und Beschützer zu sein. Die Truppen, die Treue, die Größe ihres Königs und anderes, wovon sie dachten, es sei entweder nützlich oder ein Zeichen des Wohlwollens, erhoben sie in ihrer Rede. Darauf blieben sie, nachdem Sulla alles versprochen hatte und sie belehrt worden waren, wie sie bei Marius und beim Senat reden sollten, etwa vierzig Tage dort.

(104) Nachdem Marius sein geplantes Unternehmen beendet hatte und wieder nach Cirta zurückgekehrt war, wurde er über die Ankunft der Legaten informiert und befahl, dass diese und Sulla von Tucca[123] herkommen sollten, ebenso Prätor Lucius Bellienus[124] von Utica, ferner alle vom Senatorenstand von überall her, mit denen er die Aufträge Bocchus' zur Kenntnis nahm. *2* Den Legaten wurde vom Konsul die Befugnis erteilt, nach Rom zu gehen, inzwischen wurde ein Waffenstillstand gefordert. Mit diesem waren Sulla und die meisten einverstanden; einige wenige entschieden härter, natürlich in Unkenntnis der menschlichen Schicksale, die wechselhaft sind und sich jederzeit gegen einen wenden können. *3* Im Übrigen brachen drei Mauren, nachdem sie alles erreicht hatten, mit Gnaeus Octavius Ruso,[125] der als Quästor Kriegsdienst in Afrika leistete, auf; zwei kehrten zum König zurück. Von diesen erfuhr Bocchus außer anderen Dingen vor allem von der Freundlichkeit und dem Eifer Sullas, worüber er sich freute. *4* In Rom wurden seinen Gesandten, nachdem sie bekannt hatten, dass ihr König gefehlt und sich an Iugurthas Verbrechen beteiligt hatte, und sie Freundschaft und Bündnis erbaten, folgendermaßen geantwortet:

5 Der Senat und das Volk von Rom pflegten sich an Wohltaten und Verbrechen genug zu erinnern. Im Übrigen werde Bocchus, weil er sein Vergehen bereut, Verzeihung gewährt; Bündnis und Freundschaft werden ihm gewährt, wenn er es verdiene.

---

123 Ein Ort dieses Namens lag an der Mündung des Flusses Ampsaga am Meer (Plin. NH 5,21), es ist aber unwahrscheinlich, dass sich dort Sullas Lager befand. Manche Herausgeber lesen daher Utica statt Tucca, andere lassen ganz offen, um welchen Ort es sich handeln könnte. Nicht erwogen wird in den Erörterungen dagegen der Ort Thugga.
124 Lucius oder Gaius [Annius?] Bellienus, 105 Prätor.
125 Gnaeus Octavius Ruso, 105 Quästor, brachte Marius den Sold nach Afrika und nahm die Gesandten des Bocchus mit zurück nach Rom, um 91 wurde er Prätor.

Sullas Mission

(105) Nachdem er diese Dinge erfahren hatte, bat Bocchus Marius in einem Brief, dass er Sulla zu ihm schicke, um mit dessen Vollmacht über die gemeinsamen Aufgaben zu beraten. *2* Dieser wurde mit einem Begleitschutz aus Reitern und Fußtruppen sowie balearischen Schleuderern[126] geschickt, außerdem gingen Bogenschützen und eine pälignische Kohorte[127] mit den Waffen der Bogenschützen, damit sie schneller voran kommen würden, und mit diesen waren sie genau wie mit anderen Waffen gegen die Geschosse der Feinde geschützt, weil diese auch leichter sind. *3* Aber auf dem Marsch zeigte sich schließlich am fünften Tag Volux, Bocchus' Sohn, plötzlich auf offenem Feld mit nicht mehr als 1000 Reitern, die ungeordnet und weit verteilt angeritten kamen, und bewirkten bei Sulla und allen anderen sowohl den Eindruck einer viel größeren Zahl als auch Furcht vor den Feinden. *4* Daher machte sich jeder bereit, hielt Waffen und Geschosse, war aufmerksam, es war Angst da, aber die Hoffnung war größer, weil ja den Siegern gegenüber die standen, die sie schon oft besiegt hatten. *5* Inzwischen meldeten die Reiter, die zur Ausforschung vorausgeschickt worden waren, dass alles ruhig sei, wie es tatsächlich war.

(106) Volux näherte sich und sprach den Quästor an und sagte, dass er von seinem Vater Bocchus ihnen zum Schutz entgegengeschickt worden sei. Darauf ritten sie an diesem und am nächsten Tag gemeinsam. *2* Später, sobald das Lager aufgestellt worden und der Abend herangekommen war, kam plötzlich der Maure furchtsam mit unsicherem Gesicht zu Sulla und sagte, das er durch Kundschafter erfahren habe, dass Iugurtha nicht weit entfernt sei. Gleichzeitig bat er und ermunterte ihn, dass er bei Nacht heimlich mit ihm fliehe. *3* Dieser verneinte empört, dass er den so oft geschlagenen Numider fürchte. Der Tapferkeit seiner Leute vertraue er hinreichend. Auch wenn die sichere Pest da wäre, würde er eher bleiben, als die zu verraten, welche er anführte, und in einer schändlichen Flucht sein ohnehin unsicheres und vielleicht nach einer kurzen Krankheit verlorenes Leben zu retten. *4* Allerdings begrüßte er, von demselben ermahnt, dass sie in der Nacht aufbrechen, den Plan und befahl sofort, dass die

---

126 Die Besten in dieser Tätigkeit.
127 Italisches Bergvolk, das hier eine Kohorte stellt.

Soldaten nach dem Essen im Lager möglichst viele Feuer entzünden und zur ersten Nachtwache geräuschlos ausziehen sollten. *5* Als auf dem nächtlichen Weg schon alle ermüdet waren, ließ Sulla bei Sonnenaufgang ein neues Lager aufschlagen, da meldeten maurische Reiter, dass Iugurtha sich in einem Abstand von etwa zwei Meilen von ihnen entfernt gelagert habe. *6* Nachdem man dies vernommen hatte, überfiel unsere Leute allerdings eine riesige Furcht. Sie glaubten, dass sie von Volux verraten worden und nur von Hinterhalten umgeben seien. Und es gab welche, die sagten, dass er mit dem Tode bestraft werden müsse und ein solches Verbrechen bei ihm nicht ungerächt bleiben dürfe.

(107) Sulla aber hielt, obgleich er derselben Meinung war, dennoch Unrecht von dem Mauren fern. Er ermunterte die Seinen, dass sie mutig sein sollten. Schon oft hätten wenige Entschlossene gegen eine große Menge erfolgreich gekämpft. So wie sie sich im Kampf weniger schonten, soviel sicherer seien sie, und es stehe niemandem an, der seine Hand bewaffnet habe, gegen unbewaffnete Fußtruppen Hilfe zu erbitten und in der größten Furcht einen nackten und blinden Körper den Feinden zuzuwenden. *2* Darauf befahl er, nachdem er bei Jupiter geschworen hatte, dass er Zeuge des Verbrechens und des Verrates Bocchus' sei, dass Volux, weil er sich ja feindlich verhalten hatte, das Lager verlasse. *3* Jener bat weinend, dass er dies nicht glauben solle. Er habe keine List ausgeheckt, sondern es sei mehr die Schlauheit Iugurthas, dem offensichtlich durch Kundschafter der Marsch schon längst bekannt war. *4* Außerdem, weil er ja weder eine große Menge habe und seine Hoffnung und seine Möglichkeit von seinem Vater abhingen, glaube er, dass jener nichts öffentlich wage, während sein Sohn selbst Zeuge davon wäre. *5* Aufgrund dessen schien es am besten zu sein, öffentlich durch die Mitte des (feindlichen) Lagers zu gehen. Er werde allein mit Sulla gehen, wobei die Mauren entweder vorausgeschickt oder dort zurückgelassen würden. *6* Diese Sache wurde angesichts der Gefährlichkeit der Lage gutgeheißen. Und sie brachen sofort auf, und weil es ja unvorhergesehen geschah, zogen sie, während Iugurtha zögerte und stockte, unversehrt durch das Lager. Wenige Tage später kam man dort zusammen, wohin man eigentlich hatte gehen wollen.

(108) Dort verkehrte ein Numider namens Aspar[128] oft und sehr vertraut mit Bocchus, vorausgeschickt von Iugurtha, nachdem er von der Ankunft Sullas gehört hatte, ein Redner und listiger Spion der Pläne Bocchus'. Außerdem war Dabar,[129] Massugradas Sohn, da, aus der Familie Massinissas, von mütterlicher Seite aber nicht ebenbürtig – denn sein Vater stammte von einer Nebenfrau –, der dem Mauren wegen seiner Begabung und seiner guten Eigenschaften lieb und bei ihm geschätzt war. *2* Dass dieser den Römern treu war, hatte Bocchus schon vor langer Zeit erfahren und schickte ihn sofort zu Sulla, damit er melde, dass er bereit sei zu tun, was das römische Volk wünsche. Tag, Ort und Zeit für eine Unterredung solle er bestimmen. Alle Beratungen mit ihm werde er unversehrt einhalten. Den Gesandten Iugurthas fürchte er nicht, wodurch die gemeinsame Sache freier verhandelt würde, denn vor dessen Hinterhalt könne er sich anders nicht schützen. *3* Ich aber habe erfahren, dass Bocchus mehr aus punischer Treue als aus den vorgetragenen Gründen gleichzeitig die Römer und die Numider mit der Hoffnung auf Frieden bei sich behielt und viel allein in seinem Herzen bewegte, ob er Iugurtha den Römern oder Sulla jenem ausliefere. Sein Wollen hat ihn gegen uns, die Furcht aber für uns eingenommen.

(109) Daher antwortete Sulla, er werde nur wenig vor Aspar sprechen, ansonsten unter vier Augen oder mit so wenig Anwesenden wie möglich. Gleichzeitig erklärte er, was ihm geantwortet werden solle. *2* Nachdem sie, wie gewünscht, zusammengekommen waren, sagte er, dass er vom Konsul geschickt worden und gekommen sei, um ihn zu fragen, ob er Frieden halten oder Krieg führen werde. *3* Darauf antwortete der König vorschriftsmäßig, dass er am zehnten Tag wiederkommen solle. Und bisher habe er noch nichts entschieden, sondern er werde an jenem Tag antworten. Dann gingen sie auseinander, jeder in sein Lager. *4* Sobald aber der größere Teil der Nacht vergangen war, wurde Sulla von Bocchus heimlich herbeigerufen. Von beiden wurden ausschließlich vertrauenswürdige Übersetzer herangezogen, außerdem Dabar als Unterhändler, nach dem Urteil beider ein über alle Zweifel erhabener Mann. Und der König begann sofort folgendermaßen:

---

128 Sonst nicht näher bekannt.
129 Massugrada könnte ein Sohn oder Enkel Massinissas gewesen sein, Dabar ein Widersacher Iugurthas.

(110) *Niemals hatte ich erwartet, dass ich, in diesem Land der größte König und in allen, die ich kenne, je einem Privatmann zu Dank verpflichtet sein würde.* **2** *Und beim Herkules, bevor ich dich kennengelernt habe, habe ich vielen, die mich baten, anderen freiwillig, Unterstützung geleistet, bedurfte dieser selbst aber nicht.* **3** *Dass dies nun anders ist, würden viele bedauern, ich freue mich: Einst jemanden gebraucht zu haben, mag mir der Preis deiner Freundschaft sein, im Vergleich zu der ich nichts Wertvolleres im Herzen trage.* **4** *Dies sollst du so erfahren: Waffen, Männer, Geld, schließlich alles, was deinem Herzen gefällt, nimm und gebrauche es, und glaube nicht, dass du es jemals, solange du lebst, zurückzahlen musst. Stets wird es bei mir unverändert sein: Du wirst nichts vergeblich fordern, sobald ich davon weiß.* **5** *Denn wie ich glaube, ist es für einen König weniger schändlich mit Waffen als mit Geschenken überwältigt zu werden.* **6** *Außerdem vernimm einige wenige Dinge von eurer res publica, als deren Vertreter du hierher geschickt worden bist. Krieg habe ich mit dem römischen Volk nie geführt, noch wollte ich es jemals. Ich habe nur meine Grenzen mit Waffen gegen Bewaffnete verteidigt.* **7** *Dies übergehe ich, wenn es euch so gefällt: Macht den Krieg mit Iugurtha, den ihr wollt.* **8** *Ich werde den Fluss Mulucha, der zwischen mir und Micipsa fließt, nicht überschreiten und nicht zulassen, dass Iugurtha mein Gebiet betritt. Und wenn ihr etwas erbittet, was meiner und euer würdig ist, werdet ihr nicht abgewiesen weggehen.*

(111) Dazu erörterte Sulla für sich knapp und maßvoll vieles über den Frieden und die gemeinsamen Aufgaben. Schließlich eröffnete er dem König: Was er verspreche, werde ihm nicht die Dankbarkeit des Senates und römischen Volkes einbringen, da es mit Waffen ja mehr vermöge; er müsse etwas tun, was jenen mehr als ihm selbst zu nützen scheine. Dies sei so offensichtlich, weil er ja Iugurtha in seiner Gewalt hätte: Wenn er diesen den Römern ausliefere, werde es geschehen, dass diese ihm das meiste schuldeten: Freundschaft, Bündnis, den Teil Numidiens, den er jetzt begehre, würden dann von alleine kommen. **2** Der König verweigerte es zuerst. Die Nähe, Verwandtschaft, außerdem das Bündnis seien dazwischengekommen. Außerdem befürchte er, dass er mit der Kehrtwende in der Treue die Herzen seines Volkes gegen sich wende, dem Iugurtha teuer und die Römer verhasst waren. **3** Schließlich versprach er ermüdet und weich gekocht, dass er auf den Wunsch Sullas hin alles tun werde. **4** Außerdem beschlossen sie, was

ihnen zur Vortäuschung des Friedens, den der Numider, durch den Krieg erschöpft, dringend wünschte, nützlich schien. Nachdem sie die Falle so ausgemacht hatten, gingen sie auseinander.

(112) Der König rief aber am nächsten Tag Asper, den Gesandten Iugurthas, und sagte ihm, dass ihm durch Darbar von Sulla bekannt geworden sei, dass unter Bedingungen der Krieg beendet werden könne. Aus diesem Grund solle er die Meinung seines Königs ermitteln. *2* Jener kam fröhlich in Iugurthas Lager; dann kehrte er, von diesem über alles belehrt, im Eilmarsch nach dem achten Tag zu Bocchus zurück und meldete diesem: Iugurtha wünsche alles, was befohlen werde, zu tun, vertraue aber Marius zu wenig. Oft sei ein zuvor mit den römischen Feldherren vereinbarter Friede vergeblich gewesen. *3* Auch möge Bocchus, wenn er den von beiden gefassten Beschluss und einen sicheren Frieden wünsche, sich Mühe geben, dass alle gleichzeitig in das Friedensgespräch kämen, und ihm dort Sulla ausliefern. Wenn er diesen Mann in seiner Gewalt hätte, dann werde es geschehen, dass auf Befehl des Senates und Volkes von Rom ein Bündnis zustande käme. Und ein vornehmer Mann, der nicht durch seine Nichtsnutzigkeit, sondern um der *res publica* willen in der Gewalt des Feindes sei, werde nicht im Stich gelassen.

(113) Dies versprach der Maure endlich, nachdem er es lange bei sich bedacht hatte. Ob er dabei aus List oder wirklich zweifelnd so lange zögerte, wissen wir nicht. Meistens aber ist der Wille von Königen so dringlich wie wechselhaft, und nicht selten in sich widersprüchlich. *2* Später, nachdem Ort und Zeit festgesetzt waren, damit man zu den Friedensgesprächen zusammenkäme, sprach Bocchus einmal Sulla, einmal den Legaten Iugurthas an, verhielt sich freundlich und versprach beiden das Gleiche. *3* Diese waren beide gleichermaßen fröhlich und voller Hoffnung. In jener Nacht aber, die dem Tag des Gespräches vorausging, zog der Maure Freunde zusammen und schickte sie, nachdem er seine Meinung geändert hatte, sofort wieder weg, und man sagt, dass er vieles mit sich selbst ausgemacht habe, im Gesicht wie im Herzen gleichermaßen hin und her gerissen. Dies machte, auch wenn er selbst schwieg, natürlich das Geheimnis seines Herzens offensichtlich. *4* Dennoch befahl er schließlich, dass Sulla herbeigerufen werde, und nach seinem Urteil stellte er dem Numider eine Falle. *5* Dann, sobald der

Tag gekommen war und ihm gemeldet wurde, dass Iugurtha nicht fern
sei, ging er mit einigen wenigen Freunden und dem Quästor wie zur Verehrung ihm entgegen auf den Hügel, wobei er von den dort Sitzenden
leicht gesehen werden konnte. **6** Ebendorthin kam der Numider mit
den meisten Verwandten, unbewaffnet, wie es festgesetzt worden war,
und sofort wurde das Signal gegeben und er wurde von allen Seiten
aus dem Hinterhalt angegriffen. **7** Die Übrigen wurden umgebracht.
Iugurtha wurde Sulla gebunden übergeben und von diesem zu Marius
geführt.

(114) Zu derselben Zeit wurde gegen die Gallier unter den Anfüh-
rern Quintus Caepio[130] und Gnaeus Mallius[131] erfolglos gekämpft. **2** Aus
Furcht davor zitterte ganz Italien. Damals und von da an bis zu unserer
Erinnerung hielten es die Römer so, dass sich alles andere vor ihrer
Tapferkeit beuge, mit den Galliern aber kämpfe man um sein Heil, nicht
um Ruhm. **3** Nachdem aber der Krieg in Numidien beendet worden war
und man hörte, dass Iugurtha gebunden nach Rom geführt würde,
wurde Marius in Abwesenheit erneut zum Konsul gemacht und ihm die
Provinz Gallien zugewiesen. Und er triumphierte an den Kalenden des
Januar als Konsul mit großem Ruhm. **4** Zu dieser Zeit lagen die Hoffnung
der Bürgerschaft und die Macht des Staates in ihm.

---

130 Quintus Servilius Caepio, geboren um 150, aus patrizischer Familie, 109 Prätor in Hispa-
    nien, 107 Triumph über Lusitanien, 106 Konsul, 105 Prokonsul in Gallien, verhinderte aus
    persönlicher Eitelkeit eine einheitliche Kriegsführung mit Konsul Gnaeus Mallius, was zu
    einer Niederlage der Römer gegen die Kimbern bei Arausio (Orange), der schwersten seit
    Cannae 218 (gegen Hannibal), führte. Deswegen 103 angeklagt und verurteilt.
131 Gnaeus Mallius Maximus, *homo novus*, 108 Prätor, 105 Konsul, verlor in der von Quintus
    Caepio verschuldeten Niederlage zwei Söhne, 103 trotz geringerer Schuld im Vergleich zu
    Caepio ebenfalls verurteilt. Mallius musste ins Exil gehen.

Historien

Sallust sah seine Historien als Fortsetzung des gleichnamigen Geschichtswerkes von Lucius Cornelius Sisenna, der im 2. und 1. Jahrhundert v. Chr. lebte. Sisennas Werk bestand entweder aus 12 oder 23
Büchern und erfasste die Ereignisse bis zum Jahr 82. Sisenna seinerseits
setzte die Schriften des Historikers Sempronius Asellio fort.

Sallusts Historiae, über deren Abfassung er verstarb, sind nur in
Fragmenten erhalten. Vermutlich waren sie folgendermaßen geglie-
dert:[1]

---

1   Nach Michael von Albrecht: Geschichte der römischen Literatur. München 1994, S. 349.

Der größte Teil des erhaltenen Textes umfasst neben Berichten aus dem Krieg gegen Sertorius in Hispanien Reden und Briefe, die in der vorliegenden Form gewiss nicht gehalten bzw. geschrieben, sondern von Sallust in der Weise der antiken Historiker so gestaltet wurden, wie sie nach Überzeugung des Geschichtsschreibers gehalten oder geschrieben worden sein könnten.

Die Redner und Briefschreiber aus den Historien

Marcus Aemilius Lepidus, zunächst Anhänger Sullas, bereicherte sich erheblich an dessen Proskriptionen. 80 wurde er Proprätor in Sizilien und ließ danach die Basilica Aemilia wiederherstellen. 78 war er, inzwischen zum entschiedenen Popular geworden, Konsul mit Quintus Lutatius Catulus und beantragte als Erstes die Abschaffung der Ordnung Sullas. Er veranlasste eine Getreideverteilung und versprach die Rückberufung der unter Sulla Verbannten.

Nach Ablauf seines Konsulats blieb er 77 als Prokonsul mit seinen Truppen in Etrurien und Oberitalien. Er unternahm einen Marsch auf Rom und wurde dabei 77 von Pompeius und Brutus besiegt. Lepidus, der auch Vater des Triumvirn war, floh nach Sardinien und starb dort im selben Jahr.

Die von Sallust berichtete Rede stammt vom Anfang seines Konsulats. Ob er sie, wie Sallust es darstellt, noch zu Lebzeiten Sullas gehalten hat, ist fraglich.

Lucius Marcius Philippus, geb. um 136, Konsul des Jahres 91 mit Sextus Iulius Caesar, 86 Zensor, den Rittern und Popularen freundlich gesinnt, war ab 78 einflussreicher Senator bis zu seinem Tod um 75.

In der hier wiedergegebenen Rede fordert Philippus – übrigens mit Erfolg –, Lepidus, der sein Amt trotz Ablauf der Amtszeit nicht niedergelegt hat, zum Staatsfeind zu erklären und den Befehlshabern der gegen Lepidus ausgesandten Heere unumschränkte Macht zu verleihen.

Gaius Aurelius Cotta, geb. um 124, wurde als Freund des ermordeten Volkstribunen Marcus Livius Drusus 91 angeklagt und ging ins Exil, aus dem er erst 82 zurückkehrte. Nach seiner Rückkehr gelang ihm die politische Laufbahn (vielleicht 81 Ädil, spätestens 78 Prätor) bis zum Konsulat im Jahre 75 mit Lucius Octavius. Die *res publica* wurde in dieser Zeit erschüttert vom Kampf gegen Sertorius in Hispanien, gegen Mithridates im Osten sowie gegen die Seeräuber und durch die sich ausbreitende Armut. Cotta gestattete ehemaligen Volkstribunen wieder, sich um höhere Ämter zu bewerben. 74 ging er als Prokonsul nach Gallien, wo er starb.

Die Rede hielt er während seines Konsulates zur Beschwichtigung des Volkes.

Der Brief des Gnaeus Pompeius Magnus an den Senat fällt in die gleiche Zeit und Situation wie die Rede Cottas. Pompeius fordert die ihm zustehende Unterstützung im Kampf gegen Sertorius und droht zwischen den Zeilen mit der Übernahme der Herrschaft zur Durchsetzung seiner Interessen.

Gaius Licinius Macer, 73 Volkstribun, um 68 Prätor, wurde 66 wegen Ausbeutung seiner Provinz von Cicero angeklagt und vom Gericht verurteilt. Bald danach starb er. Macer war Verfasser eines mindestens 16 Bände umfassenden Geschichtswerkes namens *Annales* und befreundet mit Sallusts Vorgänger Sisenna.

In der vorliegenden Rede kämpft er, wie schon mehrere bedeutende Popularen vor ihm, dafür, dass die Macht des Volkstribunates wiederhergestellt wird.

Mithridates VI., König von Pontos ab 111, betrieb eine gezielte Expansionspolitik in Kleinasien unter dem Deckmantel eines Beschützers

gegen die Römer, besiegte die Skythen und gewann reiche Gebiete
rund um das Schwarze Meer. Im Jahr 88, kurz nach dem Bundesgenossenkrieg, der die römischen Kräfte in Italien beanspruchte, eroberte
er Kleinasien. Der Aufstand, den er dabei gegen Rom anzettelte, soll
80 000 Römer und Italiker das Leben gekostet haben, eine gewiss zu
hoch gegriffene Zahl, die aber die Brutalität des Aufstandes veranschau-
lichen soll. Dann versuchte er, die griechische Provinz Achaia von Rom
loszulösen. Im ersten und zweiten nach ihm benannten Mithridatischen
Krieg besiegte ihn Sulla 83 und 81. Erneut mit den Römern im Krieg ste-
hend, floh er zu seinem Schwiegersohn König Tigranes von Armenien.
Da dieser die Auslieferung an die Römer verweigerte, trat Lucius Licinius
Lucullus 69 in den Krieg gegen Armenien ein. Nach bedeutenden Er-
folgen Lucullus' und der Eroberung der armenischen Hauptstadt sucht
Mithridates im vorliegenden Brief einen neuen Verbündeten, nämlich
Partherkönig Phraates III. Arsaces. Der von Sallust verfasste Brief ge-
hört zu den bedeutenden Denkmälern der Romkritik in der römischen
Literatur neben der Rede des Critognatus in Caesars De bello Gallico und
der Rede des Calgacus in Tacitus' Agricola.

Phraates, der auch von Lucullus bald ein Bündnisgesuch erhielt,
blieb übrigens neutral.

Fragmente aus den Historien

Buch I

Frgm. 1
Die Taten des römischen Volkes im Konsulat von Marcus Lepidus und Quintus Catulus[2] im Krieg wie zu Hause habe ich dargestellt.

Frgm. 8
Denn von den ersten Anfängen der Stadt bis zum Makedonischen Krieg gegen Perseus[3] …

Frgm. 3
Wir in einer solchen Menge hochgebildeter Männer …

Frgm. 4
Der Ausdrucksvollste des römischen Geschlechts hat es vollendet.

Frgm. 5
Bei welchen er in einem überaus langen Zeitalter von den Guten das meiste Falsche in Schlechteres zusammengestellt hat.

Frgm. 6
Und mich mahnte keine andere Seite im Bürgerkrieg an die Wahrheit.

Frgm. 7
Bei uns kam die erste Uneinigkeit durch Fehler im menschlichen Geist auf, welcher unruhig und ungezügelt immer im Streit mit der Freiheit oder mit dem Ruhm oder mit der Herrschaft lag.

---

2 Quintus Lutatius Catulus, Sohn des gleichnamigen Siegers mit Marius über die Kimbern, Optimat, 81 Prätor, 78 Konsul; 73 verteidigte er oder sein Sohn Catilina erfolgreich in einem Prozess, 70 Richter im Verresprozess, 65 Zensor, 63 Distanzierung von Catilina, seine Lebensführung galt als vorbildlich, Gegner Pompeius' und Caesars, dem er bei der Wahl zum Pontifex maximus unterlegen war.
3 Vgl. zu ihm die Anmerkung zum Krieg gegen Iugurtha, Kap. 81.

Frgm. 11

Die römische Sache blühte am meisten im Konsulat von Servius Sulpicius[4] und Marcus Marcellus, nachdem ganz Gallien diesseits des Rheins
und zwischen dem Mittelmeer und dem Ozean außer den durch Sümpfe
unzugänglichen Stellen bezähmt worden war.[5] Mit den besten Sitten
aber und der größten Eintracht handelte [das römische Volk] zwischen
dem Zweiten und dem Dritten Punischen Krieg,[6] und der Grund war
nicht die Liebe zur Gerechtigkeit, sondern, solange Karthago noch existierte, die Furcht vor der Unzuverlässigkeit des Friedens. Aber Zwietracht
und Begierde und Ehrgeiz und andere Übel, die unter guten Bedingungen
aufzukommen pflegen, mehrten sich am meisten nach dem Untergang
Karthagos. Denn Ungerechtigkeiten der Mächtigeren und daraus ent-
stehender Aufruhr des Volkes gegen die Väter und andere Uneinigkeiten
zu Hause bestanden schon von Anfang an, aber es wurde nie nach mä-
ßigerem und gerechterem Recht gehandelt als nach der Vertreibung der
Könige, während die Furcht vor Tarquinius[7] und der schwere Krieg gegen
die Etrusker aufkamen. Dann traktierten die Senatoren durch knechtische
Herrschaft das Volk, berieten über Leib und Leben nach Art der Könige,
vertrieben es von seinem Acker und hielten es, nachdem es den Rest an
Boden verloren hatte, in ihrer Herrschaft. Durch diese Grausamkeiten
und durch größte Schuldenlast bedrückt, ließ sich das Volk, nachdem es
die Abgaben und gleichzeitig den Dienst in dauernden Kriegen ertragen
hatte, bewaffnet auf dem Heiligen Berg und dem Aventin nieder und
verschaffte sich damals die Volkstribune und andere Rechte.[8] Ein Ende
der Uneinigkeiten und des Streites setzte der Zweite Punische Krieg.

---

4 Servius Sulpicius Rufus, 51 Konsul mit Marcus Claudius Marcellus. Sulpicius, von Cicero
   in der IX. Philippischen Rede gepriesen, war ein bedeutender Anwalt, zuerst Anhänger des
   Pompeius, dann aber von Caesar in Gnade aufgenommen. Claudius, 64 Quästor, 56 Ädil, 54
   Prätor, war ein entschiedener Gegner Caesars. Auch er versöhnte sich 48 mit ihm, wurde
   aber 45 in Piräus ermordet.
5 Nach der Schlacht von Alesia unter Caesar und Vercingetorix 52, vgl. Caesars 7. Buch
   über den Gallischen Krieg Kap. 77ff. Ein Jahr später brach der Konflikt zwischen Caesar und
   Pompeius auf und eröffnete eine neue Phase des Bürgerkrieges.
6 201 und 149 v. Chr.
7 Tarquinius Superbus (dt.: der Hochmütige), letzter der sagenhaften sieben Könige von
   Rom, der sich nach seiner Vertreibung – der Überlieferung nach 509 v. Chr. – mit den Etruskern verband, um die Stadt zurückzuerobern.
8 Die Plebejer zogen 494, 449 und 287 auf den Hügel Aventin. Damit errangen sie der Überlieferung nach 494 die Einsetzung zweier plebejischer Ädile, 471 die Einteilung der Volksversammlung nach Wohnbezirken, das Volkstribunat, 450 die Veröffentlichung der gültigen

Frgm. 12

Nachdem man die Furcht vor den Karthagern abgelegt hatte und die Möglichkeit bestand, Rivalitäten auszuleben, kamen die meisten Aufstände, Aufruhr und schließlich der Bürgerkrieg auf, während einige wenige Mächtige, von deren Gunst sich die meisten abhängig gemacht hatten, unter dem Vorwand Ehrenhaftes für die Väter unter das Volk zu tun, die Herrschaft an sich rissen. Gut und schlecht wurden die Bürger nicht wegen ihrer Verdienste um die *res publica* genannt, sondern, da ja alle gleichermaßen verdorben waren, indem der jeweils Reichste und durch Unrecht Mächtigere, weil er das Gegenwärtige verteidigte, für gut gehalten wurde.[9]

Frgm. 13

Die Zierde aller Seiten war zu einem Geldbetrag verkommen.

Frgm. 16

Von dieser Zeit an glitt die Sitte der Väter nicht wie vorher allmählich, sondern wie in einem reißenden Fluss hinab. So sehr war die Jugend von Schwelgerei und Gier verdorben, dass man zu Recht sagte, sie seien Nachkommen, die weder selbst Vermögen haben könnten noch es ertrügen, wenn es andere haben.

Frgm. 20

Diesseits des Flusses Po war die *lex Licinia*[10] allen unwillkommen.

Frgm. 44

Wie bei Marcus Marius, dem zuerst die Beine und die Arme gebrochen und die Augen ausgestochen wurden, sodass er allerdings an jedem einzelnen Körperglied Sühne leistete.[11]

Rechtsvorschriften im Zwölftafelgesetz, 445 die Aufhebung des Heiratsverbots zwischen Plebejern und Patriziern, 421 den Zugang zu weiteren Magistraten, 367 zum Konsulat, 300 den Zugang zu den Priesterämtern und 287 die Gesetzgebungsmöglichkeit der Volksversammlung.

9   Vgl. Thukydides, Geschichte des Peloponnesischen Krieges, 3,82.

10 Die *lex Licinia Sextia* bestimmte das Höchstmaß an Grundbesitz aus Gemeindeland auf 500 *iugera* (Morgen), vgl. Livius, Von der Gründung der Stadt an, 6,3.

11 Marcus Marius Gratidianus, Geschäftsmann aus dem Ritterstand, 87 Volkstribun und Anhänger Cinnas, 85 und 84 Prätor, 82 am Grabmal des Catulus von Anhängern Sullas unter Beteiligung seines Adoptivbruders Catilina auf besonders brutale Weise ermordet.

Frgm. 45

Und er war für dessen Kinder ein Onkel.

Frgm. 46

Nachdem große Belagerungswerke errichtet worden waren, begann die Belagerung unter dem Legaten Lucius Catilina.[12]

Frgm. 47

Als die Altäre und die übrigen Heiligtümer der Götter mit Blut besudelt wurden …

Frgm. 49

Als daher die Güter verkauft bzw. verschenkt worden waren, …

Frgm. 50

Die, welche ihm für einen solchen Lohn nichts abschlagen werden …

Frgm. 51

Wodurch offenbar war, dass die *res publica* als Beute, nicht zur Freiheit zurückgefordert wurde.

Frgm. 52: Rede des Konsuls Marcus Aemilius Lepidus an das römische Volk 78 v. Chr.

Eure Milde und eure Rechtschaffenheit, Bürger, für die ihr bei allen Völkern sehr groß und berühmt seid, erfüllt mich mit größter Sorge im Hinblick auf den Tyrannen Sulla, dass ihr nämlich möglicherweise das, was ihr selbst für Frevel haltet, von anderen zu wenig glaubt und so eingewickelt werdet – zumal wenn jener alle Hoffnung in das Verbrechen oder in die Treulosigkeit setzt und sich nicht anders sicher fühlt, als wenn er durch eure Angst immer schlechter und völlig ehrlos wird, in welcher Angst euch das Elend die Sorge um die Freiheit raubt – oder, wenn ihr euch vorseht, ihr von der Vermeidung der Gefahren mehr in Anspruch genommen werdet als von der Durchsetzung eurer Interessen. 2 Über seine Anhänger freilich, Männer mit den vornehmsten Namen, mit besten Vorbildern der

---

12 Catilina nahm im Jahr 82 als Legat unter Sulla an der Belagerung von Praeneste teil.

Vorfahren, kann ich mich nicht genug wundern, die ihre Herrschaft über euch mit dem Verlust ihrer Freiheit erkaufen und beides zu Unrecht lieber wollen, als nach bestem Recht frei zu handeln. **3** *Die überaus berühmte Nachkommenschaft der Bruti, der Aemilii und der Lutatii*[13] *ist dazu geboren, das, was die Vorfahren hervorgebracht haben, unterzupflügen.* **4** *Denn was ist gegen Pyrrhos,*[14] *Hannibal, Philipp*[15] *und Antiochos*[16] *anderes verteidigt worden als die Freiheit und die Wohnsitze eines jeden Einzelnen, und dass wir niemandem außer den Gesetzen gehorchen?* **5** *Dieses alles besitzt dieser Möchtegern-Romulus, als habe er es fremden Feinden entrissen, und er wird nicht satt durch so viele Niederlagen der Heere noch der Konsuln*[17] *und anderer Fürsten, welche sein Kriegsglück aufgezehrt hat, sondern dann umso grausamer, wenn glückliche Umstände die meisten vom Zorn weg zum Mitleid hinwenden.* **6** *Ja, als Einziger von allen seit Menschengedenken hat er Strafen auf noch nicht geborene Nachkommen ausgeweitet,*[18] *denen das Unrecht vor Beginn ihres Leben schon sicher war; und was das Schändlichste war: dass er in der Unmenschlichkeit seines Verbrechens auch noch sicher war, während ihr aus Angst vor noch größerem Dienst von der Einforderung der Freiheit abgeschreckt wurdet.* **7** *Hier muss gehandelt und gegengesteuert werden, Bürger, damit nicht der Raub bei jenen verbleibt. Man darf das nicht hin-*

---

13 Gemeint sind die Konsuln des folgenden Jahres Decimus Iunius Brutus aus der Familie des Republikgründers, Mamercus Aemilius Lepidus, dessen Familie sich vom zweiten König Roms, Numa Pompilius, herleitete, sowie Lepidus' Mitkonsul Quintus Lutatius Catulus aus einer alten plebejischen Familie. Aus diesen Familien stammten auch einige wichtige Anhänger Sullas.

14 König von Epirus, der ab 280 und erneut 275 grausame Eroberungszüge in Süditalien unternahm und dabei ein römisches Heer unter unverhältnismäßigem Kraftaufwand und schweren Verlusten schlug.

15 Philipp V., letzter König von Makedonien, der 201 einen Vertrag mit Antiochos schloss und damit den Zweiten Makedonischen Krieg hervorrief. In der Schlacht von Kynoskephalai wurde er 197 von Flamininus geschlagen. Zunächst erfüllte er die harten Friedensbedingungen, bereitete dann aber einen neuen Krieg gegen Rom vor. Im Jahr 180 ließ er seien den Römern freundlich gesonnenen Sohn Demetrios töten, er selbst starb 179 in Amphipolis.

16 Antiochos III. aus der Familie der Seleukiden, baute ab 223 das von seinem Vater Seleukos II. ererbte Reich (vor allem im heutigen Syrien gelegen) massiv aus. Bei der Expansion nach Griechenland 192 trat er in einen Krieg gegen Rom ein, das ihn nach der Schlacht von Magnesia von dort wieder vertrieb. 187 wurde er bei der Plünderung eines Tempels erschlagen.

17 In seinen Kriegen tötete Sulla vier Konsuln: 89 Lucius Cornelius Cinna, 86 Lucius Valerius Flacchus, 82 den jüngeren Marius und Gnaeus Papirius Carbo.

18 Die Söhne der von Sulla proskribierten Personen durften weder das Erbe ihrer Eltern antreten noch ein politisches Amt anstreben. Das Gesetz galt bis 49, als es von Caesar aufgehoben wurde.

ausziehen und nicht mit frommen Wünschen Hilfe schaffen wollen, wenn ihr nicht zufällig darauf hofft, dass der Tyrann Sulla Ekel oder Scham entwickelt und dass er das durch ein Verbrechen für sich Beschlagnahmte auf (für ihn) ziemlich gefährliche Weise aufgibt. 8 Jener aber geht soweit, dass er nichts für ruhmreich, nichts für sicher, aber alles, was zur Machterhaltung beiträgt, für ehrenvoll hält. 9 Daher existiert diese Ruhe und Muße mit Freiheit, welche viele Rechtschaffene eher als die Mühe mit Ehre wählen, nicht mehr. 10 In unserer unruhigen Zeit muss man dienen oder herrschen, Angst haben oder handeln, Bürger. 11 Denn was gibt es sonst noch? Oder was Menschliches ist noch übrig, was Göttliches ist noch nicht beschmutzt? Das römische Volk, noch vor Kurzem der Bezähmer der anderen Völker, ist seiner Befehlsgewalt beraubt,[19] seines Ruhmes, eines Rechts, ohne Mittel zu leben, und verachtet, hat nicht einmal ein Sklavengehalt[20] übrig. 12 Der große Einfluss, der den Bundesgenossen und Latinern in der Bürgerschaft von euch für herausragende Taten verliehen wurde,[21] wird jetzt durch einen Einzigen verboten, und wenige seiner Anhänger haben die väterlichen Wohnsitze des unschuldigen Volkes besetzt. 13 Gesetze, Urteile, die Staatskasse, die Provinzen, Könige liegen in der Hand eines Einzigen, schließlich die Gewalt über Leben und Tod der Bürger. 14 Gleichzeitig seht ihr die menschlichen Opfer und die von Bürgerblut besudelten Gräber.[22] 15 Bleibt da Männern etwas anderes übrig, als das Unrecht zu beenden oder in Tapferkeit zu sterben? Denn die Natur hat ja sowieso allen, auch denen, die durch das Schwert geschützt sind, dieses eine Ende gesetzt, und niemand lässt die äußerste Not, ohne etwas zu unternehmen, auf sich zukommen, außer er besitzt einen weibischen Geist. 16 Wahrhaftig, ich bin ein Aufrührer, wie Sulla sagt, und ich beklage die Belohnungen der Unruhen,[23] und ich wünsche angeblich den Krieg, der ich das Recht des Friedens zurückverlange. 17 Natürlich weil ihr

---

19 Nämlich des Volkstribunats.
20 Vier bis fünf Scheffel Getreide im Monat, d. h. zwischen 36 bis 45 Liter. Die Getreidespenden an das ärmere Volk hatte Sulla abgeschafft.
21 Durch die Bürgerrechtsverleihungen der *lex Iulia* im Jahre 90 v. Chr. sowie durch Erweiterungen in den beiden folgenden Jahren. Dieses Bürgerrecht entzog Sulla vielen Städten, vor allem in Etrurien und Samnium wieder, als er auf ihrem Gebiet Militärkolonien ansiedelte.
22 Hier ist an das Schicksal des Gratidianus zu denken, aber vielleicht auch an Lucius Cornelius Merula, der, als er sich die Pulsadern aufschnitt, einen Altar bespritzt haben soll (Velleius Paterculus 2,22).
23 Belohnungen, die der Redner aus Sullas Proskriptionen erhalten hat. Aus Sullas Sicht disqualifizieren sie ihn, sich jetzt gegen Sulla zu stellen, nach der Darstellung des Redners,

nicht wohlbehalten und hinreichend sicher in der Befehlsgewalt seid,
wenn nicht Vettius Picens[24] und der Schreiber Cornelius[25] von anderen
hervorgebrachte Güter verschwenden, wenn ihr nicht alle die Proskriptionen Unschuldiger wegen ihres Reichtums gutheißt, die Kreuzigung berühmter Männer, eine durch Flucht und Mord verwüstete Stadt, die wie
eine Beute des schlimmsten Feindes zum Verkauf oder Geschenk hinge-
gebenen Güter bedauernswerter Bürger. **18** Mir aber wirft er meinen Besitz aus den Gütern proskribierter Bürger vor, was vielleicht das größte
seiner Verbrechen ist, dass weder ich noch irgendjemand von allen hinreichend sicher war, auch wenn wir recht gehandelt hätten. Und das, was
ich damals aus Schrecken gegen einen Kaufpreis erworben habe, als das
Recht aufgelöst war, ersetze ich dennoch seinen Eigentümern, und es ist
nicht meine Absicht zu dulden, dass irgendeine Beute von Bürgern [bei
ihrem Räuber] bleibt. **19** Das soll genug sein, was wir an Taten der Raserei
ertragen haben, dass römische Heere gegeneinander die Waffen erhoben
haben und Waffen von fremden Völkern gegen uns gerichtet worden sind.
Dies sei das Ende der Verbrechen und aller Schandtaten. Dies bereut
Sulla bis heute so wenig, dass er sich die Taten zum Ruhm anrechnete,
und, wenn es ihm gestattet würde, ginge er noch begieriger vor. **20** Aber
nicht so sehr, wie ihr darüber denkt, fürchte ich, sondern, was ihr in dieser
Sache wagt, dass ihr nämlich, indem einer auf die erste Tat des anderen
wartet, vorher wieder unterworfen werdet; nicht durch seine Kräfte, die
hinfällig und verdorben sind, sondern durch eure Nachlässigkeit, durch
die ihr unterworfen werden könnt und durch die du (Sulla) glücklich[26] zu
erscheinen wagst. **21** Denn wer außer den verdorbenen Anhängern will
das? Oder wer will nicht, dass sich alles verändert außer dem Sieg? Natürlich die Soldaten, durch deren Blut Tarula und Scirtus,[27] den schlechtesten
Sklaven, Reichtümer zugeteilt wurden, oder die, denen bei der Verteilung

---

wäre sein eigenes Leben gefährdet gewesen, wenn er sich nicht an den Plünderungen
beteiligt hätte.

24 Vielleicht der Anhänger Sullas aus dem Ritterstand, der bei den Proskriptionen Catulus'
Villa beschlagnahmte und sie später an Cicero verkaufte.

25 Einer der 10 000 Sklaven, die von Sulla freigelassen wurden und nun unter seinem
Patronat seinen Gentilnamen Cornelius tragen. Nach einer Mitteilung Ciceros wurde Sullas
Sekretär im Jahr 44 Quästor.

26 Sulla ließ sich selbst *felix* (dt. glücklich) nennen.

27 Sonst nicht bekannt. Sallust will her ausdrücken, dass Sullas Sklaven am besten weg-
gekommen sind.

von Ämtern ein Fufidius[28] vorgezogen wurde, eine schändliche Magd,[29] unfähig zu allen Ehrenämtern? **22** *Daher erweckt das siegreiche Heer bei mir das größte Vertrauen, welches durch so viele Wunden und Mühen nichts anderes gewonnen hat als einen Tyrannen.* **23** *Wenn sie nicht gar zur Vernichtung der tribunizischen Amtsgewalt aufgebrochen wären, die von ihren Vorfahren mit Waffen begründet wurde, um sich die Rechte und Urteile aus den Händen zu winden: Dafür erhielten sie allerdings einen herausragenden Lohn, wenn sie, in die Sümpfe und Wälder geschickt, Verdorbenheit und Neid bei sich, den wahren Lohn bei wenigen anderen finden.* **24** *Warum also schreitet er mit einer solchen Schlachtreihe und solchem Stolz einher? Weil die glücklichen Umstände auf wunderbare Weise zur Bedeckung der Fehler dienen. Nachdem diese beseitigt worden sind, wird er so, wie er jetzt gefürchtet wird, dann verachtet werden, wenn er nicht zufällig unter dem Vorwand der Eintracht und des Friedens,[30] welche Namen er seinem Verbrechen und Morden gegeben hat, firmiert; und ebenso nennt er res publica und »Ende des Krieges«, wenn das Volk von seinen Äckern vertrieben bleibt, die bitterste Beute von den Bürgern; Recht und Urteil über alle Dinge liegen bei ihm, die einst dem römischen Volk gehörten.* **25** *Wenn ihr das unter Eintracht und Frieden versteht, dann heißt die höchste Verwirrung des Gemeinwesens und den Untergang gut, stimmt den aufgezwungenen Gesetzen zu, akzeptiert Ruhe, verbunden mit Knechtschaft, und gebt dieses Beispiel an die Nachkommen weiter, dass die res publica um den Lohn des Blutes ihrer Bürger angegriffen werden muss.* **26** *Obwohl ich mich in diesem höchsten Staatsamt hinreichend bemüht habe, dem Namen meiner Vorfahren gerecht zu werden, um Würde und auch Schutz, war es dennoch nicht meine Absicht, persönliche Reichtümer anzuhäufen, und besser erschien mir die gefahrvolle Freiheit als ruhige Knechtschaft.* **27** *Wenn ihr dem zustimmt, Bürger, seid da, und mit dem guten Beistand der Götter wollen wir Konsul Marcus Aemilius als Anführer und Urheber folgen zur Wiedergewinnung der Freiheit.*

---

28 Lucius Fufidius, ein Anhänger Sullas, soll 82 die Veröffentlichung der Proskriptionslisten als Ersatz für das bis dahin verübte Morden veranlasst haben (Flor. 2,9,25), 81 Prätor, 80 Proprätor in Hispanien, dort von Sertorius besiegt.
29 Sallust umschreibt mit diesem Ausdruck der Kampfrhetorik eine Dirne, die sowohl ihre Ehre als auch ihre Unabhängigkeit verloren hat. Ein so bezeichneter Mann besitzt außerdem keine Männlichkeit mehr.
30 Schlachtruf der Optimaten.

Frgm. 63

Ja, sogar die Kuppler und die Weinhändler und die Metzger, deren sich die Volksmasse von Tag zu Tag bediente, wurden für Geld freigekauft.

Frgm. 64

Und der ihn mit lautester Stimme den Tyrannen und einen Cinna[31] nannte.

Frgm. 65

Eine große Menschenmenge war zusammengekommen, von ihren Äckern vertrieben oder aus der Stadt hinausgeworfen.

Frgm. 66

Damit Lepidus und Catulus, nachdem die Heere zugewiesen sein würden, so früh wie möglich aufbrechen würden …

Frgm. 67

Damals aber zettelten die Etrusker mit den Übrigen aus demselben Anlass, als sie glaubten, dass sie einen Anführer gefunden hätten, mit großer Freude einen Krieg an.

Frgm. 69

Ganz Etrurien stand mit Lepidus im Verdacht eines Aufruhrs.

Frgm. 75

Der an Alter und Klugheit die anderen übertraf.

Frgm. 77: Rede des Senators Marcius Philippus im Senat (77 v. Chr.)

Am meisten wollte ich, ihr Herren Senatoren, dass die res publica ruhig wäre oder gegen die Gefahren jeweils umgehend verteidigt würde, schließlich, dass die schädlichen Vorhaben den Urhebern selbst zum Schaden gereichten. Aber im Gegenteil, durch Aufruhr ist alles verwirrt und zwar von denen, deren Pflicht es am meisten wäre, dagegen vorzugehen. Schließlich muss, was die Schlechtesten und Dümmsten entschieden haben, von den Guten

---

31 Vgl. Anm. zur Verschwörung des Catilina, Kap. 47,2.

und Weisen durchgeführt werden. *2* Denn wir müssen Krieg und Waffen, obwohl sie euch verhasst sind, dennoch, weil es Lepidus gefällt, auf uns nehmen, wenn nicht zufällig jemand den Plan hat, den Frieden herzustellen und (dafür) den Krieg in Kauf zu nehmen. *3* Bei allen guten Göttern, die ihr bisher diese Stadt mit ihrem verlorenen Senat geschützt habt! Marcus Aemilius, der schlimmste aller Verbrecher, der schlechter und untüchtiger nicht gedacht werden könnte, hat sich ein Heer zur Unterdrückung der Freiheit verschafft und sich vom Verachteten zur Quelle der Furcht gewandelt. Ihr aber murmelt und wiederholt die Worte und Lieder der Seher, wünscht mehr den Frieden, als ihr ihn zu verteidigen bereit seid, und begreift wegen der Weichlichkeit eurer Beschlüsse nicht, dass euch die Würde und jenem die Furcht genommen werden. *4* Und dies zu Recht, weil er ja durch Raub das Konsulat[32] und durch einen Aufstand eine Provinz mit einem Heer erlangt hat. Was hätte jener durch Wohltaten bekommen, dessen Verbrechen ihr solche Belohnungen zusprecht? *5* Aber natürlich haben die, die bis zum Ende Legaten gesandt, Frieden und Eintracht beschlossen und anderes dieser Art getan haben, sich Dankbarkeit bei ihm erworben.[33] Sie werden verachtet, zur Führung der res publica für unwürdig gehalten und als Beute eingeschätzt. Freilich fordern sie mit derselben Furchtsamkeit den Frieden zurück, mit der sie ihn, als sie ihn hatten, verloren haben. *6* Ich freilich glaubte von Anfang an, als ich sah, dass Etrurien sich verschwor, die Proskribierten herbeigerufen wurden, die res publica durch Bestechung verdorben wurde, dass man sich beeilen müsse, und folgte mit einigen wenigen den Ratschlägen des Catulus. Im Übrigen behaupteten jene, die die Wohltaten der Aemilii in den Himmel hoben und sagten, dass sie ihre Größe mit der Duldung des römischen Volkes vermehrt hätten, dass er auch dann niemals zu weit gegangen sei, als er zur Unterdrückung der Freiheit privat Bewaffnete anwarb, indem sie jeweils für sich Reichtum und Schutzherren suchten und damit die öffentlichen Maßnahmen zunichtemachten. *7* Aber damals war Lepidus ein Räuber mit Kumpa-

---

32 Es soll damit angedeutet werden, dass er den Wahlkampf mit den Geldern finanzierte, die er als Verwalter Siziliens im Jahr 80 aus der Provinz herausgepresst hatte.

33 Während sich Lepidus in Etrurien aufhielt, versprach er, Verbannte heimzurufen und ordentliche Verhältnisse wiederherzustellen. Gleichzeitig stellte er eine Armee auf. Der Senat befahl ihm, diese zu entlassen und nach Rom zurückzukehren. Lepidus gehorchte nicht, und der Senat schickte Gesandte zu ihm, um ihn zu Frieden und Eintracht zu mahnen, um einen Bürgerkrieg zu vermeiden, dafür wurden ihm sogar Zugeständnisse gemacht. Lepidus zeigte sich am Ende keineswegs dankbar.

nen und einigen wenigen Mördern, von denen keiner das Leben für einen Tageslohn eingetauscht hätte. Nun ist er Prokonsul mit Befehlsgewalt, was er von euch nicht gekauft, sondern erhalten hat, mit Legaten, die ihm bis jetzt zu Recht gehorchen. Und zu ihm laufen die verdorbensten Leute jedes Standes, brennend vor Armut und Begierden, umhergetrieben vom Bewusstsein ihrer Verbrechen, denen Aufruhr Ruhe und Tumult Frieden bedeutet. Sie säen Aufruhr aus Aufruhr, Krieg aus Krieg, bei Saturninus[34] waren sie einst Gefolgsleute, dann bei Sulpicius,[35] darauf bei Marius[36] und Damasippus,[37] jetzt sind sie es bei Lepidus. 8 Außerdem sind Etrurien und was der Krieg übrig gelassen hat, aufgeregt, Hispanien ist durch Waffen beunruhigt,[38] Mithridates droht unseren Steuerzahlern, von denen wir bisher unterhalten wurden, und sucht den Tag für einen Krieg. Ja außer einem geeigneten Anführer fehlt nichts, um das Reich zu stürzen. 9 Worum ich euch bitte und anflehe, ihr Herren Senatoren, ist, dass ihr aufmerksam seid und nicht zulasst, dass die angemaßte Erlaubnis für Verbrechen wie ein Wahn durch Berührung auf Unschuldige übergeht. Denn wo den Übeln Belohnungen folgen, ist ohne Belohnung nicht leicht jemand gut. 10 Oder wartet ihr, bis er erneut sein Heer herangeführt hat und mit Schwert und Feuer die Stadt überzieht? Dies liegt viel näher von da aus, wo er jetzt handelt, als der Bürgerkrieg vom Zustand des Friedens und der Eintracht.

---

34 Lucius Apuleius Saturninus, 104 Quästor, 103 und 100 Volkstribun, Anhänger des Marius und mitreißender Redner, setzte einige wichtige Gesetze durch: *lex Appuleia de maiestate* (Besetzung der Gerichtshöfe mit Rittern, Anklage einiger einflussreicher Personen), *lex Agraria* (Landverteilung an die Veteranen des Marius in Afrika), ein Getreidegesetz (Herabsetzung des Getreidepreises auf ein Sechstel), ein Gesetz zur Gründung neuer Kolonien in Sizilien und Griechenland, ein Gesetz zur Landverteilung in Oberitalien an Bürger und Bundesgenossen; als es bei der Konsulwahl 100 zu Ermordung Memmius' gekommen war, verlor Saturninus Marius Unterstützung. Es kam zu Unruhen, in deren Verlauf auch Saturninus ermordet wurde.

35 Publius Sulpicius Rufus, 89 Volkstribun mit mehreren Gesetzesinitiativen (Rückberufung von Verbannten, Verteilung von Bundesgenossen und Freigelassenen auf alle Tribus), unterstützte Marius, nach der Eroberung Roms durch Sulla von einem Sklaven verraten und ermordet.

36 Marius der Jüngere, Sohn des Marius und Parteifreund des Damasippus.

37 Vgl. zu ihm die Anm. zur Verschwörung des Catilina, Kap. 51,32 (Caesars Rede).

38 Seit dem Auftreten des Sertorius im Jahr 80; Quintus Sertorius aus dem Ritterstand, 97–93 tapferer Kämpfer in Hispanien unter Didius, 90 Quästor, dann Legat im Bundesgenossenkrieg, dann Anhänger Marius', 83 Prätor, wurde 80 Anführer eines Aufstandes der Lusitaner, um den sich mehrere enttäuschte römische Offiziere scharten. Er führte zunächst einen erfolgreichen Guerillakrieg. Als ihn seine römischen und spanischen Anhänger nach einer knappen Niederlage gegen Pompeius 75 verließen, rächte er sich grausam an ihnen. 72 wurde er von Perperna Veiento, einem gescheiterten Politiker, der zuerst sein Anhänger gewesen war, ermordet. 71 endete der Aufstand in Hispanien.

Die Waffen hat jener gegen alles Göttliche und Menschliche erhoben, nicht wegen Unrechts gegen ihn oder gegen wen auch immer, den er vorschützt, sondern um die Gesetze und die Freiheit zu beseitigen. 11 Er wird nämlich bedrückt und zerfleischt durch die Begierde seines Herzens und die Furcht vor Strafen, hat keinen Rat, ist unruhig und versucht dieses und jenes. Er fürchtet die Ruhe, hasst den Krieg, er sieht, dass er Schwelgerei und Freizügigkeit entbehren müsste, und missbraucht inzwischen eure Sorglosigkeit. 12 Und ich weiß nicht genau, ob ich dies Angst oder Feigheit oder Wahnsinn nennen soll, dass ihr das Übel zu sehen scheint wie einen Blitz, und jeder sich dabei wünscht, selbst nicht getroffen zu werden, aber nicht einmal versucht es zu verhindern. 13 Und ich bitte euch, bedenkt, wie sehr die Lage der Dinge verändert ist: Früher wurde ein Verbrechen gegen die Öffentlichkeit geheim vorbereitet, die Maßnahmen dagegen aber öffentlich, und die Guten kamen den Schlechten darin leicht zuvor. Nun werden der Friede und die Eintracht öffentlich zerstört und im Geheimen verteidigt. Die, denen dies gefällt, tragen Waffen, ihr seid in Furcht. 14 Was erwartet ihr? Oder schämt und verdrießt es euch vielleicht, das Rechte zu tun? Oder erschüttern euch Lepidus' Anweisungen so sehr? Er sagt, es gefalle ihm, wenn alles zurückgegeben würde – und behält doch selbst fremdes Gut. Er will, dass die Rechte des Krieges aufgehoben werden, während er selbst mit Waffen Zwang ausübt. Er will, dass das Bürgerrecht gestärkt werde für die, von denen er leugnet, dass es ihnen genommen wurde. Um der Eintracht willen soll die Macht der Volkstribune wieder hergestellt werden, aus welcher der ganze Streit erst entstanden ist. 15 Du Schlechtester und Schamlosester von allen, bedeuten dir die Armut der Bürger und ihre Trauer etwas, der du zu Hause nichts hast außer dem, was du mit Waffen oder durch Unrecht erworben hast? Ein zweites Konsulat strebst du an, als ob du das erste schon niedergelegt hättest,[39] durch Krieg suchst du Eintracht, wodurch die, welche gerade hergestellt worden ist, zerstört wird. Für uns bist du ein Verräter, denen gegenüber bist du treulos, ein Feind aller Guten. Dass du dich weder vor Menschen noch vor Göttern schämst, welche du durch Täuschung ihres Vertrauens oder Meineid[40] verletzt hast! 16 Da du einmal

---

39 Lepidus hatte bis jetzt die Niederlegung des Konsulates verweigert, indem er seine Armeen in Gallien und Etrurien nicht entließ, sondern mit prokonsularischer Gewalt weiterführte und nicht nach Rom zurückkehrte.
40 Hiermit ist wohl der Amtseid gemeint.

so geartet bist, ermahne ich dich: Bleibe bei deiner Meinung und ziehe die Waffen zurück, und halte nicht durch in die Länge gezogene Unruhen, selbst unruhig, uns in Aufregung. Dich ertragen weder die Gesetze noch die Provinzen noch die Penaten[41] länger als Bürger. Mach weiter, wie du angefangen hast, damit du so schnell wie möglich findest, was du verdienst. 17 Ihr aber, meine Herren Senatoren – bis wohin wollt ihr die res publica durch euer Zögern ohne Schutz noch kommen lassen, und mit Worten auf Waffen antworten?[42] Aushebungen gegen euch wurden durchgeführt, Geld privat und öffentlich aufgebracht, Schutztruppen weggeführt und aufgestellt, Gesetze werden nach Belieben erlassen, während ihr inzwischen Anträge und Gesandtschaften vorbereitet. Je begieriger, beim Hercules, ihr den Frieden sucht, desto heftiger wird der Krieg sein, wenn er kapiert, dass er mehr durch Furcht als durch Gerechtigkeit und Güte Erfolg hat. 18 Denn wer die Unruhen und den Mord an den Bürgern zu hassen vorgibt und deswegen, nachdem Lepidus bewaffnet ist, euch unbewaffnet hält, glaubt, dass ihr besser, was für die Besiegten erträglich ist, erduldet, während ihr es als Sieger selbst tun könntet. So überreden jene euch zum Frieden, ihr aber jene zum Krieg. 19 Wenn euch dies gefällt, wenn er mit solcher Lähmung eure Herzen niederdrückt, als ob ihr die Verbrechen Cinnas[43] vergessen hättet, durch dessen Rückkehr in die Stadt die Zierde jenes Standes zugrunde ging, wenn ihr nichtsdestoweniger euch und eure Frauen und Kinder dem Lepidus überlassen wollt – welche Beschlüsse sind dann noch nötig? Wozu die Hilfe Catulus'? Ja dieser und andere gute Leute sorgen sich vergeblich um die res publica. 20 Macht es, wie ihr denkt: verschafft euch den Schutz des Cethegus[44] und anderer Verräter, die Raub und Brandschatzung über euch bringen wollen und wiederum gegen die Penaten rüsten. Wenn euch aber Freiheit und Wahrheit mehr bedeuten, beschließt das, was eures Namens würdig ist, und mehrt den Mut bei den

---

41 Schutzgötter des Hauses.

42 Anspielung auf Ciceros Einleitung zur Ersten Rede gegen Catilina.

43 Cinna, Konsul des Jahres 87, wurde von seinem Kollegen Gnaeus Octavius aus Rom ausgewiesen. Mit einer Armee und der Unterstützung von Marius kehrte er nach Rom zurück, das damals fünf Tage lang von Raub, Mord und Plünderung heimgesucht wurde, denen ein Terrorregime von 83 bis 86 folgte. Diesem fielen viele führende Politiker zum Opfer. Erst Sullas Rückkehr stoppte ihn.

44 Publius Cornelius Cethegus, 104 Münzmeister, wurde von Sulla als Anhänger Marius' im Jahr 88 zunächst proskribiert, gesellte sich dann aber unter dessen Anhänger. Nach Sullas Tod war er in senatorischen Kreisen sehr einflussreich, ohne je ein politisches Amt innegehabt zu haben. Er starb spätestens 66.

tapferen Männern. **21** *Es ist ein neues Heer da, dazu eine ganze Kolonie von Veteranen, die ganze Nobilität, die besten Anführer. Das Glück gehört den Tüchtigen. Schon wird das, was während unserer Nachlässigkeit zusammengetragen wurde, niederfallen.* **22** *Deswegen denke ich so: Weil Lepidus ein Heer auf privaten Beschluss hin gesammelt hat aus den schlechtesten Männern und den Feinden der res publica und sie gegen das Ansehen dieses Standes zur Stadt führt, dass der Interrex Appius Claudius*[45] *mit dem Prokonsul Quintus Catulus und den Übrigen, die Befehlsgewalt besitzen, den Schutz der Stadt bilden und dafür sorgen soll, dass die res publica keinen Schaden nimmt.*[46]

Frgm. 88

Großen Ruhm hatte sich der Militärtribun[47] in Hispanien unter dem Befehl Titus Didius' erworben, als er von hohem Nutzen im Marsischen Krieg[48] zur Beschaffung von Soldaten und Waffen war, und vieles, was er damals unter dessen Führung erreichte, blieb zuerst wegen seiner geringe Abstammung, dann wegen des Neides der Protokollanten unerwähnt, was er, solange er lebte, in seinem Aussehen zeigte durch einige Narben auf der Brust und ein ausgeschlagenes Auge.

Frgm. 100

Es steht fest, dass diese beiden Inseln, die nahe beieinander und nur etwa zehn Meilen von Gades entfernt liegen, durch sein Talent Nahrungsmittel für Menschen hervorbringen.[49]

Frgm. 102

Man berichtet, dass er seine Flucht in die Weite des Ozeans unternommen habe.[50]

---

45 Appius Claudius Pulcher, 89 Prätor, 79 Konsul, nach Sullas Tod Interrex, 76 Tod in Makedonien im Krieg gegen die Thraker. Der Interrex leitete die Konsulwahlen, wenn dies durch die bisherigen Konsuln nicht geschehen konnte. Der Interrex amtierte maximal fünf Tage. War seine Aufgabe bis dahin nicht erledigt, ernannte er einen Nachfolger.
46 Formel für ein *senatus consultum ultimum*, das den Beauftragten alle Vollmachten zur Durchführung ihres Auftrages gab.
47 Der spätere Feldherr Sertorius.
48 Der Bundesgenossenkrieg.
49 Gemeint sind die Inseln der Glückseligen, jetzt Kanarische Inseln.
50 Sertorius.

Buch II

Frgm. 16

Von anständiger Rede, von rücksichtsloser Gesinnung[51]

Frgm. 17

Gemäßigt in jeder anderen Hinsicht außer im Bezug auf Herrschaft[52] …

Frgm. 19

Mit den Munteren maß er sich im Springen, mit den Schnellen im Lauf, mit den Stärksten im Pfeilschießen.[53]

Frgm. 21

Denn der Volkstribun Gaius Herennius[54] hatte Konsul Sulla, der ein Gesetz über dessen[55] Rückkehr vorlegte, wie verabredet, daran gehindert.

Frgm. 42

…, bei welchem das Heer gewesen war, sandte die Legion unter Verachtung des Misserfolges, und dies wurde ihm als Weisheit angerechnet. Dann traten Lucius Octavius[56] und Gaius Cotta in das Konsulat ein, von denen Octavius eher matt und leichtsinnig war, Cotta einsatzbereiter und ehrgeizig, dann an Begabung reicher; er wünschte das Wohlwollen eines jeden Einzelnen.

Frgm. 43

Und Publius Lentulus Marcellinus[57] wurde auf eben dessen Veranlassung hin als Quästor in die neue Provinz nach Kyrene geschickt, weil diese nach dem Testament des verstorbenen Königs Apion uns übertragen

---

51 Über Lenaeus, einen Freigelassenen des Pompeius.
52 Vielleicht Pompeius.
53 Über Pompeius.
54 Gaius Herennius, 80 Volkstribun, Gegner von Sulla und Pompeius, 76/75 zu Sertorius übergelaufen, 75 bei Valentia gefallen.
55 Des Pompeius.
56 Lucius Octavius, 75 Konsul, starb kurz nach dem Ende seines Konsulats.
57 Publius Cornelius Lentulus Marcellinus, 74 Quästor, einer Inschrift zufolge *legatus pro praetore* in Kyrene, 60 Prätor, 56 Konsul.

wurde,[58] was klüger war, als wenn sie einem jungen Mann übertragen worden wäre, und weniger, als wenn dieser sie durch gierige Herrschaft hätte halten sollen. Außerdem der verschiedenen …

Frgm. 45

… Wildheit. Durch diese Sache erschöpft griff das Volk, als zufällig die beiden Konsuln den Quintus Metellus,[59] der später den Beinamen Creticus erhielt, als prätorischen Kandidaten die Via Sacra hinabführten, mit großem Aufruhr an, und als diese flohen, folgte es ihnen bis zum Haus des Octavius, welches näher war.[60]

Frgm. 47: Die Rede des Konsuls Gaius Aurelius Cotta an das römische Volk (75 v. Chr.)

Nach wenigen Tagen sprach Cotta, der seine Kleider ausgetauscht[61] hatte und überaus traurig war, weil ihm das Volk gegen seinen Wunsch entfremdet worden war, auf diese Weise in der Volksversammlung:

Bürger, viele Gefahren habe ich im Frieden und im Krieg, viele Widrigkeiten erlebt. Die einen davon habe ich ertragen, zum Teil Widerstand geleistet mithilfe der Götter und durch meine Tapferkeit. In all dem hat mir niemals der Geist für meine Aufgabe gefehlt noch die Mühe für das, was beschlossen war. In guten wie in schlechten Zeiten haben sich meine Möglichkeiten, nicht meine Gesinnung gewandelt. 2 Aber im Gegenteil haben mich in diesem Elend mit meinem Glück alle Dinge verlassen. Außerdem verdoppelt das Alter,[62] an sich schon schwer, die Sorge, da mir Armem, der ich schon so viele Jahre gelebt habe, nicht einmal erlaubt ist, auf einen ehrenvollen Tod zu hoffen. 3 Denn wenn ich euer Mörder bin, und zweimal geboren,[63] wenn ich hier meine Penaten und das Vaterland und die höchste Befehlsgewalt für bedeutungslos halte – welche Marter sind für mich als Lebenden genug, welche Strafe ist für mich als Toten genug? Denn

---

58　Kyrene wurde bei der Machtübernahme des Königs Ptolemaios Apion von Ägypten getrennt und von diesem bei seinem Tod, wahrscheinlich im Jahr 96, den Römern vermacht.

59　Quintus Caecilius Metellus Creticus, 74 Prätor, 69 Konsul, 68–65 Prokonsul auf Kreta, 62 Triumph, 60 Gesandter in Gallien, Gegner des Pompeius.

60　Octavius bewohnte ein von seinem Urgroßvater, dem *homo novus* Gnaeus Octavius, Konsul 165, erbautes Haus auf dem Palatin.

61　Er hatte Trauerkleider angelegt.

62　Er war damals 49.

63　Er bezieht sich auf die Rückkehr aus der Verbannung 82.

in der Unterwelt habe ich ja alle erwähnten Strafen durch mein Verbrechen übertroffen.

4 Von der frühesten Jugend an habe ich vor euren Augen mein Leben als Privatmann und in Ämtern verbracht. Wer sich meiner Rede, meines Rates, meines Geldes bedienen wollte, hat sich bedient; und ich habe weder meine Redegewandtheit noch meine Begabung je für schlechte Taten missbraucht. Höchst begierig nach persönlichem Ruhm habe ich die größten Feindschaften um der res publica willen auf mich genommen. Wenn ich, durch diese mit ihr gemeinsam besiegt, fremder Hilfe bedurfte und mehr Übel erwartete, dann habt ihr, Bürger, mir das Vaterland und die Penaten mit einer ungeheuren Würde wiedergegeben. 5 Für diese Wohltaten schiene ich selbst dann kaum genug dankbar zu sein, wenn ich mein Leben, was ich nicht kann, für jeden Einzelnen hingäbe. Denn Leben und Tod sind das Recht der Natur. Damit man ohne Entehrung mit den Bürgern, unberührt in seinem Ruf und Schicksal lebt, wird dieses Geschenk gegeben und genommen.

6 Zu Konsuln habt ihr uns in dem Moment gemacht, Bürger, da daheim und im Krieg die res publica in der denkbar schwierigsten Lage ist. Denn die Feldherren in Hispanien[64] fordern Sold, Soldaten, Waffen und Getreide, und die Situation verlangt es, weil sie ja durch das Fehlen von Bundesgenossen und Sertorius' Flucht durch die Berge weder in den Nahkampf eintreten, noch sich das Erforderliche verschaffen können. 7 Die Heere in Asien und Kilikien[65] müssen unterhalten werden wegen der zu großen Kräfte Mithridates', Makedonien ist voller Feinde und nicht weniger die Küsten Italiens und der Provinzen,[66] weil Inzwischen die Abgaben, die gering und durch die Kriege unsicher geworden sind, kaum einen Teil der Aufwendungen abdecken. So segeln wir mit der Flotte, welche den Nachschub sicherte, weniger als zuvor. 8 Wenn sich diese Situation durch List oder durch unsere Nachlässigkeit ergeben hat, seht zu, dass der Zorn euch leitet, und wählt (für uns) die Todesstrafe; wenn aber das gemeinsame Schicksal schlimmer ist, warum tut ihr dann, was euer und unser und der res publica unwürdig ist?

---

64 Metellus und Pompeius.
65 Die Provinz Asien existierte seit 129 (Testament König Attalos III. von Pergamon) und umfasste Pergamon, Phrygien und Lydien sowie die ionische Küste. Kilikien war Provinz seit 101 und lag an der Südostküste der heutigen Türkei.
66 In dieser Gegend ging die Bedrohung vor allem von Seeräubern aus.

9 Aber ich, in dessen Alter der Tod nahe ist, erbitte keine Gnade, wenn durch meinen Tod etwas Nachteiliges von euch genommen wird. Denn bald könnte ich angesichts der Verfassung meines Körpers meinem Leben kein ehrenvolleres Ende machen als für eure Rettung. 10 Ich bin hier, euer Konsul Cotta, ich mache, was unsere Vorfahren oft in schweren Kriegen getan haben: Ich weihe mich und gebe mich für die res publica hin.[67] *11 Wem ihr sie dann in die Hände legt, das bedenkt. Denn eine so beschaffene Ehre will keiner, wenn er Rechenschaft ablegen muss über die Geschicke auf dem Meer und über von anderen geführte Kriege oder wenn er schändlich sterben muss. 12 Aber seid euch bewusst, dass ich nicht wegen eines Verbrechens oder meiner Gier getötet werde, sondern dass ich freiwillig für die größten Wohltaten mein Leben als Geschenk hingegeben habe. 13 Für euch selbst, Bürger, und für den Ruhm der Vorfahren, ertragt das Widrige und sorgt für die res publica. 14 Viel Sorge liegt im höchsten Staatsamt, viele riesige Mühen, gegen die ihr euch vergeblich wehrt und die Üppigkeit des Friedens sucht, während alle Provinzen, Königreiche, Meere und Länder von den Kriegen traurig und erschöpft sind.*

Frgm. 70

Nachdem Metellus[68] aber nach einem Jahr in das jenseitige Hispanien[69] zurückgekehrt war, wurde er mit großer Achtung bei den von überallher zusammenlaufenden Männer und Frauen in den Straßen und auf allen Dächern betrachtet. Als ihn der Quästor Gaius Urbinus[70] und andere mit der bekannten Freundlichkeit zum Speisen eingeladen hatten, sorgten sie über die römische, ja die menschliche Sitte hinaus für ihn, nachdem sie ihre Häuser geschmückt hatten mit Teppichen und Abzeichen und Bühnen für Schauspielaufführungen aufgerichtet hatten. Gleichzeitig wurde der Boden mit Safran bestreut und mit anderem in der Art des berühmtesten Tempels. Außerdem setzte ihm damals, als er saß, das an einem Netz herabgelassene Bild der Victoria mit künstlich

---

67 Verweis auf einige römische Feldherren der Frühzeit, z. B. Decius Mus 340, die sich selbst zur Rettung der res publica in den Tod stürzten.

68 Quintus Caecilius Metellus Pius, 107 unter seinem Vater in Afrika tätig, 89 Prätor, 88–82 Proprätor, 80 Konsul, 79–71 Prokonsul in Hispanien, 71 Triumph mit Pompeius, Vorgänger Caesars als Pontifex maximus.

69 Gegen Sertorius.

70 Quästor Gaius Urbinus ist sonst nicht näher bekannt.

verursachtem Donnerdröhnen eine Krone auf das Haupt, dann wurde
dem Ankommenden mit Weihrauch wie einem Gott geopfert. Dem
vertrauten Freund, der sich meistens in einer bemalten Toga nieder-
legte, wurden tatsächlich die ausgesuchtesten Speisen und nicht nur
aus der ganzen Provinz, sondern auch von Übersee aus Mauretanien,
was an Vögeln und wilden Tieren vorher unbekannt war, in vielen Arten
dargereicht. Durch diese Dinge verdarb er zu einem gewissen Teil seinen Ruhm, am meisten bei den alten und heiligen Männern, die jenen
Hochmut für schlimm und des Römischen Reiches unwürdig hielten.

Frgm. 87

A Dann, nachdem das Zeichen gegeben worden war, begannen beide
um die zweite Nachtwache kopfüber die Schlacht,[71] in einem großen
Aufruhr zuerst von Weitem durch die dunkle Nacht Pfeile ins Ungewisse
werfend, dann, sobald die Römer von der ganzen Betriebsamkeit weder
die Geschosse noch das Geschrei erwiderten, glaubten sie, dass jene
durch Schrecken gelähmt seien oder die Befestigung verlassen sei, und
das Volk eilte begierig in die Gräben und von da aus blitzschnell über
den Wall. Aber die oben stehenden warfen dann endlich Steine, Speere
und Pfähle, und viele nahe Herangekommene verwirrten sie direkt mit
Schlägen oder den Schildbuckeln. Durch diesen plötzlichen Schrecken
wurde ein Teil von den Pfählen durchbohrt, andere stürzten über ihre
eigenen Geschosse, **B** und durch den Fall vieler wurden die Gräben halb
aufgefüllt, für die anderen blieb die sichere Flucht vor der Ungewissheit
der Nacht und der Furcht vor Fallen. Dann wurde nach einigen Tagen
durch Wassermangel die Kapitulation erzwungen, die Stadt angezündet
und die Bewohner in die Sklaverei verkauft, und durch diesen Schrecken
kamen bald Gesandte aus Isaura Nova[72] und baten um Frieden und
versprachen, Geiseln zu stellen und alles Aufgetragene zu erfüllen.

Daher näherte sich Servilius,[73] in Kenntnis der Wildheit der Feinde
und wissend, dass jene nicht die Abscheu vor dem Krieg, sondern der
plötzlichen Schrecken zum Frieden bewegte, damit sie nicht ihre Ge-

---

71 Berichtet wird die Eroberungsschlacht von Palaia Isaura in Isaurien.
72 Isaura Nova lag nahe bei Palaia Isaura.
73 Publius Servilius Vatia Isauricus, 98 Volkstribun, um 92 Prätor, dann Proprätor in Sardinien
    oder Africa, 88 Triumph, 79 Konsul, 78–75 Kampf gegen die Seeräuber in Kilikien und Unter-
    werfung der Isaurier, 74 zweiter Triumph, 55 und 54 Zensor.

sinnung über die Entsendung (von Geiseln) änderten, ihren Mauern mit allen Truppen so schnell wie möglich, *C* und er gab inzwischen den Legaten freundliche Worte und erklärte, dass die Kapitulation, wenn alle anwesend wären, leichter zustande käme. Außerdem hielt er die Soldaten von der Verwüstung der Äcker und jeder anderen Schadensverursachung ab; Getreide und andere Verpflegung gaben die Stadtbewohner freiwillig. Damit er ihnen nicht gefährlich erschien, legte er das Lager in die Ebene. Dann, als gemäß dem Befehl einhundert Geiseln gegeben worden waren und sobald von den Überläufern Waffen und alle Geschosse zurückgefordert wurden, veranstalteten zuerst die Jüngeren gemäß Beschluss, dann wie jeder jeweils herbeikam, durch die ganze Stadt mit größtem Geschrei einen Aufruhr, und sie bekräftigten, dass sie weder ihre Waffen noch ihre Bundesgenossen, solange *D* sie lebten, herausgeben würden. Jene aber, die wegen ihres Alters weniger kriegerisch waren und denen von früher her die Schlagkraft der Römer hinreichend bekannt war, wünschten Frieden, fürchteten aber im Wissen um die Schäden, dass sie, wenn die Waffen nicht herausgegeben würden, trotz allem als Besiegte das Schlimmste zu erleiden hätten. In dieser Verwirrung und während alle gleichzeitig in aufgeregter Auseinandersetzung waren, besetzte Servilius, der eine unsichere Kapitulation erwartete, wenn nicht die Angst sie drängte, überraschend den heiligen Berg, von dem aus auf die aus der Stadt Fliehenden Geschosse geworfen werden konnten, den Berg der Magna Mater, und man glaubte, das auf diesem an bestimmten Tagen die Göttin, nach der er benannt ist, speise. Man hörte Geräusche …

Frgm. 91

Und die jungen Frauen wurden nicht von ihren Eltern zur Hochzeit bestimmt, sondern sie wählten sich selbst diejenigen als ihre Männer aus, die am bereitwilligsten zum Krieg waren.[74]

Frgm. 92

Von ihren Müttern wurden die Männer an die Kriegstaten ihrer Väter erinnert, die in den Krieg oder auf Raubzüge aufbrachen, sobald sie deren mutige Werke besangen.[75] Nachdem man erfahren hatte, dass

---

74 Beschrieben werden wahrscheinlich Einwohner Hispaniens.
75 Beschrieben werden Einwohner Hispaniens.

sich Pompeius mit einem feindseligen Heer näherte, überredeten sie die Älteren, dass sie Frieden schließen und die Befehle ausführen sollten. Da trennten sich von den Männern die Frauen, da sie durch Verweigerung nichts erreichten, und griffen zu den Waffen. Nachdem ein möglichst sicherer Ort nahe Me[dobriga][76] besetzt worden war, erklärten sie, dass jene weder Vaterland noch Eltern noch Freiheit besäßen und daher den Männern das Säugen, Gebären und die anderen weiblichen Tätigkeiten überlassen blieben. Durch diese Dinge aufgebracht … die Jugend die Beschlüsse der Älteren …

Frgm. 93

… eingeschoben, dass sie, wenn sie von der Belagerung ausgenommen würden, Treue und Bundesgenossenschaft halten würden;[77] denn zuvor hätten sie sich zwischen jenem und Pompeius durch den flüchtigen Frieden nicht entscheiden können. Dann wurde das römische Heer, um Getreide zu holen, in das Gebiet der Vasconen geführt.[78] [Und ebenso änderte] Sertorius [seine Position], dem viel daran lag, dass diesem nicht ebenso Asiens und … und aus der Möglichkeit des Übergangs hatte Pompeius einige Tage ein Standlager, durch einen mäßigen Wall vom Feind getrennt, und die nahe gelegenen Städte Mutudurum[79] und …eores[80] halfen weder diesem noch jenem mit Nachschub. Beide erschöpfte der Hunger. Dann … Pompeius dennoch in Quadratformation …

Frgm. 98: Der Brief des Pompeius an den Senat (74 v. Chr.)

Wenn ich gegen euch und das Vaterland und die Penaten so viele Mühen und Gefahren auf mich genommen hätte, wie da, als von meiner Jugend an die verbrecherischsten Feinde unter meiner Führung zerstreut und

---

76 Die Handschrift ist beschädigt; verschiedene Herausgeber ergänzen den Namen in der oben genannten Weise. Medobriga (keltischer Name, dt.: Burg des Medus) war eine Stadt in Lusitanien, die 48 v. Chr. von Quintus Cassius Longinus erobert wurde, ebenso der *mons Herminius* (jetzt Serra da Estrela), auf den sich die Bewohner geflüchtet hatten.

77 Die Rede ist wohl von einem hispanischen Volksstamm oder dem Teil eines solchen.

78 Das Gebiet der Vasconen war das heutige Baskenland. Die Herkunft des Stammes ist ungeklärt.

79 Stadt der Mutuduri, des keltischen Volksstammes im Gebiet der Vaccaeer (in der nördlichen Hälfte Spaniens).

80 Vollständiger Name nicht bekannt.

euer Heil gesucht wurde, hättet ihr in meiner Abwesenheit nichts Stren-
geres gegen mich beschlossen, als ihr es bisher getan habt, ihr Herren
Senatoren, da ihr mich, als ich noch viel zu jung in den grausamsten Krieg
geworfen wurde mit einem hochverdienten Heer, soweit es bei euch lag,
durch Hunger, den traurigsten aller Tode, besiegt habt. *2* Hat das römische Volk seine Kinder mit solcher Hoffnung in den Krieg geschickt? Sind
dies die Belohnungen für die Wunden und das so häufig für die *res publica*
vergossene Blut? Erschöpft vom Briefeschreiben und vom Entsenden der
Legaten habe ich alles private Eigentum und zu erwartende Erbschaften
aufgezehrt, während inzwischen von euch in drei Jahren kaum der Aufwand eines Jahres geschickt wurde. *3* Bei den unsterblichen Göttern, ob
ihr wohl glaubt, dass ich im Gegenzug die Staatskasse bestücken kann
oder dass ich das Heer ohne Getreide und Sold halten kann?

　　4 Freilich bekenne ich, das ich zu diesem Krieg mit mehr Eifer als
Plan ausgezogen bin, da ich ja, als ich nur dem Namen nach von euch
die Befehlsgewalt erhalte hatte,[81] in 40 Tagen ein Heer aufgestellt habe
und die Feinde, die Italien schon im Nacken saßen, von den Alpen wieder nach Hispanien zurückgedrängt habe. Durch die Alpen habe ich
einen anderen Weg eröffnet als Hannibal, einen für uns günstigeren.[82]
5 Gallien, die Pyrenäen, das Gebiet der Lacentanier[83] und der Indige-
ten[84] habe ich zurückerobert und den ersten Ansturm des siegreichen
Sertorius[85] mit jungen Soldaten und einer erheblichen Unterzahl auf-
gehalten und den Winter im Feldlager zwischen den ärgsten Feinden
verbracht, nicht in den Städten und nicht aus eigenem Ehrgeiz. *6* Wieso
soll ich schließlich die Kämpfe und die Wintermärsche, die zerstörten
oder eroberten Städte aufzählen, wenn doch die Tatsache stärker ist
als Worte? Das Lager der Feinde, das ich bei Sucro[86] erobert habe, der
Kampf beim Fluss Turia[87] sowie die Tatsache, dass ich den Anführer

---

81 Aber keine dazugehörige Armee; tatsächlich besaß er aber noch diejenige, mit der er
　　gegen Lepidus kämpfen sollte.
82 Von Turin über Segusio und den Montgenèvre an die Durance (lat. Druentia).
83 Gebiet im Nordosten Hispaniens zwischen Pyrenäen und Ebro.
84 Volk im Südosten der Pyrenäen.
85 In der Schlacht bei Lauro, einer Stadt zwischen Sagunt und Valencia.
86 Stadt am gleichnamigen Fluss im Osten Hispaniens (jetzt Júcar). Tatsächlich hatte Pom-
　　peius gerade bei Valentia eine Schlacht gewonnen und beeilte sich nun, Sertorius erneut
　　anzugreifen, bevor Marcellus eintraf. Dabei erlitt er eine desaströse Niederlage.
87 Der Fluss Turia, später auch Guadalaviar, mündet bei Valencia.

Gaius Herennius mit der Stadt Valentia und seinem Heer vernichtet habe, sind bei euch hinreichend bekannt. Dafür habt ihr, ihr dankbaren Senatoren, Armut und Hunger zurückerstattet.

7 Daher ergibt sich für mein Heer und das des Feindes die gleiche Bedingung. Denn Sold wird keinem von beiden gegeben, als Sieger kann jeder von beiden nach Italien kommen. *8* Wozu ich euch ermahne und worum ich euch bitte, ist, dass ihr aufmerksam seid und nicht denkt, dass ich alleine für das Notwendige sorge. *9* Das diesseitige Hispanien, welches nicht von Feinden besetzt ist, haben wir oder Sertorius bis zur Auslöschung der Bevölkerung heimgesucht außer den am Meer gelegenen Städten, freiwillig, auf unsere Kosten und zu unseren Lasten. Gallien hat im vorigen Jahr Metellus' Heer mit Sold und Getreide versorgt, und kann sich nun wegen einer schlechten Ernte kaum selbst ernähren. Ich habe nicht nur mein Vermögen, sondern sogar mein Vertrauen aufgebraucht. *10* Ihr seid übrig: Wenn ihr nicht zu Hilfe kommt, wird gegen meinen Willen und gemäß meiner Vorhersage das Heer und mit ihm der ganze Hispanische Krieg nach Italien übersetzen.

Dieser Brief wurde am Anfang des folgenden Jahres im Senat verlesen. Die Konsuln aber teilten die Beschlüsse der Senatoren als Provinzen[88] unter sich auf. Cotta hatte das diesseitige Gallien, Octavius erhielt Kilikien. Da wurden die nächsten Konsuln, Lucius Lucullus[89] und Marcus Cotta,[90] von den Briefen und Boten Pompeius' schwer erschüttert. Sie stellten, damit nicht noch durch den (fehlenden) Dank für die überaus große Tat und erst recht, wenn ein Heer nach Italien geführt würde, ihr Lob und ihre Würde Schaden nähmen, auf jede erdenkliche Weise Sold und Ersatz bereit, unter Zustimmung des größten Teils der Nobilität, von welchen schon damals die meisten ihrer Wildheit Worte und ihren Worten Taten [folgen lassen sollten].

---

88 Das Wort *provincia* bezeichnete ursprünglich einen Aufgabenbereich, erst später ein bestimmtes Gebiet.

89 Lucius Licinius Lucullus, geboren 117, 89 Tribun im Bundesgenossenkrieg, 87 Quästor unter Sulla, 86 Proquästor, ab 85 in Asien, 79 Ädil, 78 Prätor, 77–75 Proprätor in Africa, 74 Konsul, führte, auch noch als Prokonsul, siegreich Krieg gegen Mithridates von Pontos, ohne jedoch diesen gefangen nehmen zu können, 63 Triumph, 56 gestorben, brachte von seinen Feldzügen, die ihn bis nach Armenien führten, die Kirsche nach Europa und machte so seinen Namen zum Inbegriff des Essensgenusses.

90 Marcus Aurelius Cotta, 77 Prätor, 74 Konsul, 73 Prokonsul in Pontos und Bithynien, 67 wegen Beuteunterschlagung verurteilt.

Buch III

Frgm. 3

Geboren, um Geld zu verschwenden und frei von Sorgen außer den bevorstehenden[91] …

Frgm. 4

Antonius ist vor wenigen Tagen aus der Stadt ausgebrochen.

Frgm. 5

Antonius konnte die Truppen nicht leicht von den Schiffen fernhalten, weil ein Geschoss geworfen werden konnte zu dem engen Eingang.[92] Und auch Mamercus folgte den Feinden zur Rechten der gemeinsamen Flotte in der ruhigen Hitze auf das offene Meer, wo er nicht sicherer war. Und schon einige Tage … durch das Zögern traurig, als die Schutztruppen der Ligurer in die Alpen gegangen waren. Auf Vorladung an die Terentiner wurde verhandelt, ob sie zu Sertorius hinsegeln. Weil es Antonius und den Übrigen gefiel, mit Schiffen nach Hispanien zu eilen, kamen sie nach vier Tagen in das Gebiet der Aresinarier[93] mit der ganzen Flotte der Kriegsschiffe, welche sie repariert hatten oder …

Frgm. 6

Durch den Fluss Dilunus[94] von den Feinden getrennt, welchen er nicht überschreiten konnte, der aber von wenigen verteidigt werden konnte. … führte er sein Heer hinüber. Dann kam der Legat Afranius,[95] mit den Reitern vorausgeschickt, mit einem Teil der Kriegsschiffe auf der Insel an und erwartete, dass er durch den unvorhergesehenen Schrecken die Stadt zurückerobern könnte, die für den Nachschub aus Italien günstig

---

91 Marcus Antonius, 74 Prätor und 73–71 Prokonsul mit Imperium gegen die Seeräuber, die Mithridates im Osten und Sertorius im Westen unterstützten. Von diesen wurde er auf Kreta geschlagen und er starb dort; Vater des Triumvirn, Cicero beschreibt ihn als habgierig und unfähig, freigiebig nennt ihn dagegen Plutarch. Vor seinem Feldzug in Kreta war er im westlichen Mittelmeer (Hispanien und Sizilien) tätig, worüber allerdings nur wenige Nachrichten überliefert sind.

92 Welcher Ort gemeint ist, ist nicht bekannt.

93 Sonst nicht erwähnter Volksstamm im Hispanien.

94 Sonst nicht bekannt.

95 Afranius, Legat des Pompeius in den Kriegen gegen Sertorius und Mithridates, 60 Konsul; von Pompeius nach Hispanien geschickt, wurde er 49 von Caesar besiegt.

war. … auf den Ort vertrauend, änderte er nichts an seiner Meinung; weil ja der Hügel an den Seiten ins Meer und auf der Rückseite durch hochragende …, sodass durch einen engen und sandigen Eingang …

Frgm. 46

Denn diesen über das gewohnte Maß unredlichen Beamten …, weil durch die ganze Provinz durch die Missernten der zwei folgenden Jahre der Preis für die Früchte hoch war …

Frgm. 47

Nach der Rückkehr derer, denen der Senat Dank für den Krieg gegen Lepidus abstattete[96] …

Frgm. 48: Die Rede des Volkstribunen Macer an das Volk (73 v. Chr.)

Wenn ihr, Bürger, den Unterschied zu gering schätztet, der zwischen dem euch von den Vorfahren überlieferten Recht und der von Sulla hergestellten Knechtschaft besteht, müsste ich wohl viel erörtern und euch belehren, wegen welcher Ungerechtigkeiten und wie oft die Plebs bewaffnet von den Vätern auszog und da sie sich die Volkstribunen als Anwälte ihres ganzen Rechts verschafft hat. 2 Nun bleibt nur, euch zu ermuntern und zuerst den Weg zu gehen, von dem ich glaube, dass durch ihn die Freiheit erobert werden muss. 3 Und es entgeht mir nicht, wie viele Macht der Nobilität ich alleine, machtlos, ein anscheinend erfolgloser Amtsträger, begonnen habe, aus der Herrschaft zu vertreiben, und wie viel sicherer die Partei der Schädiger handeln kann als der unschuldige Einzelne. 4 Aber außer einer guten Hoffnung durch euch, welche die Angst besiegt hat, habe ich festgestellt, dass die Widrigkeiten im Kampf um die Freiheit für einen tapferen Mann besser sind als gar nicht gekämpft zu haben.[97]

5 Obwohl alle anderen, für euer Recht gewählt, die ganze Kraft und ihre Befehlsgewalt entweder für sich selbst oder um der Hoffnung willen oder aufgrund von Bestechung gegen euch wenden, halten sie es für besser, sich

---

96 Marcus Aemilius Lepidus, 78 Konsul, weigerte sich am Ende seiner Amtszeit abzudanken und wurde auf seinem Marsch nach Rom von Catulus und Pompeius im Auftrag des Senates besiegt.

97 Als Volkstribune sind nach der Unterbrechung des Amtes durch Sulla für 77 Marcus Terpolius, für 76 Gnaeus Sicinius, für 75 Quintus Opimius, für 74 Lucius Quinctius und für 73 Lucius Licinius Macer bekannt.

für Entlohnung zu vergehen, als ohne Lohn das Rechte zu tun. **6** *Daher haben sich alle in die Herrschaft einiger weniger begeben, die im Namen des Krieges die Staatskasse, die Heere, die Reiche, die Provinzen besetzen und aus eurer Beute eine Schutzwehr haben, weil ihr, die Menge, euch inzwischen nach der Art des Viehs darbietet, um besessen und ausgebeutet zu werden, aller Dinge beraubt, die euch eure Vorfahren hinterlassen hatten, außer dass ihr für euch selbst durch Wahlen, wie einst die Vorsteher, jetzt eure Herren wählt.* **7** *Daher zog es alle dorthin, aber bald, wenn ihr das eure zurückverlangt habt, werden die meisten zu euch wechseln. Wenige nämlich haben den Mut, das zu verteidigen, was sie gutheißen, die Übrigen gehören den jeweils Stärkeren.*

8 *Oder habt ihr Zweifel, dass euch etwas aufhalten kann, wenn ihr ein-mütig voranschreitet, die man euch schon fürchtet, da ihr matt und träge seid? Wenn nicht doch zufällig Gaius Cotta,*[98] *der aus der Partei heraus Konsul wurde, anders als aus Furcht den Volkstribunen bereits etwas ge-währt hat. Und obwohl Lucius Sicinius,*[99] *der Erste, der es wieder wagte, von der Amtsgewalt der Volkstribunen zu sprechen, überwältigt wurde, als ihr unschlüssig wart, fürchteten jene euren Hass, noch bevor euch das Unrecht zuwider war. Darüber kann ich mich nicht genug wundern, Bürger, denn dass die Hoffnung vergeblich war, habt ihr verstanden.* **9** *Nach dem Tod Sullas, der uns die verbrecherische Knechtschaft aufgedrückt hatte, glaubtet ihr an ein Ende des Übels. Da kam der bei Weitem grausamere Catulus*[100] *empor.* **10** *Ein Aufruhr kam dazwischen im Konsulat von Brutus und Mamercus,*[101] *dann herrschte Gaius Curio*[102] *bis zum Tod des unschul-digen Tribuns.*[103] **11** *Mit wie viel Mut Lucullus*[104] *im vorigen Jahr gegen*

---

98 Gaius Aurelius Cotta, von dem die Rede in Buch II (Frgm. 47) stammt.
99 Lucius oder Gnaeus Sicinius, 76 Volkstribun, ein pointierter Redner, möglicherweise er-mordet, hatte 76 versucht, das Volkstribunat wiederzubeleben; sein Hauptgegner war Curio, der damals amtierende Konsul.
100 Quintus Lutatius Catulus, Sohn des gleichnamigen Siegers mit Marius über die Kim-bern, Optimat, 81 Prätor, 78 Konsul, 73 verteidigte er oder sein Sohn Catilina erfolgreich in einem Prozess, 70 Richter im Verresprozess, 65 Zensor, 63 Distanzierung von Catilina, seine Lebensführung galt als vorbildlich, Gegner Pompeius' und Caesars, dem er bei der Wahl zum Pontifex maximus unterlegen war. Ihn als grausamer denn Sulla zu bezeichnen, ist übertrieben und spielt wohl auf seine Entschlossenheit gegen Lepidus an.
101 77 v. Chr.; in diesem Jahr wurde Lepidus' Aufstand niedergeschlagen.
102 Gaius Curio, 90 Volkstribun, 86 Legat in Griechenland, bereicherte sich an Sullas Pro-skriptionen, 80 Prätor, 76 Konsul, 75–74 Prokonsul auf dem Balkan, erreichte als erster Römer die Donau. Unterstützte 63 Cicero gegen Catilina, ab 60 Pontifex, gestorben 53.
103 Sicinius.
104 Lucius Licinius Lucullus, Konsul 74.

Lucius Quinctius[105] *vorging, habt ihr gesehen.*[106] *Welcher Aufruhr wird nun von mir ausgelöst! Dieser würde allerdings vergeblich betrieben, wenn sie, bevor sie eurer Knechtschaft ein Ende setzen, es ihrer Herrschaft setzen; vor allem, wenn in diesem Bürgerkrieg zwar verschiedene Begriffe verwendet, aber tatsächlich von beiden Seiten um die Herrschaft über euch gestritten würde.* **12** *Daher brannte das Übrige aus Zügellosigkeit oder Hass oder Gier nur für eine Weile, es blieb nur eines, was wirklich auf beiden Seiten umkämpft und für die Nachkommen entrissen wurde, die tribunizische Gewalt, welche euch von den Vätern als Waffe der Freiheit verschafft worden war.* **13** *Wozu ich euch ermahne und worum ich bitte, ist, dass ihr aufmerksam seid und nicht die Namen der Dinge gemäß eurer Trägheit ändert und die Knechtschaft Muße nennt. Diese selbst zu genießen, fehlt die Bedingung, wenn die Schande das Wahre und Ehrenvolle besiegt hat. Dies wäre möglich gewesen, wenn ihr ganz und gar geschwiegen hättet. Nun sind sie aufmerksam geworden, und wenn ihr nicht siegen werdet, werden sie euch, weil ja jedes Unrecht unter Druck sicherer verübt werden kann, noch kürzer halten.*

14 *»Was denkst du also?«, könnte von euch jemand einwerfen. Zuerst von allem müsst ihr die Sitte ablegen, nach der ihr mit schneller Zuge und trägem Herzen handelt und jenseits des Ortes der Volksversammlung nicht an die Freiheit denkt.* **15** *Dann – nicht dass ich euch zu jener männlichen Gesinnung rufe, durch welche eure Vorfahren die plebejischen Tribune und Stimmrechte frei von patrizischer Beeinflussung geschaffen haben, als der Magistrat nur den Patriziern gehörte –, wenn die ganze Kraft, Bürger, in euch liegt, und ihr die Befehle, die ihr nun für andere ausführt, jedenfalls auch für euch ausführen oder bleiben lassen könnt – wollt ihr da Jupiter oder einen anderen Gott als Ratgeber erwarten?* **16** *Jene große Herrschaft der Konsuln und die Beschlüsse der Senatoren macht ihr durch eure Befolgung gültig, Bürger, und darüber hinaus beschleunigt ihr das Unrecht gegen euch, das ihr noch vergrößert und unterstützt.* **17** *Aber ich ermuntere euch nicht zur Rache für das Unrecht gegen euch, mehr dass ihr Ruhe begehrt; indem ich nicht Zwietracht will, damit jene Klage führen können, sondern das Ende*

---

105 Lucius Quinctius, 74 Volkstribun, 68 Prätor, geschickter Redner, setzte sich entschieden
     für die Wiederherstellung des Volkstribunates ein.
106 Konsul Lucullus war Quinctius energisch entgegengetreten, die Maßnahmen sind im
     Einzelnen nicht bekannt.

der Zwietracht, fordere ich nach Völkerrecht den Besitz zurück,[107] und wenn sie ihn hartnäckig zurückhalten, fordere ich nicht, Waffen oder einen Aufruhr anzuwenden, sondern dass nicht noch mehr von eurem Blut vergossen werde. **18** *Ihre militärische Befehlsgewalt mögen sie besitzen und führen, sie mögen nach Triumphen streben, Mithridates, Sertorius und die Übrigen im Exil mögen sie verfolgen mit ihren Ahnenbildern: Fern seien Gefahr und Mühen von denen, die keinen Anteil am Nutzen haben,* **19** *wenn sie nicht zufällig aufgrund jenes überraschenden letzten Getreidegesetzes[108] eure Leistungen bezahlen. Durch dieses Gesetz aber haben sie die Freiheit aller auf je fünf Scheffel Korn geschätzt, die in der Tat nicht mehr leisten als Gefängniskost. Denn wie jenen der Tod aus Armut erspart wird, aber die Kräfte erlahmen, so löst eine so kleine Gabe nicht die Sorge um die Familie und enttäuscht sogar die Mutlosigkeit in ihrer schwächsten Hoffnung.* **20** *Welch ein Stumpfsinn aber wäre diese Hilfe, wenngleich sie groß wäre, weil sie ja als Preis der Knechtschaft dargeboten würde: getäuscht zu werden und über das Unrecht hinaus für eure Dinge noch Dank zu schulden?* **21** *Vor List muss man sich hüten. Denn auf andere Weise sind sie weder stark noch werden sie es auch nur versuchen. Deshalb bieten sie gleichzeitig Besänftigung und vertrösten euch auf die Ankunft Gnaeus Pompeius', den sie, sobald sie ihn in ihrem Nacken fürchteten, in den Himmel hoben, schnell aber, nachdem sie ihre Angst abgelegt hatten, zerfleischten.* **22** *Und sie schämen sich nicht, während sie sich als Beschützer der Freiheit ausgeben, die sie so viele Männer sind, ohne den einen, entweder nicht zu wagen das Unrecht gutzumachen oder das Recht nicht verteidigen zu können.* **23** *Mir allerdings ist es offensichtlich genug, dass Pompeius, ein junger Mann von solchem Ruhm, lieber mit eurer Zustimmung Alleinherrscher sein will, als bei ihnen Teilhaber der Herrschaft, und dass er vor allem Urheber der (neuen) tribunizischen Gewalt sein wird.[109]* **24** *Tatsächlich, ihr Männer, vorher habt ihr als einzelne Bürger bei vielen, nicht alle bei einem Schutz gefunden. Und keiner von den Sterblichen konnte solches gewähren oder entziehen.*

---

107 Die Formel verwendeten die römischen Priester, wenn sie ordnungsgemäß einem anderen Volk den Krieg erklärten zur Rückgabe entwendeten Besitzes.

108 Gemeint ist das Getreidegesetz unter den Konsuln des Jahres 73, Terentius Varro Lucullus und Gaius Cassius Longinus. Es verfügte den Ankauf von Getreide auf Staatskosten und die Verteilung an ärmere Bevölkerungsschichten, pro Kopf die Ration eines Sklaven.

109 Der 33-Jährige entsprach durchaus dieser Erwartung. Er wurde Konsul im Jahr 70 und stellte das Volkstribunat wieder her.

25 *Daher ist jetzt genug geredet. Denn nicht Unwissenheit verhindert die* *Sache.* **26** *Aber ich weiß nicht, welche Erstarrung euch ergriffen hat, weshalb* *ihr weder durch Ruhm noch durch Verbrechen bewegt werdet, und alles* *habt ihr gegen die gegenwärtige Trägheit ausgetauscht, indem ihr meint,* *Freiheit gäbe es im Übermaß, weil man eure Rücken verschont,[110] und es* *euch erlaubt ist, hierhin und dorthin zu gehen, als seien dies Geschenke* *der reichen Herren.* **27** *Und dieselben stehen nicht den Bauern zu, sondern* *sie werden getötet bei den Feindschaften der Mächtigen und als Geschenk* *den Beamten in den Provinzen hingegeben.* **28** *So kämpft und siegt man für* *wenige. Das Volk, was auch immer passiert, ist immer bei den Besiegten und* *wird es von Tag zu Tag mehr sein, jedenfalls wenn jene mit größerer Hingabe* *ihre Herrschaft festhalten, als ihr eure Freiheit zurückfordert.*

Frgm. 74

Denn die Grausamsten von allen sind zurzeit die Achaier und die Tau-rer,[111] weil sie, soviel ich vermute, durch Mangel an Land, gezwungen sind, vom Raub zu leben.

Frgm. 76

Die Skythen haben (in ihren Reihen) Nomaden, welche in Wagen woh-nen.[112]

Frgm. 88

Aber Pompeius glaubte von Jugend an durch die Reden seiner Förderer, dass er König Alexander ähnlich sei, und wurde zum Nachahmer von dessen Taten und Beschlüssen.

Frgm. 89

Von den besiegten Hispaniern stellte er[113] auf dem Kamm der Pyrenäen Siegeszeichen auf.

---

110 Die Prügelstrafe durfte gegen römische Bürger ohne Appellation an das Volk seit 198 nicht mehr vollzogen werden. Dies hatte der Prätor Marcus Porcius Cato durchgesetzt. Nicht gewiss ist, inwieweit dies auch für die Landbevölkerung durchgesetzt wurde.
111 Zwei Volksstämme in Griechenland.
112 Dass die nomadisierenden Skythen in Wagen wohnten, beschrieb schon Herodot, Geschichte, 4,46 + 69; Diese dienten wohl vor allem den Frauen, Kindern und Alten. Diese Gruppen könnten aber durchaus auch feste Winterquartiere besessen haben.
113 Pompeius nach dem Krieg gegen Sertorius.

Frgm. 96

A Sie[114] trockneten ihre Pfähle mit Feuer, denen, von ihrer Form abgesehen, die für den Krieg notwendig ist, nicht viel anders als mit Eisen geschadet werden konnte. Aber Varinius[115] entsandte, während dies von den Sklaven erledigt wurde, weil ein Teil der Soldaten durch das belastende Klima des Herbstes krank war, und weil von der letzten Flucht, obwohl es durch einen strengen Beschluss befohlen war, mancher zu den Feldzeichen nicht zurückgekehrt war und die Übrigen durch schwerste Vergehen die militärische Zucht zerstörten, seinen Quästor Gaius Thoranius,[116] durch dessen Anwesenheit die Wahrheit am leichtesten herausgefunden werden konnte, nach Rom. Und dennoch … inzwischen mit den viertausend **B** Willigen … mit großen Mühen … Darauf marschierten die Sklaven, als die Nahrungsmittel schon aufgebraucht waren, damit nicht den Plünderern aus der Nähe der Feind drohte, gewohnt in der Weise der Soldaten Nachtwachen und Stützpunkte und andere Sicherungen aufzustellen, zur zweiten Nachtwache in aller Stille alle heraus und ließen den Hornbläser im Lager. Und damit es von ferne aussah, als gäbe es eine Nachtwache, setzten sie auf feste Pfähle aufrecht Leichen von gerade erst Verstorbenen und zündeten viele Feuer an zum Schrecken … **C** Aber Varinius, der, als es schon sehr hell war, das gewohnte Geschrei der Sklaven vermisste und im Lager den Haufen der Steine, dazu das Dröhnen und die Unruhe und die Geräusche der sich überall Drängenden, schickte Reiter auf einen nahe gelegenen Berg, damit sie ausforschten, … **D** Nach einigen Tagen begann gegen die Sitte das Zutrauen für unsere Leute zu wachsen und es gab Küchengeschwätz. Dadurch führte Varinius, gegenüber der beobachteten Sache unvorsichtig, die neuen und unerfahrenen und durch Schicksale anderer erschütterten Soldaten dennoch zum Lager der Sklaven in schnellem Schritt, diese allerdings schwiegen schon und nahmen nicht besonders mutig den Kampf auf, wie sie ihn gefordert hatten. Und jene (die Sklaven) waren durch den Streit um den Plan untereinander einem Aufstand nah, Crixus[117] und die Gallier, von demselben

---

114 Der vorliegende Abschnitt berichtet vom Sklavenkrieg gegen Spartacus.
115 Publius Varinius, 82 Quästor, 73 Prätor, von Spartacus geschlagen, 72 als Promagistrat in Hispanien.
116 Gaius Thorianus, 73 Quästor, später von Spartacus geschlagen.
117 Keltischer Gladiator in der Fechterschule von Capua, neben Spartacus bedeutendster Führer des Sklavenaufstandes, war später mit diesem uneinig und trennte sich von ihm, 72

Volk, und die Germanen wollten ihnen entgegengehen und darüber
hinaus einen Kampf beginnen, Spartacus[118] dagegen …

Frgm. 98

A … und des Vaterlandes vergessend, die meisten wie Sklaven … über
die Beute und die Grausamkeit hinaus … *B* schien der beste Plan … zu
sein. Darauf mahnte er sie,[119] dass sie auf die offeneren Felder und mehr
zu den Viehzüchtern hinausgehen sollten, wo er, bevor Varinius nach der
Auffrischung des Heeres da sein würde, die Zahl durch ausgehobene
Männer vermehren wollte. Und schnell fand er einen geeigneten Führer
unter den gefangenen Picentinern,[120] dann gelangte er ungesehen über
die Eburiner Berge nach Nares Lucanae[121] und von dort bei Sonnenaufgang an das Annius-Forum,[122] ohne dass die Einwohner damit rechne-
ten. Und sofort begannen die Sklaven, gegen den Befehl des Anführers,
zu rauben, junge und alte Frauen zu vergewaltigen, andere … *C* nun die
Widerstand Leistenden und verspotteten sie, verletzten sie gleichzeitig
in unsagbarer Weise mit einer schrecklichen Wunde, manchmal den
zerfleischten Körper halb tot liegen lassend; andere legte Brände an
die Dächer, und viele Sklaven von dort, denen ihre Geschicklichkeit
Gefährten gab, zogen das, was von ihren Herren verborgen worden
war, oder sogar jene selbst aus dem Versteck. Und nichts war heilig
und tabu vor dem Zorn der Barbaren und der Gesinnung der Sklaven.
Dies konnte Spartacus nicht verhindern, obwohl er viele Bitten an sie
richtete, und sie schritten schnell voran. *D* … die Boten … und nicht …
grausam … die Beschäftigten … schwer … diesen Tag und die folgende
Nacht … verdoppelt … in deren Anzahl … bei Sonnenaufgang … im
Feld genug … in Gebäuden … und damals war das Herbstgetreide auf
den Äckern früh reif. Aber in …

---

wurde sein Heer besiegt, er selbst starb in der Schlacht.
118 Spartacus, thrakischer Gladiator in derselben Schule wie Crixus, beide flohen 73 mit etwa
     70 Anhängern und gewannen starken Zulauf. Ihr Aufstand breitete sich in Kampanien und
     Lukanien aus. Beide befehligten bis zu 40 000 Mann. 71 wurde er von Crassus geschlagen
     und fiel in diesem Kampf.
119 Spartacus seine Anhänger.
120 Spartacus und seine Anhänger waren auf ihrer Flucht vor den Truppen des Varinius nach
     Picentia (heute Vicenza bei Amalfi) gezogen und hatten dort nicht nur geplündert, sondern
     auch Gefangene gemacht.
121 Ein Bergpass zwischen Lukanien und Kampanien.
122 Ein nur bei Sallust genannter Ort, der nicht sicher identifiziert werden kann.

Buch IV

Frgm. 1

Aber sein Kollege Gnaeus Lentulus,[123] von patrizischer Abstammung, dem der Beiname Clodianus gegeben worden war, von dem unsicher ist, ob er eher ein Tölpel oder ein Betrüger war, brachte ein Gesetz über das Geld ein, welches Sulla den Käufern der Güter zurückgeschickt hatte, damit dieses Geld wieder eingetrieben würde.

Frgm. 25

Sich nach Sizilien neigend erstreckt es sich in denselben Landengen nicht weiter als 35 Meilen …

Frgm. 26

Dass Sizilien einst mit Italien verbunden war, steht hinreichend fest, aber der mittlere Abschnitt wurde entweder durch die Niedrigkeit überflutet oder durch die Enge durchschnitten. Dass es aber gebogen ist, macht die weiche und niedrige Natur des italischen Bodens, auf welchen die Rauheit und die Höhe Siziliens die Brandung zurückwirft.

Frgm. 27

Die Anwohner nennen den ins Meer ragenden Felsen Scylla, von ähnlich berühmter Form für die von ferne Schauenden. Woher ihm auch die Sagen ein so unheimliches Aussehen verliehen haben wie die Gestalt eines Menschen, umgürtet von Hundsköpfen, weil sich dort das Anschlagen der Brandung wie Hundegebell anhört.

Frgm. 28

Charybdis, ein Meer voller Strudel, welches zufällig hineingeratene Schiffe aufsaugend in unsichtbare Schlünde zieht, erstreckt sich 60 Meilen am Ufer von Tauromenion[124] entlang, wo die Überreste der zerbrochenen Schiffe wieder aus der Tiefe auftauchen.

---

123 Gnaeus Cornelius Lentulus Clodianus, Volkstribun, 75 Prätor, 72 Konsul, brachte unter anderem ein Gesetz ein, nach welchem diejenigen, die Güter der von Sulla proskribierten umsonst erhalten hatten, nun dafür zu bezahlen hatten, 70 Zensor.
124 Das heutige Taormina an der Südostküste Siziliens.

Frgm. 32

Gaius Verres[125] sicherte die nahen Küsten Italiens.

Frgm. 42

Und durch viele Vermutungen hielt man ihn für den, der die Wünsche für das Volk umsetzen würde.[126]

Frgm. 43

Marcus Lollius Palicanus,[127] ein Picener niedrigen Ranges, mehr ge-schwätzig als tatkräftig.

Frgm. 44

Groß eine Rede beginnend …

Frgm. 45

Wenn man vor seiner Ankunft zwischen den Senatoren und dem Volk nicht übereingekommen wäre, werde man sich in seiner Gegenwart Mühe geben.[128]

Frgm. 46

Diese Sitte wurde allerdings wie Schmutz in die Stadt hineingeworfen.

Frgm. 47

Er hatte beschlossen, so viel wie möglich zu bebauen, wobei er es der Menge zeigte, um bald für die gewünschten Dinge eine Helferin zu haben.

---

125 Gaius Verres, geboren um 115, aus Etrurien, 79 Proquästor Sullas, 74 Prätor, 73 Proprätor in Sizilien, nutzte jedes Amt und jede Vertrauensstellung, die er innehatte, zur rücksichts-losen Ausbeutung sowie zur Rechtsbeugung. Auch die hier angesprochene Sicherung des römischen Kornbedarfs, der aus Sizilien gedeckt wurde, sowie der Abwehr von Seeräubern, geschah unter Anwendung von Terrormaßnahmen. Dafür zur Verantwortung gezogen, ging er im Jahre 70 freiwillig ins Exil.
126 Pompeius.
127 Marcus Lollius Palicanus, Gegner Sullas, 71 Volkstribun, der um die volle Wiederherstel-lung des Amtes kämpfte, Anhänger des Pompeius, 69 Prätor.
128 Die Rede ist von Pompeius.

Frgm. 48

Den jüngeren Kollegen und seinen Verehrer erwartend.[129]

Frgm. 49

Er entließ das Heer, sobald er von den Alpen herabgestiegen war.[130]

Frgm. 51

Crassus[131] bekämpfte mehr den Kollegen, als dass er ein bedeutender Ausführer des Allgemeinwohls oder des allgemeinen Übels gewesen wäre.

Frgm. 69: Der Brief des Mithridates

König Mithridates grüßt König Arsaces.[132]

Alle, die, selbst in einer glücklichen Lage, um Beistand in einem Krieg gebeten werden, müssen überlegen, ob es erlaubt ist, dann Frieden zu halten, außerdem, ob das, was dabei angestrebt wird, hinreichend redlich, sicher und ruhmvoll ist oder eher schändlich. *2* Wenn es dir gestattet wäre, dauernden Frieden zu genießen, wenn nicht die Feinde geschickt und überaus verbrecherisch wären – du wirst den größten Ruhm ernten, wenn du die Römer in die Enge treibst – ich würde nicht wagen, um ein Bündnis zu bitten, und vergeblich hoffen, mein Unglück mit deinen guten Umständen verbinden zu wollen. *3* Aber was dich abhalten zu können scheint, der Zorn auf Tigranes[133] wegen des jüngsten Krieges[134] und meine unerfreuliche Lage, wird dich am meisten ermuntern, wenn du sie wahrheitsgemäß einschätzen willst. *4* Jener wird nämlich demütig die Gemeinschaft, wie du sie willst, annehmen,

---

129 In den vorherigen und nachfolgenden Fragmenten ist von Pompeius die Rede. Er war im Konsulat 70 der jüngere Kollege des Crassus, dessen Verehrer war er allerdings nicht.

130 Pompeius.

131 Marcus Licinius Crassus Dives, geboren 115, durch Sullas Proskriptionen reich geworden, 73 Prätor, 72 Prokonsul zur Beendigung des Sklavenkrieges, vernichtete Spartacus und ließ 6000 Sklaven kreuzigen, 70 Konsul, 65 Zensor, 60 Triumvir mit Pompeius und Caesar, 53 im Krieg gegen die Parther gefallen.

132 Phraates III. Arsaces, König der Parther, zunächst neutral zwischen Römern und Mithridates, dann im Bündnis mit Pompeius, 58/57 von seinen beiden Söhnen ermordet.

133 Tigranes I., König von Armenien 95 bis 55 v. Chr., verbündet mit Mithridates und dessen Schwiegersohn, nach Pompeius Sieg über ihn im Jahre 70 auf seinen ursprünglichen Herrschaftsbereich beschränkt.

134 Zwischen den Parthern und Armeniern 88/87 nach einem Angriff des Tigranes.

mir gab das Schicksal, nachdem mir so viele Dinge entrissen worden waren, den Gebrauch guter Beratung und was für die, die mächtig sind, wünschenswert ist: Ich gebe, da ich nicht der Mächtigste bin, ein Beispiel, durch welches du umso richtiger deine Angelegenheiten ordnen solltest.

5 Denn die Römer haben, um Krieg mit Nationen, Völkern und Königen zu führen, immer den einen alten Grund, nämlich die tief sitzende Gier nach Herrschaft und Reichtum. Deswegen fingen sie zuerst mit Philipp, dem König der Makedonier,[135] Krieg an und täuschten Freundschaft vor, solange sie von den Karthagern bedrängt wurden. **6** Als Antiochos[136] ihm zu Hilfe kam, machten sie diesen durch List, indem sie ihm Asien zugestanden, jenem abspenstig, und bald, nachdem Philipp überwältigt worden war, wurden ihm das ganze Gebiet diesseits des Tauros und 10 000 Talente geraubt. **7** Darauf töteten sie Perseus,[137] Philipps Sohn nach vielen und wechselhaften Kämpfen, der sich bei Samothrake in den Schutz der Götter begeben hatte, trickreich und findig und unter Treuebruch, weil sie ihm vertraglich das Leben zugesichert hatten, durch Schlafentzug.[138] **8** Eumenes,[139] dessen Freundschaft sie stolz zeigten, verrieten sie zuerst an Antiochos, um den Lohn des Friedens. Später hielten sie ihn als Wächter des eroberten Gebietes und machten aus dem König durch Zahlungen und Beschimpfungen den elendesten aller Sklaven; und durch ein gefälschtes, ruchloses Testament führten sie seinen Sohn Aristonikos,[140] weil er die väterliche Königsherrschaft anstrebte, wie einen Feind im Triumphzug mit, und

135 Zu ihm vgl. die Anm. zu Frgm. 52,4.

136 Zu ihm vgl. Anm. zu Frgm. 52,4.

137 Perseus, letzter König von Makedonien 179–168 und entschiedener Feind der Römer, von diesen aber in der Schlacht bei Pydna besiegt, zunächst auf der Flucht, aber 167 im Triumphzug mitgeführt und 165 oder 162 als Gefangener gestorben.

138 Diese Version seines Todes berichtet Plutarch im Leben des Lucius Aemilius Paullus 37,2–3; es gibt aber auch die Überlieferung vom Selbstmord des Perseus.

139 Eumenes II. Soter, Sohn Attalos' I., König von Pergamon ab 197, unterstützte Rom in vielen Kämpfen und erhielt daher im Vertrag von Apameia 188 fast das ganze kleinasiatische Gebiet des Seleukidenreiches, von Perseus entführt, wurde er bereits durch einen Nachfolger ersetzt, kehrte aber nach Pergamon zurück und übernahm die Herrschaft wieder, ohne dass es zu Familienstreitigkeiten gekommen wäre. Bei den Römern in den Verdacht der Nähe zu Perseus geraten, wurde ihm die Einreise verweigert. Er war der Gründer der Bibliothek von Pergamon.

140 Illegitimer Sohn des Eumenes, der 133 einen Putsch unternahm und 130 von Konsul Marcus Perperna besiegt wurde. Ob er im Triumphzug mitgeführt wurde, ist unklar.

Asien wurde von ihnen besetzt. *9* Schließlich plünderten sie nach dem Tode des Nikomedes[141] Bithynien, obwohl es einen Sohn von Nysa gab, die er als Königin bezeichnet hatte.

10 Und was soll ich noch von mir sagen? Mich, der ich überall durch Königreiche und Fürstentümer von ihrem Reich getrennt bin, reizen sie, weil das Gerücht lautet, dass ich reich sei und nicht dienen wolle, durch Nikomedes zum Krieg, der ich ihre Verbrechen sehr wohl kenne und den Kretern, die als Einzige damals noch frei waren,[142] voraussagte, was geschehen würde, ebenso dem König Ptolemaios.[143] *11* Und ich warf, indem ich das Unrecht rächte, Nikomedes aus Bithynien hinaus, nahm Asien, die Beute des Königs Antiochos, und nahm die schwere Knechtschaft von Griechenland. *12* Meine Unternehmungen behinderte Archelaos,[144] der letzte aller Sklaven, indem er das Heer verriet. Diejenigen, welche Trägheit oder böse Schlauheit von den Waffen abgehalten hatte, damit sie durch meine Anstrengung sicher sein würden, erlitten die schlimmsten Strafen. Während Ptolemaios[145] gegen Bestechung den Krieg Tag für Tag hinauszögerte, werden die schon einmal angegriffenen Kreter kein Ende erleben außer durch ihre Vernichtung. *13* Auch wenn ich begriff, dass mir die Kämpfe wegen ihrer eigenen inneren Unruhen eher aufgeschoben wurden, als das Friede gewährt würde, habe ich, während sich Tigranes verweigerte, der meine Worte ernsthaft begrüßte, und du weit entfernt warst und alles andere ungünstig stand, dennoch den Krieg wieder aufgenommen und Marcus Cotta, den römischen Anführer bei Chalkedon zu Lande und auf dem Meer mit der prächtigsten Flotte besiegt. *14* Bei Kyzikos[146] fehlte mir, als ich mit einem großen Heer eingeschlossen war, das Getreide, da mich

---

141 Nikomedes IV. Philopator, König von Bithynien 94 bis 74. Ließ seine Gattin Nysa hinrichten und erkannte den gemeinsamen Sohn nicht als Nachfolger an, sondern vermachte sein Reich testamentarisch den Römern.

142 Während die übrigen Teile Griechenlands bereits von Rom erobert worden waren; Kreta wurde erst 69 bis 67 unterworfen.

143 Ptolemaios VIII. Euergetes, König von Ägypten ab 170 mit Unterbrechungen bis zu seinem Tod 116 v. Chr. Seine Herrschaft war von dauernden Thronstreitigkeiten in Ägypten und dessen Reichsteilen gekennzeichnet. 139 erhielt er Besuch von einer römischen Delegation, die sich nach der Überlieferung sehr arrogant verhielt.

144 Einer der Generäle des Mithridates, der mehrere Schlachten gegen Sulla verlor und nach dem Verlust des Vertrauens Mithridates' zu den Römern übertrat.

145 Im Gegensatz zur letzten Erwähnung ist hier Ptolemaios XI. Auletes gemeint, König von Ägypten ab 81/80, vererbte sein Reich testamentarisch an Rom.

146 Stadt am Südufer des Marmarameeres, blieb nach der Errichtung der Provinz Asia frei.

niemand in der Umgebung unterstützte. Gleichzeitig erlaubte es der Winter nicht, auf dem Seeweg welche zu erhalten. So versuchte ich, mich ohne Gewalt der Feinde in das väterliche Königreich zurückzuziehen und verlor durch Schiffbruch bei Parion und Herakleia[147] meine besten Soldaten samt den Schiffen. **15** Nachdem ich darauf mein Heer bei Kabera[148] wiederhergestellt hatte und es zwischen mir und Lucullus zu Kämpfen mit wechselhaftem Ausgang gekommen war, überfiel wiederum uns beide der Nahrungsmangel. Jenem blieb nur das vom Krieg unberührte Reich des Ariobarzanes,[149] ich wich nach Armenien aus, da alle Plätze um mich herum wüst waren. Und gemäß ihrer Sitte strebten die Römer danach, nicht mich, sondern alle Königreiche zu unterwerfen, und weil die Menge (meiner Soldaten) durch die Enge des Ortes nicht kämpfen konnte, nannten sie die Unklugheit des Tigranes (als Grund) für den Sieg.

16 Nun bitte ich dich, überlege, ob du angesichts meiner Bedrückung den Widerstand oder einen Friedensschluss für sicherer hältst. Ich weiß freilich, dass du viele Truppen an Soldaten, Waffen und Gold hast; und aufgrund dieser Tatsache wirst du von uns um Bundesgenossenschaft, von jenen wegen der Beute angegangen. Im Übrigen habe ich den Plan, während das Reich des Tigranes noch unberührt ist und meine Soldaten im Kampf erfahren sind, weit weg von daheim mit geringer Mühe aus eigener Kraft den Krieg zu beenden, weil wir ja weder siegen noch besiegt werden können, ohne dich in Gefahr zu bringen. **17** Oder weißt du nicht, dass die Römer, nachdem ihrem Eroberungszug im Westen der Ozean eine Grenze gesetzt hat, die Waffen hierher gewandt haben und von Anfang an nichts als Raub ihr eigen nannten, Haus, Frauen, Land und Herrschaft? Dass sie einst zusammengekommen sind, ohne Heimat und Eltern, als Seuche für die Welt begründet, denen nichts Menschliches noch Göttliches im Weg stand, ja selbst Bundesgenossen und Freunde, fern von ihnen wohnend, arm oder reich, auszuplündern und zu vernichten und alles, was ihnen nicht dient, vor allem Königrei-

---

147 In Parion, heute Kemer, an der Küste Mysiens gelegen, verlor Mithridates 30 000 Fußsoldaten, in Herakleia am Pontos verlor er seine Flotte und rettete sich auf ein Piratenboot.
148 Stadt im Königreich Pontos.
149 Arizobanes I. Philoromaios, 95 von den Kappadokiern mit römischer Erlaubnis zum König gewählt und von diesen nach mehreren Umstürzen immer wieder von Neuem als König eingesetzt.

che, als Feinde zu behandeln? *18* Denn nur wenige wollen die Freiheit, ein großer Teil wünscht sich gerechte Herren; wir stehen im Verdacht, Rivalen zu sein, und zum rechten Zeitpunkt werden wir als Rächer da sein. *19* Du aber, dem Seleukeia,[150] die größte aller Städte, und das Reich des Perseus einschließlich seiner Schätze gehören – was erwartest du von ihnen außer Hinterlist in der Gegenwart und Krieg in der Zukunft? *20* Die Römer besitzen Waffen gegen jeden, die schärfsten gegen die, bei denen die Beute, wenn man sie besiegt hat, am größten ist. Durch Kühnheit und Täuschung und das Hervorbringen von Kriegen aus Kriegen sind sie groß geworden. *21* Durch diese Sitte vernichten sie entweder alles oder gehen selbst zugrunde, was unschwer geschehen kann, wenn du von Mesopotamien und wir von Armenien aus sie umzingeln, ein Heer ohne Nahrung und ohne Hilfe, das bis jetzt nur mit Glück oder durch unsere Fehler unversehrt davongekommen ist. *22* Und du wirst den Ruf erlangen, dass du zur Hilfe aufgebrochen bist für große Könige und so Räuber zur Strecke gebracht hast. *23* Dass du dies tust, dazu ermahne und ermuntere ich dich, und dass du nicht lieber durch unser Unglück deines nur hinausschieben willst, statt in Gemeinschaft mit uns Sieger zu sein.

---

150 Seleukia am Tigris, heute Tell Umar am rechten Ufer, gegründet um 300 v. Chr. an der Stelle einer älteren Siedlung, kurze Zeit Hauptstadt des Seleukidenreiches (Syrien), seit 141 v. Chr. mit Unterbrechungen im Besitz der Parther.

Appendix Sallustiana

Einleitung

Die beiden Denkschriften an Caesar, deren Echtheit auch schon bestritten wurde, werden hier in der Reihenfolge ihrer Entstehung, nicht in der ihrer Überlieferung abgedruckt. Die Reformvorschläge richtet Sallust an Gaius Iulius Caesar, zu dessen politischen Anhängern er gehörte und in dem er die einzige Chance erblickte, die Verhältnisse in Rom wieder zu beruhigen und in geordnete Bahnen zu lenken. Caesar beabsichtigte allerdings im Gegensatz zu Sallust keineswegs die Wiederherstellung der republikanischen Verfassung. Den früheren Brief verfasste Sallust wahrscheinlich im Jahre 50, also nach der Eroberung Galliens durch Caesar und noch vor Ausbruch der neuen Phase des Bürgerkrieges, als sich allerdings der Bruch mit Pompeius schon abzeichnete.

Der spätere Brief stammt wohl aus dem Jahre 46 v. Chr., also nach Caesars Sieg über Pompeius. Er ist weniger idealistisch gehalten und kürzer.

Die Schmähschrift gegen den Optimaten Marcus Tullius Cicero dürfte wohl aus dem Jahre 54 v. Chr. stammen, als Cicero Vatinius verteidigte. Publius Vatinius, 63 Prätor, 59 Volkstribun, verschaffte in diesem Amt Caesar das Prokonsulat in Gallien für fünf Jahre und stellte diesem auch seine Privatpolizei zur Verfügung. 55 wegen Korruption angeklagt, wurde er von Cicero erfolgreich verteidigt, 51 war er Legat Caesars, 47 Konsul, 45 Prokonsul in Illyrien, das er zurückeroberte; er wurde auch zu Unrecht verdächtigt, als Pythagoreer Kinder geopfert zu haben. Auf die Verteidigung im Jahre 55 wird am Ende der Schrift angespielt. Zum Verständnis des Textes muss angenommen werden, dass er die Antwort auf einen Angriff Ciceros auf Sallust im Senat darstellt.

Sallusts Schmährede wird mehrheitlich für echt gehalten. Die Antwort Ciceros dagegen wurde schon in der Antike als Werk eines späteren Cicero-Verehrers – an einer Stelle Didius genannt – entlarvt. Insbesondere nimmt sie auf Ereignisse Bezug, die erst nach einer möglichen Abfassung durch Cicero (gest. 43 v. Chr.) geschahen.

Briefe an Gaius Iulius Caesar über die res publica

Der zweite, ältere Brief an Caesar

(1) Ich weiß wie schwierig und wie problematisch es ist, einem König oder einem Herrscher einen Rat zu geben, schließlich ist es schon bei einem Sterblichen so, der hervorragende Möglichkeiten hat, weil mit diesen ja bereits eine Menge Ratschläge verbunden sind; und im Hinblick auf zukünftige Dinge ist ohnehin niemand schlau und klug genug. *2* Zumal ja auch oft die schlechten Ratschläge erfolgreicher ausgehen als die guten, weil er die meisten Dinge mit Glück und aus eigenem Wollen heraus anpackt. *3* Ich strebte allerdings als junger Mann danach, mich der Politik zu widmen, und als ich diese kennenlernte, wandte ich viele Mühe und Sorgfalt auf, nicht nur darauf, ein Amt zu übernehmen, welches viele andere auf üble Weise erlangten, sondern auch um die *res publica* in Frieden und Krieg kennenzulernen, und zu erfahren, wie viel sie an Mauern, Waffen und Geld aufbieten konnte. *4* Daher hatte ich, als ich viel bei mir nachdachte, den Plan, meinen Ruf und meine Bescheidenheit in den Dienst deines Ansehens zu stellen und jede beliebige Gefahr auf mich zu nehmen, wenn nur aus diesem Ruhm etwas dir zugutekäme. *5* Und dies habe ich nicht von ungefähr oder wegen deines Erfolges so entschieden, sondern weil in dir eine einzigartige, wunderbare Art zu erkennen war, welche die anderen übertraf, indem du nämlich unter widrigen Umständen stets größeren Mut hattest als in günstigen. *6* Bei den übrigen Sterblichen aber ist diese Tatsache so berühmt, dass eher die Menschen davon erschöpft sind, deine Großzügigkeit zu loben und zu bewundern, als dass du erschöpft wärest, das zu tun, was des Ruhmes würdig ist.

(2) Mir ist jedenfalls klar geworden, dass nichts so weit aus der Tiefe hervorgeholt werden kann, dass du es nicht schon durch Nachdenken erfasst hast. *2* Und ich habe dir nicht deswegen das geschrieben, was ich von der *res publica* denke, weil ich meine Überlegung und meine Begabung für größer als angemessen hielte, sondern weil ich festgestellt habe, dass du zwischen den Mühen des Krieges und den Kämpfen und Siegen zu den Aufgaben in der Stadt gerufen werden musst. *3* Denn wenn du nur den Plan im Sinn hast, dass du dich vor einem Angriff der Feinde schützt und auf welche Weise du gegen einen ablehnend gesinn-

ten Konsul die Wohltaten für das Volk behauptest, so denkst du in einer deiner Tüchtigkeit unangemessenen Weise. *4* Wenn aber die Gesinnung in dir ist, die schon von Anfang an die Herzen der Nobilitätspartei verwirrt hat, die das römische Volk aus der schweren Knechtschaft wieder in die Freiheit gesetzt hat, die in deiner Prätur die Waffen der Feinde ohne Waffen zerstreut hat, zu Hause und im Krieg so viele und so berühmte Taten vollbracht hat, dass nicht einmal die Feinde wagen können, etwas zu beklagen außer deiner Größe, so vernimm du, was ich über den Kern der *res publica* zu sagen habe; dies wirst du dann tatsächlich entweder als wahr oder doch gewiss als nahe an der Wahrheit finden.

(3) Weil aber Gnaeus Pompeius entweder aus der Schlechtigkeit seines Herzens oder weil er nichts lieber will als das, was gegen dich gerichtet ist, und dadurch so herabgesunken ist, dass er den Feinden die Geschosse in die Hand legt, muss die *res publica* dort, wo er sie zerstört hat, von dir nun wiederhergestellt werden. *2* Zuerst von allem gab er die größte Macht, nämlich die Leitung des Steuerwesens, an einige wenige senatorischen Richter; die römische Plebs, die zuvor die höchste Gewalt innehatte, ließ er nicht einmal mit den ihr zustehenden Rechten in der Knechtschaft zurück. *3* Wenn auch die Gerichte, wie vorher, den drei Ständen übertragen wurden, so regieren diese dennoch die Parteigänger, geben und kaufen nach Belieben, umzingeln Unschuldige, erheben ihre eigenen Leute in die Ehrenämter. *4* Kein Verbrechen, nichts Schändliches oder Frevelhaftes steht dem entgegen, dass sie nach einem Amt greifen. Wo es vorteilhaft ist, ziehen sie alles an sich und plündern; schließlich benutzen sie die Stadt (Rom), als ob sie sie eingenommen hätten, nach Lust und Laune nach ihren eigenen Gesetzen. *5* Mich aber bedrückte nur eine schwache Angst, wenn sie einen aus der Tugend geborenen Sieg auf ihre Art durch die Knechtschaft ausspielten. *6* Aber diese absolut unfähigen Leute, deren ganze Kraft und Tugend in großen Worten liegt, üben die Herrschaft, die ihnen durch Zufall und Sorglosigkeit der anderen zugefallen ist, ganz dreist aus. *7* Denn welcher Aufruhr oder welche bürgerliche Zwietracht hat so viele so berühmte Familien bis auf den Stamm ausgerottet? Oder bei wessen Sieg war jemals der Sinn so überstürzt bzw. so maßlos.

(4) Lucius Sulla, dem nach dem Sieg gemäß dem Gesetz des Krieges alles gestattet war, wollte, wenn er auch begriff, dass seine Seite durch

die Tötung der Feinde gefestigt wurde, diese dennoch, nachdem einige wenige getötet worden waren, lieber durch Wohltaten als durch Angst im Zaume halten. *2* Aber beim Herkules, von Marcus Cato[1] und Lucius Domitius[2] und den Übrigen dieser Partei wurden vierzig Senatoren, außerdem viele junge Männer mit guter Hoffnung wie Opfertiere geschlachtet, während inzwischen die übelste Art von Menschen durch das Blut so vieler armer Bürger nicht gesättigt werden konnte. Nicht verwaiste Kinder, nicht Eltern, die ihr Leben gelebt hatten, nicht Trauer und Seufzen der Männer und Frauen beugte ihr erbarmungsloses Herz, sodass sie nicht von Tag zu Tag härter daran gingen, durch schlechte Taten und Reden die einen aus dem Amt, die anderen aus der Bürgerschaft zu stoßen. *3* Denn was sollte ich von dir sagen, den zu beleidigen die größten Feiglinge ihr Leben geben würden, wenn es möglich wäre? Und sie haben kein solches Vergnügen an ihrer Herrschaft, auch wenn es ihnen unverhofft widerfährt, wie sie durch dein Amt mit Trauer erfüllt werden. Ja es ist ihnen lieber, aus deiner Niederlage eine Gefahr für die Freiheit in Kauf zu nehmen, als durch dich aus dem großen Reich des römischen Volkes das größte zu machen. *4* Umso mehr musst du wieder und wieder im Herzen bedenken, auf welche Weise du die Sache beruhigst und festigst. *5* Ich freilich werde nicht zögern auszusprechen, welche Gesinnung ich dabei habe. Im Übrigen bleibt es in deiner Begabung zu prüfen, was du Richtiges und Nützliches tun zu sollen glaubst.

(5) Ich glaube, dass die Bürgerschaft in zwei Teile gespalten ist, wie wir sie von unseren Vorfahren erhalten haben, in die Senatoren und das Volk. Vorher lag bei den Senatoren der höchste Einfluss und die bei Weitem größte Macht beim Volk. *2* Daher kam es in der Bürgerschaft mehrfach zu einer Spaltung, und immer mehr wurden die Möglichkeiten der Nobilität verkleinert und das Recht des Volkes vergrößert. *3* Die *plebs* aber handelte umso freier, weil niemand Macht besaß, die über dem Gesetz stand und der Vornehme dem Gewöhnlichen nicht

---

1 Marcus Porcius Cato Uticensis, der Jüngere Cato, Urenkel des Älteren Cato, geboren 95, 64 Quästor, 62 Volkstribun, 54 Prätor, dann als Proprätor in Sizilien; erbitterter Gegner Caesars, gegen den er im Bürgerkrieg 46 als Stadtkommandant von Utica in Nordafrika unterlag, wie sein Urgroßvater Inbegriff römischer Tugend.

2 Lucius Domitius Ahenobarbus, Schwager Catos und entschiedener Gegner Caesars und zeitweise auch des Pompeius, 61 kurulischer Ädil, 58 Prätor, 54 Konsul, 48 in der Schlacht bei Pharsalos gefallen.

durch Reichtum oder Hochmut, sondern durch Ruf und tapfere Taten voranstand. Der Geringste im Feld und im Kriegsdienst vermisste keine Anerkennung, war sich selbst und dem Vaterland genug. *4* Aber sobald sie allmählich von ihren Feldern vertrieben wurden und Trägheit und Armut sie zwangen, wechselnde Wohnsitze zu haben, begannen sie fremde Güter zu begehren, ihre Freiheit mit der *res publica* für käuflich zu halten. *5* So sank allmählich das Volk, welches vorher herrschte und allen Völkern befahl, herab, und statt gemeinsamer Herrschaft bereitete sich selbst jeder die Sklaverei. *6* Diese Menge also wurde zuerst durch schlechte Sitten infiziert, dann zerfiel sie in verschiedene Arten und Lebensweisen, die absolut nicht untereinander harmonierten, und sie scheint mir freilich zu wenig geeignet, die *res publica* zu leiten. *7* Nachdem ferner neue Bürger hinzugekommen waren, hatte ich eine große Hoffnung, dass es geschehen werde, dass alle zur Freiheit aufbrechen würden, da ja ihnen die Sorge für die Freiheit, die erhalten werden musste, so wie jenen die um die Knechtschaft, die abgelegt werden musste, erwuchs. *8* Ich denke, dass du diese, miteinander vermischt, mit den alten die neuen, in Kolonien ansiedeln solltest. So wird das Kriegswesen verbessert, und die *plebs,* durch gute Beschäftigungen gehindert, hört auf, der Allgemeinheit Schlechtes zu tun.

(6) Aber ich weiß sehr wohl Bescheid und kenne genau die Rohheit und die Unruhen, die der Nobilität drohen, wenn diese Sache vorangetrieben wird, wenn sie sich entrüsten, dass alles von Grund auf durcheinandergeworfen wird, den alten Bürgern eine solche Knechtschaft aufgebürdet wird, wenn schließlich aus der freien Bürgerschaft eine Königsherrschaft entsteht, wo durch das Geschenk eines Einzigen eine so große Menge in das Bürgerrecht gelangt ist. *2* Ich freilich habe in meinem Geist Folgendes festgestellt: dass sich selbst einen schlechten Dienst erweist, wer sich zum Nachteil der *res publica* Gunst erwirbt. Sobald aber das öffentliche Wohl auch dem privaten dienlich ist, da halte ich allerdings Zögern beim Herangehen für Nachlässigkeit und Trägheit. *3* Der Plan des Marcus Drusus[3] war es immer, sich als Tribun

---

3 Marcus Livius Drusus, geboren um 124, 102 Quästor, um 94 Ädil, 92 Volkstribun, ging in diesem Amt mehrere schwierige Probleme der römischen Politik an (Agrarreform, Bundesgenossen, Geschworene), seine Pläne wurden vom Senat vereitelt; seine Ermordung im Jahr 91 löste den Bundesgenossenkrieg aus.

mit höchster Kraft für die Nobilität einzusetzen, und nie war er am Anfang bestrebt, eine Sache anzugehen, wenn jene nicht die Urheber
waren. *4* Aber die Parteigänger, denen List und Übel lieber waren als
Treue, glaubten, sobald sie begriffen, dass durch einen Mann dem Volk
die meisten Wohltaten gegeben wurden, dass Marcus Drusus wie sie
wäre, natürlich jeder im Bewusstsein der eigenen Schlechtigkeit und
Treulosigkeit. *5* Daher zerstörten sie aus Furcht, dass er sich durch solche
Dankbarkeit allein des Staates bemächtigen könnte, dagegen außer
seinen auch ihre eigenen Pläne, *6* weswegen auch du dir, Feldherr, mit
größerer Sorge treue Freunde und einen starken Schutz schaffen musst.

(7) Einen offenen Feind niederzuringen ist für einen starken Mann
nicht schwer. Verborgene Gefahren zu schaffen und zu vermeiden
ist für Gute nicht leicht. *2* Daher mögest du, sobald du diese in das
Bürgerrecht eingeführt hast, weil ja nun die *plebs* erneuert worden
ist, deinen Geist am meisten in der Sache anstrengen, dass die guten
Sitten gepflegt werden und Eintracht zwischen alten und neuen (Bürgern) entsteht. *3* Die mit Abstand größte Wohltat aber bereitest du
dem Vaterland, den Bürgern, den Eltern und Kindern, schließlich dem
Menschengeschlecht, wenn du die Geldgier beseitigst oder, soweit es
die Umstände gestatten, verkleinerst. Anders kann weder das Gemeinwesen noch das Privatleben, weder im Frieden noch im Krieg, regiert
werden. *4* Denn wo die Begierde auf Reichtum sich eingenistet hat,
blühen weder Disziplin noch gute Eigenschaften noch Begabung noch
irgendetwas hinreichend, so dass die Gesinnung, mehr oder weniger
schnell, jedenfalls vor die Hunde geht. *5* Oft schon habe ich gehört,
welche Könige, welche Staaten und Völker durch Schwelgerei große
Reiche verloren haben, welche sie als Arme mit Tüchtigkeit erworben
hatten: Dies ist soweit nicht verwunderlich. *6* Denn wo der Gute sieht,
dass der Schlechtere durch Reichtümer berühmter und angesehener ist,
wird er zuerst wütend und bewegt dann so manches in seinem Herzen.
Wo aber Ruhm die Pflicht und von Tag zu Tag mehr die Üppigkeit die Tugend besiegt, wendet sich der Geist vom Rechten zum Vergnügen hin.
7 Freilich wird vom Ruhm der Eifer genährt, und wo man ihn verstößt,
wird die Tugend an sich bitter und rau. *8* Wo schließlich Reichtum für
glänzend gehalten wird, ist alles Gute billig, Treue, Rechtschaffenheit,
Anstand und Scham. *9* Denn zur Tugend führt ein beschwerlicher Weg;

um zu Geld zu kommen, kann man sich auf alles Beliebige stützen: Dieses wird aus schlechten Taten und aus guten geboren. *10* Daher verwirf vor allem den Einfluss des Geldes. Weder nach dem Kopf noch nach der Ehre, die sich aus dem Besitz ergibt, soll jemand mehr oder weniger gelten, wie weder der Prätor noch der Konsul nach ihrer Freigiebigkeit, sondern nach ihrer Würde gewählt werden sollen. *11* Aber über die Ämter soll das einfache Urteil des Volkes kommen: Wenn die Richter nur von wenigen gutgeheißen werden, ist es Königsherrschaft, wenn sie nach Reichtum bestimmt werden, ist es ehrlos. Daher scheint es mir gut, wenn alle aus der ersten Klasse richten, aber eine größere Zahl richtet als jetzt. *12* Weder die Rhodier noch ein anderes Volk hat sich jemals seiner Richter geschämt, wo in rechter Weise die Armen und Reichen, wie es das Los dem Einzelnen zuwies, über die größten Angelegenheiten wie über die kleinsten urteilten.

(8) Aber bei der Wahl der Beamten scheint mir das Gesetz recht gut, welches Gaius Gracchus in seinem Tribunat einbrachte,[4] dass aus den fünf vermischten Klassen durch Los die Zenturien zusammengerufen werden. *2* So würden sie in Würde und Geld gleichgestellt, und einer wird sich beeilen, den anderen an Tüchtigkeit zu übertreffen. *3* Dies erkenne ich als großes Heilmittel gegen den Reichtum. Denn schließlich werden alle Dinge so gelobt und angestrebt, wie ihr Nutzen ist. Schlechtigkeit wird durch Belohnungen verstärkt: Wo man sie ächtet, ist niemand von allen gegen Belohnung böse. *4* Im Übrigen ist Habgier ein riesiges, unerträgliches wildes Tier. Wohin es sich wendet, verwüstet es Städte, Felder, Tempel und Häuser, vermischt göttliche und menschliche Dinge, und weder ein Heer noch Mauern widerstehen, wenn sie mit Gewalt eindringt. Den guten Ruf, den Anstand, die Kinder, das Vaterland, die Eltern raubt sie allen Sterblichen. *5* Wenn du aber den Glanz des Geldes wegnimmst, wird jene große Kraft der Begierde leicht mit guten Sitten besiegt. *6* Und auch wenn alle Gerechten und Ungerechten zu bedenken geben, dass es sich so verhält, wirst du dennoch mit der Partei der Nobilität nicht wenig zu kämpfen haben. Wenn du dich vor ihrer List hütest, wird alles andere leicht gehen. *7* Denn diese wären,

---

4 Der Gesetzesantrag wird sonst an keiner Stelle der erhaltenen Literatur erwähnt. Daher ist auch nichts darüber bekannt außer dem, was Sallust schreibt. Wahrscheinlich wurde er nicht angenommen.

wenn sie genug Tüchtigkeit besäßen, eher die Nachahmer der Guten als deren Neider. Weil aber Begehren, Trägheit, Starre und Dummheit sie befallen haben, tönen sie und beleidigen und meinen, der gute Ruf eines anderen gereiche ihnen zur Unehre.

(9) Aber was rede ich noch länger von anonymen Personen? Glück und Geisteskraft des Marcus Bibulus[5] brachen in das Konsulat ein. Schwach ist er in der Sprache, eher übel als schlau im Geist. Was soll jener noch wagen, dem das Konsulat, die höchste Befehlsgewalt, zur höchsten Schande wurde? *2* Oder ist die Kraft des Lucius Domitius groß, bei dem sich kein Körperteil der Schande und der Untat enthält? Leeres Gerede, blutige Hände, fliehende Füße; das Ehrloseste kann nicht in Ehre beim Namen genannt werden. *3* Allein des Marcus Cato gewandten, redebegabten und klugen Geist verachte ich nicht. Den erlangt man durch die Lehre der Griechen. Aber Tüchtigkeit, Wachsamkeit und Anstrengung gibt es bei den Griechen nicht; denn wer daheim seine Freiheit durch Trägheit verloren hat – glaubst du, dass mit dessen Vorschriften ein Reich erhalten werden kann? *4* Die Übrigen dieser Partei sind die unsäglichen Müßiggänger der Nobilität, bei denen wie beim Titelschildchen eines Buches, außer dem guten Namen nichts hinzugefügt werden kann. Lucius Postumius[6] und Marcus Favonius[7] scheinen mir wie die überflüssige Last eines großen Schiffes zu sein: Wo sie wohlbehalten ankommt, kann man sie verbrauchen, wenn aber ein Unwetter aufzieht, wird sie als erste abgeworfen, weil sie am wenigsten wert ist.

(10) Da es mir nun scheint, dass ich genug geredet habe von der Wiederherstellung und der Besserung des Volkes, will ich dir sagen, was du mit dem Senat machen sollst. *2* Nachdem bei mir Alter und Geist

---

5 Marcus Calpurnius Bibulus, 65 Ädil, 62 Prätor, 59 Konsul, entschiedener Gegner Caesars, mit dem er Konsul war; im Streit um ein Ackergesetz, das Bibulus verhindern wollte, ließ ihn Caesar vom Forum vertreiben und schreckte die Senatoren davon ab, Bibulus beizustehen. Dieser zog sich von allen Ämtern zurück und nutzte sein Interzessionsrecht nur noch schriftlich, womit er Caesars Politik allerdings nicht wirklich behindern konnte. 51 Prokonsul in Syrien, gestorben 48.
6 Lucius Postumius, Anhänger des Marcus Porcius Cato Uticensis und des Pompeius im Bürgerkrieg, in dem er auch fiel. Er soll ein guter Redner und hoffnungsvoller junger Politiker gewesen sein.
7 Marcus Favonius, geboren um 90, vor 59 Quästor, 52 Ädil, 49 Prätor, überzeugter Gegner der Triumvirn und Anhänger des Marcus Porcius Cato Uticensis. Nach der Schlacht bei Philippi 42 hingerichtet.

gereift waren, übte ich mich kaum noch in Waffen und auf dem Pferd, sondern befasste meinen Geist mit den Wissenschaften. Was mir von Natur aus mehr lag, das habe ich in Übung gehalten. *3* Und ich habe in diesem Leben viel durch Lesen und Hören begriffen, dass alle Königreiche, ebenso die Bürgerschaften und Völker jeweils so lange eine glückliche Herrschaft hatten, wie bei ihnen die richtigen Ratschläge befolgt wurden. Wo auch immer Gunst, Angst und Vergnügen diese verdarben, wurden die Möglichkeiten in kurzer Zeit verringert, dann Befehlsgewalt akzeptiert und schließlich wurde ihnen Knechtschaft auferlegt. *4* Daher habe ich es in meinem Herzen so beschlossen: Wer auch immer in seiner Bürgerschaft einen größeren oder glänzenderen Platz einnimmt als andere, der muss große Fürsorge für die *res publica* tragen. *5* Denn für die Übrigen ist die Freiheit nur in einer unversehrten Bürgerschaft gewiss. Wer durch Tüchtigkeit sich Reichtümer, Ehre und Amt verschafft hat, dessen Herz wird, sobald die *res publica* bei den ersten Angriffen beginnt getrieben zu werden, von Sorgen und Anstrengungen vielfach ermüdet. Er verteidigt entweder seinen Ruhm oder seine Freiheit oder seinen Besitz, ist überall vor Ort und hetzt sich ab, und so stark er unter glücklichen Umständen war, so starr ist er unter widrigen und handelt eher ängstlich. *6* Sobald daher die *plebs* dem Senat wie der Körper dem Geist gehorcht und dessen Beschlüsse ausführt, sind notwendigerweise die Senatoren stark, und das Volk bedarf keiner Schlauheit. *7* Daher sind unsere Vorfahren, wenn sie durch überaus heftige Kriege bedrängt wurden und Geld, Pferde und Männer verloren hatten, niemals erschöpft worden, wenn es darum ging, mit Waffen um die Herrschaft zu kämpfen. Nicht Mangel in der Staatskasse, nicht die Gewalt der Feinde, nicht widrige Umstände rangen ihren ungeheuren Geist nieder, ja was sie durch Tapferkeit erworben hatten, hielten sie gleichzeitig mit ihrer Seele zusammen. *8* Und dies wurde eher durch tapfere Beschlüsse als durch gute Kämpfe erlangt. Weil es ja für sie nur eine *res publica* gab, für die alle sorgten, Partei nur gegen einen Feind formiert wurde, Körper und Geist für das Vaterland, nicht für die jeweils eigene Macht eingesetzt wurden. *9* Zur jetzigen Zeit aber herrschen Männer der Nobilität, deren Herzen Leichtsinn und Trägheit befallen hat, ohne Kenntnis von Anstrengung, Feinden und Kriegsdienst, daheim durch die Partei geführt, in Hochmut über alle Völker.

(11) Daher werden die Senatoren, deren Rat früher die schwankende *res publica* festigte, bedrängt von fremder Leidenschaft, hierhin und dorthin strömend, getrieben. Sie entscheiden inzwischen dies, dann jenes, wie es die Zustimmung oder Gunst derer, die herrschen, mit sich bringt, und schätzen danach den öffentlichen Nutzen und Schaden ein. *2* Denn wenn entweder die Freiheit aller gleich oder die Abstimmung geheimer wäre, wäre die *res publica* mit größeren Möglichkeiten ausgestattet und die Nobilität wäre nicht so mächtig. *3* Weil es aber schwierig ist, die Wünsche aller einander anzugleichen, da ja die Tüchtigkeit der Vorfahren jenen den verschafften Ruhm, die Würde und die Klienten vererbt hat, die übrige Menge aber zum größten Teil neu zugezogen ist, so solltest du deren Abstimmung von Furcht befreien: Dann wird in der geheimen Abstimmung jeder sich selbst lieber sein als die Macht des anderen. *4* Freiheit ist wünschenswert für die Guten wie die Schlechten, für die Tatkräftigen wie die Trägen, aber die meisten geben sie aus Angst auf. Die dümmsten Sterblichen nehmen, weil im Kampf zweifelhaft ist, wie es kommt, dies in ihrer Trägheit wie Besiegte in sich auf.

5 Daher glaube ich, dass der Senat durch zwei Maßnahmen bestärkt werden kann: wenn er, an seiner Zahl vermehrt, nach Listen abstimmt. Die Liste wird zur Verhüllung dienen, wodurch er mit umso freierem Herzen abzustimmen wagen wird. In der Menge werden der Schutz wirkungsvoller und der Nutzen größer sein. *6* Denn während in diesen Unruhen die einen in öffentliche Prozesse, die anderen in ihre persönlichen Geschäfte und die ihrer Freunde verwickelt sind, sind sie nicht durch guten Rat der *res publica* nützlich. Und diese werden weniger von Geschäften als durch die hochmütige Herrschaft ferngehalten. Männer der Nobilität mit einigen wenigen Senatoren, die vom Anhang ihrer Partei beherrscht werden, taten, was sie auch immer gutheißen, verhindern und beschließen wollten, nach Gutdünken. *7* Sobald aber die Zahl der Senatoren vermehrt sein wird und die Abstimmungen in Listen durchgeführt werden, dann sollen jene einmal nicht ihren Hochmut aufgeben, wenn sie denen Gehorsam leisten müssen, denen sie zuvor so rücksichtslos Befehle erteilt haben.

(12) Vielleicht wirst du, Herrscher, wenn du den Brief durchgelesen hast, wissen wollen, welche Zahl von Senatoren mir sinnvoll erscheint und auf welche Weise diese auf die vielen und unterschiedlichen

Pflichten verteilt werden sollten, und, weil ich glaube, dass die Gerichte allen Angehörigen der ersten Klasse übertragen werden sollten, welche Aufteilung und welche Anzahl in jedem Bereich sein soll. *2* Dies alles im Einzelnen aufzuschreiben, wäre für mich nicht schwer. Zuerst schien es mir aber nötig, an der wichtigsten Stelle des Planes zu arbeiten, und dem wirst du freilich zustimmen müssen. Wenn du dich entschieden haben wirst, diesen Weg zu beschreiten, wird das Übrige auf der Hand liegen. *3* Ich will, dass mein Rat klug und von höchstem Nutzen ist. Denn wo auch immer die Sache günstig für dich ausgeht, dort wird mir ein guter Ruf zukommen. *4* Mich aber treibt am meisten der Wunsch um, dass, auf welche Weise auch immer, so schnell wie möglich der *res publica* geholfen wird. *5* Mir bedeutet die Freiheit mehr als Ruhm, und ich bitte und ermahne dich, dass du nicht als der berühmteste Feldherr nach der Unterwerfung des gallischen Volkes die höchste und unbesiegte Befehlsgewalt des römischen Volkes durch Altersschwäche vergehen und durch die gröbste Sorglosigkeit untergehen lässt. *6* In der Tat, wenn dies geschähe, würde dir weder die Nacht noch der Tag die Sorge im Herzen ruhen lassen, sodass du durch Schlaflosigkeit getrieben, rasend und wahnsinnig den Verstand verlörest und tobtest. *7* Denn für mich steht in Wahrheit fest, dass das Leben aller Sterblichen durch göttliche Macht beobachtet wird; und weder die gute noch die böse Tat einer Person wird als gleichgültig angesehen, sondern von Natur aus folgt den guten und den bösen Taten eine unterschiedliche Belohnung. *8* Inzwischen aber, wenn diese zufällig etwas später zum Vorschein kommt, macht sich jeder Geist Hoffnungen gemäß seinem Gewissen.

(13) Weil ja mit dir das Vaterland und die Senatoren reden können, könnten sie vielleicht sagen: »O Caesar, wir, die tapfersten Männer haben dich hervorgebracht, in der besten Stadt, als Zierde und Schutz für uns, den Feinden zur Abschreckung. *2* Was wir durch die größten Anstrengungen und Gefahren erhalten hatten, das haben wir dir, als du geboren wurdest, zusammen mit unserer Seele übergeben, das größte Vaterland der Welt, das berühmteste Haus und die berühmteste Familie in diesem Vaterland, ferner gute Eigenschaften, ehrenvollen Reichtum, schließlich alle Ehrungen im Frieden und alle Belohnungen des Krieges. *3* Für diese höchsten Wohltaten erwarten wir von dir nicht Frevel und schlechte Taten, sondern dass du die zerstörte Freiheit wiederherstellst.

4 Wenn diese Sache erreicht ist, wird in der Tat durch alle Völker der Ruf deiner Tüchtigkeit eilen. *5* Denn in dieser unruhigen Zeit ist, auch wenn du daheim und im Krieg großartige Taten vollbracht hast, dennoch dein Ruhm dem vieler tapferer Männer gleich. Wenn du aber die Stadt mit dem größten Namen und der höchsten Befehlsgewalt, die schon dem Untergang nahe war, gerettet hast – wer wird dann berühmter als du, wer größer auf der Erde? *6* Wenn aber durch eine Krankheit oder weil dir etwas zustößt, diesem Reich Schaden entsteht – wer zweifelt dann noch, dass in der ganzen Welt Verwüstung, Kriege, Morde geschehen? Wenn du aber das gute Begehren hast, dem Vaterland und den Senatoren zu danken, wirst du auch in späterer Zeit, wenn die *res publica* wiederhergestellt ist, mehr als alle Sterblichen Ruhm besitzen, und nur noch dein Tod wird berühmter sein als dein Leben. *7* Denn die Lebenden zehrt manchmal das Schicksal, oft der Neid auf: Sobald die Seele der Natur nachgibt und die Widersacher niedergerungen sind, erhebt sich mehr und mehr die Tüchtigkeit selbst.«

8 Was mir das Nützlichste zu sein scheint, was getan werden kann, und wovon ich geglaubt habe, dass es dir am dienlichsten sein wird, habe ich mit so wenigen Worten wie ich konnte, aufgeschrieben. Im Übrigen rufe ich die unsterblichen Götter zu Zeugen an, dass, wie auch immer du vorgehen wirst, die Sache für dich und die *res publica* glücklich ausgehen möge.

Der erste, jüngere Brief an Caesar

(1) Für wahr hielt man es früher, dass das Schicksal Königreiche und Herrschaften als Geschenk gebe, ebenso anderes, was von den Sterblichen begierig ersehnt wird, und dass, weil diese Dinge oft bei Unwürdigen landeten, sie nach Lust und Laune gegeben würden und bei einer unverdorbenen Person nicht lange verweilten. *2* Aber die Realität lehrt, dass das wahr ist, was Appius in seinen Liedern[8] sagt, dass jeder seines Glückes Schmied ist, und bei dir am meisten, der du den anderen so viel voraushast, dass die Menschen eher vom Lob deiner Taten erschöpft sind, als du vom Vollbringen lobenswerter Taten. *3* Ferner gehört es

---

8 Appius Claudius Caecus, Politiker, Redner und Dichter um 300 v. Chr., 312 Zensor, 307 und 296 Konsul, zwischen 292 und 285 Diktator, Verfasser einer Spruchsammlung in Saturnier-Versen.

sich so wie bei Handwerksprodukten, auch bei dem, was die Tüchtigkeit hervorbringt, möglichst großen Fleiß aufzuwenden, damit es nicht
durch Sorglosigkeit verdorben wird oder ohne die nötige Festigung
zusammenstürzt. *4* Denn niemand, der Herrschaft anstrebt, weicht dem
anderen, wenn er auch gut und milde ist: Wer mehr Macht hat, wird
dennoch, weil er anderen gefährlich werden kann, gefürchtet. *5* Dies
geschieht, weil die meisten unsinnig entscheiden und sich für umso
sicherer halten, je machtloser die sind, über die sie herrschen. *6* Man
muss sich aber im Gegenteil dahin gehend anstrengen, dass man, wenn
man selbst gut und stark ist, möglichst über die Besten befiehlt, denn
der jeweils Schlechteste erträgt den Henker am schwersten.

7 Für dich aber ist es so viel schwerer als für alle vor dir, das mit Waffen
Erworbene zu ordnen, weil du einen Krieg geführt hast, der sanfter war
als bei anderen der Friede. *8* Dann suchen die Sieger Beute, während
die Besiegten Bürger sind. Aus solchen Schwierigkeiten musst du dich
befreien und die *res publica*, die für die Zukunft gesichert werden muss,
nicht nur mit Waffen und nicht nur gegen Feinde, sondern auch, was viel
härter ist, mit den guten Methoden des Friedens. *9* Also ruft die Sache
alle von großer und mittelmäßiger Weisheit dorthin, jeder möge sagen,
was er am besten kann. *10* Mir aber kommt es so vor: Wie auch immer
du dir den Sieg bereitest, so wird auch alles andere sein.

(2) Aber vernimm in wenigen Worten, wozu mich mein Geist mahnt,
damit du umso besser und leichter entscheiden kannst.

2 Du führtest Krieg, Feldherr, mit einem berühmten Mann von
großem Einfluss, begierig nach Macht, der mehr Glück als Verstand
hatte;[9] diesem folgten einige wenige in seinem Unrecht, die deine
Feinde waren, ebenso solche, welche die Verwandtschaft und andere
Zwänge da hineinzogen. *3* Denn keiner von ihnen war je Teilhaber seiner Herrschaft, und wenn er es hätte dulden können, wäre der Erdkreis
durch einen Krieg erschüttert worden. *4* Die übrige Menge folgte mehr
wie eine Masse statt gemäß ihrem eigenen Urteil, später einer dem
anderen als gleichsam dem Klügeren. *5* Zu derselben Zeit wurden durch
Bösartigkeiten von deinen Feinden Männer in die Hoffnung gesetzt, die
res publica in ihre Gewalt zu bringen, an denen alles durch Schändlich-

---

9 Pompeius.

keit und Schwelgerei verdorben war, liefen in dein Lager und drohten öffentlich den ruhigen Bürgern Tod und Raub und alles andere an, was ihrer verdorbenen Gesinnung gefiel. *6* Der größte Teil von ihnen verlief sich, sobald sie sahen, dass du weder Schulden erließest, noch dich der Bürger wie der Feinde bedientest. Einige wenige widerstanden, für die eher im Lager Ruhe zu finden war als eine Zukunft in Rom. Eine solche Gewalt der Gläubiger drohte ihnen. *7* Aber es ist ungeheuerlich zu sagen, wie viele und welche später aus diesen Gründen zu Pompeius überliefen und sich als Schuldner während der ganzen Kriegsdauer seiner bedienten wie eines Opfers, ja wie eines unberaubten Tempels.

(3) Daher bedenke, weil ja von dir als dem Sieger über Krieg und Frieden entschieden werden muss, damit du jenen auf anständige Weise beendest und dieser so gerecht und dauerhaft wie möglich werde, zuerst bei dir selbst, weil du dies ja ausführen musst, was am besten zu tun ist. *2* Ich selbst allerdings finde alle grausamen Herrschaften eher bitter als dauerhaft und dass ein Einzelner nicht von vielen gefürchtet werden sollte, da ja sonst der Schrecken von vielen auf ihn zurückfällt. Da ein solches Leben bedeutet, einen dauernden ungewissen Krieg zu führen, da man weder von vorne noch von hinten noch von der Seite sicher ist, lebt man stets in Gefahr und Angst. *3* Wer das Reich dagegen durch Güte und Milde lenkt, dem erscheint alles froh und süß und sogar die Feinde erscheinen ihm wohlwollender als die anderen Bürger. *4* Ich weiß nicht, ob mich nicht einige aufgrund dieser Worte als den Verderber deines Sieges oder als zu wohlwollend gegenüber den Besiegten bezeichnen. Freilich, was wir und unsere Vorfahren fremden Völkern, die von Natur aus unsere Feinde waren, oft zugestanden haben, das müssen wir auch den Bürgern zugestehen und nicht in der Art der Barbaren Mord mit Mord vergelten und Blut mit Blut.

(4) Oder ist das schon vergessen, was erst kurz vor diesem Krieg an Gnaeus Pompeius und dem Sieg über Sulla getadelt wurde: dass Domitius,[10] Carbo,[11] Brutus[12] und ebenso andere Unbewaffnete nicht

---

10 Lucius Domitius Ahenobarbus, 97 Prätor in Sizilien, 94 Konsul, Anhänger Sullas, 82 von Prätor Lucius Iunius Brutus Damasippus ermordet.
11 Gnaeus Papirius Carbo, 92 Volkstribun, um 89 Prätor, mehrfach Konsul, Gegner des Pompeius, von diesem 81 gefangen genommen und in Lilybaeum hingerichtet.
12 Marcus Iunius Brutus, 83 Volkstribun, sammelte 78 in Oberitalien ein Heer und wurde 77 nach der Übergabe der Stadt Mutina von Pompeius getötet; Vater des Caesarmörders.

im Kampf nach dem Recht des Krieges, sondern danach als Verurteilte in einem schrecklichen Verbrechen getötet wurden, dass das römische Volk auf einem Staatsgut wie Vieh hingeschlachtet wurde? *2* Wehe, wie waren vor deinem Sieg jene verborgenen Tötungen von Bürgern und die jähen Morde, die Flucht von Frauen und Kindern an die Brust ihrer Eltern und Kinder, die Verwüstung von Häusern grausam und schlimm! Zu diesen haben dich eben jene selben ermuntert. *3* Und natürlich wurde darum gestritten, wer von euch beiden glaubte, dass dies geschehen solle, und die *res publica* sei von dir nicht gerettet, sondern unterworfen worden, und aus diesem Grund habe das Heer, nachdem der Sold aufgebraucht war, und zwar die Besten und Ältesten von allen, gegen Brüder, Eltern und andere Freie, die Waffen ergriffen, sodass die schlechtesten Menschen in fremdem Leid noch den Gewinn für ihren Bauch und ihre tief sitzende Lust gesucht und dem Sieg im Wege gestanden hätten, durch deren Untaten das Lob der Guten befleckt worden sei. *4* Und ich glaube nicht, dass du daran vorbeigegangen bist, wie jeder nach seiner Art oder Mäßigung sich auch damals in einem noch nicht sicheren Sieg aufgeführt hat, auf welche Weise einige in der Leitung des Krieges Hurerei oder Gelage gepflegt haben, deren Lebensalter nicht einmal im Frieden eine solchen Lust ohne Schande gestattet hätte.

(5) Über den Krieg habe ich nun genug gesagt. Was den Frieden betrifft, der gesichert werden muss, weil ja du und alle deine Leute darüber verhandeln, bitte ich dich, dass du zuerst bedenkst, wie das beschaffen sein soll, worüber du berätst. So schreite fort, nachdem du Gutes und Schlechtes getrennt hast, auf der freien Straße zum Richtigen. *2* Ich sehe es so: Weil ja alles, was entsteht, auch vergeht, werden zu der Zeit, da für die Stadt Rom das Schicksal des Untergangs gekommen ist, Bürger gegen Bürger kämpfen und so erschöpft und blutleer einem König oder einem anderen Volk zum Opfer fallen. Anders kann der Erdkreis, können alle zusammengewürfelten Völker dieses Reich nicht bewegen oder erschüttern. *3* Daher müssen die Elemente der Eintracht gefestigt werden und die Faktoren der Zwietracht müssen ausgemerzt werden. *4* Dies wird dann geschehen, wenn du die Erlaubnis, Aufwand zu verursachen und zu rauben aufhebst, nicht indem du die Menschen zu den alten Einrichtungen zurückrufst, die schon längst durch verdorbene Sitten

zum Gespött geworden sind, sondern indem du jedem seinen Besitz und die Grenzen seines Aufwandes festsetzt. *5* Denn es ist die Sitte eingerissen, dass junge Menschen es sehr schick finden, ihr Eigentum und auch noch das von anderen aufzubrauchen, nichts an Lust und was andere verlangen abzuschlagen, und dies für Tugend und Größe zu halten, Schamhaftigkeit und Mäßigung aber für Blödheit. *6* Daher hat ihr wilder Geist den Weg der Schlechtigkeit beschritten, auf dem das Gewohnte nicht ausreicht, und wird bald gegen Gefährten bald gegen Bürger gehetzt, bringt die Ordnung ins Rutschen und strebt statt des alten Zustands den Umsturz an. *7* Daher muss künftig der Wucherer beseitigt werden, damit jeder von uns für seine eigenen Angelegenheiten sorgt. Dies ist ein richtiger und einfacher Weg, ein Amt für das Volk, nicht für den Gläubiger zu führen und die Größe des Geistes in der Mehrung, nicht in der Schädigung der *res publica* zu zeigen.

(6) Aber ich weiß, wie schwer diese Sache am Anfang sein wird, besonders für die, welche glaubten, dass sie im Sieg eher freizügiger und willkürlich als kleinlich sein könnten. Wenn du für deren Rettung mehr als für ihr Vergnügen sorgst, wirst du jene und uns und die Bundesgenossen in sicheren Frieden setzen. Wenn aber der Jugend dieselben Bemühungen und Künste bleiben werden, wird dein herausragender Ruf zusammen mit der Stadt Rom in kurzer Zeit zusammenbrechen. *2* Schließlich führen die Weisen Krieg um des Friedens willen, Anstrengungen nehmen sie auf sich in der Hoffnung auf Ruhe. Wenn du jene nicht sicher bewirken kannst, welchen Unterschied macht es dann, besiegt zu werden oder gesiegt zu haben? *3* Daher packe, bei den Göttern, die *res publica* an und alles Schwierige; wie du es gewohnt bist, so mach weiter. *4* Denn entweder kannst du heilen, oder alle können ihre Sorge vergessen. Und niemand ruft dich zu grausamen Strafen oder harten Urteilen, durch welche die Stadt eher verwüstet als verbessert würde, sondern dazu, dass du schlechte Sitten und üble Lüste von der Jugend fernhältst. *5* Dies wird die wahre Milde sein, dafür gesorgt zu haben, dass die Bürger, auch wenn sie es verdient hätten, nicht aus der *res publica* gejagt werden, sich der Dummheit und falscher Vergnügungen enthalten zu haben, Frieden und Eintracht gestärkt zu haben, nicht Untaten nachgegeben, Vergehen geduldet, gegenwärtiges Vergnügen mit dem sich daraus bald ergebenen Übel gestattet zu haben.

(7) Ich aber habe in der Sache, die andere fürchten, das größte Vertrauen aufgrund der Größe der Aufgabe und weil zu Land und zu Wasser gleichzeitig von dir Ordnung geschaffen werden muss. Weil ja nun ein so großer Geist sich nicht mit kleinen Dingen befassen kann, gibt es für große Sorge großen Lohn. *2* Es ist also erforderlich, dass du dafür sorgst, dass das Volk, welches durch zu freigiebige Spenden und öffentliche Getreidegaben verdorben ist, seine Aufgaben hat, durch die es von öffentlichem Übel abgehalten wird. Die Jugend soll sich um Anstand und Fleiß bemühen, nicht um Geldausgeben und Reichtum. *3* Dies geschieht, wenn du den Nutzen und das Prestige des Geldes, welches das größte aller Verderbnisse ist, beseitigst. *4* Denn oft überlegte ich in meinem Herzen, an welchen Dingen berühmte Männer ihre Größe ausmachen und welche Dinge, wenn sie selbst enormen Ruhm gewonnen haben, Völker und Nationen gemehrt haben, dann fragte ich mich auch, aus welchen Gründen die größten Königreiche und Herrschaften zusammengebrochen sind, und ich fand immer dieselben Güter und dieselben Übel und dass alle Sieger Reichtümer verachtet und die Besiegten sie gewünscht haben. *5* Und auf keine andere Weise kann jemand sich erheben und als Sterblicher das Göttliche berühren als durch Hingabe an den Geist unter Geringschätzung des Geldes und der körperlichen Genüsse, nicht indem er nur zustimmt und jeweils das Ersehnte gewährt, sich in einer falschen Zuneigung aufopfert, sondern in der Ausübung von Mühe, Geduld, guten Vorschriften und tapferen Taten.

(8) Denn ein Stadt- oder ein Landhaus zu bauen, es mit Standbildern, Teppichen oder anderen Kunstwerken zu schmücken und alles sehenswerter als sich selbst auszustatten, das heißt nicht Reichtum für Zierde zu halten, sondern selbst für diesen zur Schande zu werden. *2* Ferner wollen die, welche sich zweimal am Tag den Bauch vollzuschlagen und keinen Nacht ohne Dirne zu schlafen pflegen, da sie den Geist, dem es zusteht zu herrschen, mit Knechtschaft bedrücken, diesen später, wenn er schwach und lahm ist, benutzen, als ob er gründlich geübt wäre. *3* Denn die Dummheit stürzt das meiste und sich selbst in den Abgrund. Aber dieses und alle Übel finden zugleich mit der Ehre des Geldes ihr Ende, wenn weder die Ämter noch andere erstrebenswerte Dinge für das Volk mehr käuflich sein werden.

4 Dazu musst du dafür sorgen, dass Italien und die Provinzen sicherer werden. Dass dies geschehen muss, liegt auf der Hand. *5* Denn alles verwüsten dieselben Leute, indem sie ihre Häuser verlassen und zu Unrecht die anderer besetzen. *6* Ebenso, dass nicht, wie bisher, der Kriegsdienst ungerecht und unangemessen ist, wenn die einen dreißig Jahre leisten, ein Teil aber gar keinen. Und das Getreide, welches zuvor der Lohn der Trägheit war, muss durch Kolonien und Munizipien denen gegeben werden, die nach der Ableistung des Kriegsdienstes nach Hause zurückkehren werden.

7 Was meines Erachtens für die *res publica* notwendig und für dich ruhmvoll ist, habe ich in aller Kürze dargelegt. *8* Nun scheint es nicht schlechter, wenn ich mit knappen Worten etwas zu meinem Handeln sage. *9* Die meisten Sterblichen haben genug Begabung zu urteilen oder tun zumindest so. Denn tatsächlich brennt das Herz aller darauf, die Taten und Worte anderer zu tadeln; kaum scheint der Mund offen genug oder die Sprache bereit zu sein, so entsteigt ihm das, was man denkt. Es reut mich keineswegs, wenn ich diesen unterlegen bin, mehr würde es mich verdrießen, geschwiegen zu haben. Denn sei es, dass du dieser, sei es, dass du einer anderen, besseren Straße folgst – ich jedenfalls werde für meinen Teil mutig gesprochen und geholfen haben. Übrig bleibt zu wünschen, dass das, was dir zusagt, die unsterblichen Götter fördern werden und dass sie zulassen, dass es gut ausgeht.

Schmährede gegen Cicero

(1) 1 Nur schwer und unduldsam ertrüge ich deine Beschimpfungen, Marcus Tullius, wenn ich wüsste, dass du dich mehr nach eigenem Urteil als aufgrund deiner Geisteskrankheit solcher Boshaftigkeit bedientest. Weil ich aber bei dir weder ein Maß noch Mäßigung jemals festgestellt habe, werde ich dir so antworten, dass du, falls du, als du mich beschimpftest, irgendeine Lust empfunden hast, diese durch das, was du Schlechtes hörst, verlieren wirst.

Wo könnte ich klagen, wen anrufen, ihr Herren Senatoren,[13] dass die *res publica* geplündert wird und dem jeweils Dreistesten die Beute

---

gehört? Beim römischen Volk? Dieses ist so durch öffentliche Spenden verdorben, dass es sogar sich selbst und sein Schicksal für käuflich hält. Oder etwa bei euch, ihr Herren Senatoren? Euer Einfluss erscheint den schändlichsten und verbrecherischsten Männern nur noch des Spottes wert. Wo auch immer Marcus Tullius ist, verteidigt er Gesetze und Urteile, die *res publica* verteidigt er, und in dieser Ordnung regiert er so, als ob er der einzig Übriggebliebene aus der Familie des hochberühmten Scipio Africanus[14] wäre, und nicht als das zugewandert Findelkind,[15] das erst vor kurzer Zeit als Bürger in dieser Stadt wohnhaft wurde. **2** Oder aber, Marcus Tullius, sind deine Taten und Worte verborgen? Hast du nicht von Kindheit an so gelebt, dass du nichts für deinen Körper für verbrecherisch hieltest, was irgendeinem gefiel?[16] Hast du diese maßlose Beredsamkeit bei Marcus Piso[17] etwa nicht unter Verlust deiner Schamhaftigkeit gelernt? Daher ist es keineswegs verwunderlich, dass du diese auf ebenso schändliche Weise verkauft hast, wie du sie erworben hast.

(2) Ich glaube allerdings, dass der häusliche Glanz dir deine Lebensgeister hebt, eine frevlerische Ehefrau,[18] die durch Meineide beschmutzt ist, eine Tochter, die zur Rivalin ihrer Mutter geworden ist,[19] dir angenehmer und folgsamer, als es für einen Vater angemessen ist. Dein Haus selbst hast du durch Gewalt und Raub besudelt und dir und den deinen als Grab erworben.[20] Natürlich zu dem Zweck, dass du uns erinnerst, wie irrsinnig die Lage ist, wenn du als schlimmer Verbrecher

---

14 Publius Cornelius Scipio Africanus, 235–183, 213 Ädil, 205 Konsul, 202 Sieg über Hannibal bei Zama, beendete den zweiten Punischen Krieg (daher der Beiname), einer der bedeutendsten römischen Feldherren und Politiker überhaupt.

15 Cicero war ein *homo novus*, d. h., er stammte nicht aus einer senatorischen Familie. Die Bezeichnung »Findelkind« drückt diese Tatsache in hämischer Übertreibung aus.

16 Darauf deutet in Wirklichkeit nichts hin.

17 Marcus Pupius Piso Frugi Calpurnianus, 61 Konsul, verwandt mit Cicero und mit ihm verbunden, was aus dem 5. Buch des Werkes »Vom höchsten Gut und vom höchsten Übel« hervorgeht. Dass er Ciceros Redelehrer gewesen sei, geht aus keiner Stelle hervor.

18 Cicero heiratete um 77 die wohlhabende Terentia, geboren um 98, aus einer vornehmen plebejischen Familie, mit ihr hatte Cicero zwei Kinder, die Tochter Tullia und den Sohn Marcus. Noch während Ciceros Exil in Griechenland war die Ehe intakt, kühlte sich aber ab 48 durch Differenzen um Geld deutlich ab, um 46 trennte er sich von ihr. Terentia überlebte ihren Mann und soll 103 Jahre alt geworden sein (vgl. Plin. NH VII, 158 und Val. Max. 13,6).

19 Tullia, die gemeinsame Tochter von Cicero und Terentia hatte zwar in der Tat ein so inniges Verhältnis zu ihrem Vater, das bis zu ihrem Tod mit 34 Jahren anhielt, dass daran – so Otto Seel – ihre drei Ehen gelitten haben; auf einen inzestuösen Charakter der Beziehung deutet allerdings nichts.

20 Vielleicht bildhaft als politisches Grab bezeichnet, da der Hauskauf zum Umschwung der öffentlichen Meinung gegen Cicero wesentlich beitrug.

in dem Haus wohntest, das einst Publius Crassus,[21] einem hochberühmten Mann gehörte. **3** Und obwohl dies sich so verhält, sagt Cicero von
sich, dass er im Rat der unsterblichen Götter gewesen und von dort
geschickt worden sei als Wächter für diese Stadt und ihre Bürger [...][22]
ohne den Titel eines Henkers, der den Schaden der Bürgerschaft sich
selbst als Ruhm anrechnet. Gerade so als ob nicht dein Konsulat der
Grund jener Verschwörung gewesen sei und deswegen die *res publica*
gerade zu der Zeit am Boden lag, da sie dich als ihren Wächter hatte.

Aber dich hat, wie ich glaube, das am meisten erhoben, was du nach
deinem Konsulat mit deiner Frau Terentia über die *res publica* beschlossen hast,[23] als du die Urteile nach der *lex Plautia*[24] von zu Hause aus
gefällt und von den Verschwörern die einen ins Exil geschickt und die
anderen zu »Geldstrafen« verurteilt hast: als dir der eine dein Landhaus
in Tusculum, der andere das in Pompeji erbaute, wieder ein anderer
eine Stadtvilla kaufte. Wer das aber nicht konnte, den erklärtest du zum
engsten Vertrauten Catilinas, der war entweder gekommen, um dein
Haus zu besetzen, oder er hatte dem Senat einen Hinterhalt gelegt,
über diesen jedenfalls hattest du genug erfahren. **4** Wenn ich dir etwas
Falsches vorwerfe, so gib Rechenschaft darüber ab, wie viel Geld du
geerbt hast, wie viel dir in Prozessen zugekommen ist, von welchem
Geld du deine Stadtvilla erworben und die Landgüter in Tusculum und
Pompeji für Unsummen gekauft hast.[25] Wenn du aber schweigst – wer
kann dann noch daran zweifeln, dass du dir diesen Reichtum aus dem
Blut und Elend der Bürger verschafft hast?

---

21 Publius Licinius Crassus, Vater des Triumvirn, 97 Konsul, 96–93 Prokonsul in Hispanien; er
    wohnte wohl noch in einem eher bescheidenen Haus auf dem Palatin, das möglicherweise
    von seinem Sohn, der es auch an Cicero verkaufte, umgebaut worden war. Der jüngere Cras-
    sus nämlich hatte bei den Proskriptionen Sullas ein unermessliches Vermögen erworben.
22 Hier ist die Handschrift beschädigt, es fehlen einige wenige Worte.
23 Terentia soll großen Einfluss auf Cicero gehabt und ihn nach einer Opferfeier für die *Bona
    Dea* in ihrem Hause zu einer strengen Bestrafung der Catilinarier gedrängt haben.
24 Die *lex Plautia de vi* verbot private Banden.
25 Einen erheblichen Teil des familiären Vermögens hatte Cicero durch seine Ehe mit Terentia
    um 77 gewonnen; sein Freund, Verleger und Finanzberater war Titus Pomponius Atticus, der
    ihn geschickt beriet. Schon Ciceros Vater besaß wohl ein Haus in Rom. Die Villa in Tusculum
    hatte Cicero um 66 erworben. Tatsächlich problematisch war der Erwerb der Stadtvilla auf
    dem Palatin, die einst Crassus gehörte: Cicero verteidigte erfolgreich den Mitverschwörer
    des Jahres 63, Publius Cornelius Sulla. Von diesem soll er 2 Millionen Sesterzen geliehen
    haben, um sich das Elternhaus Crassus' kaufen zu können und dort als ehemaliger Konsul
    endlich standesgemäß zu wohnen. Cicero bestritt zuerst, das Haus kaufen zu wollen, kaufte
    es dann aber doch.

(3) Allerdings ahmt, so glaube ich, der Emporkömmling aus Arpinum aus dem Kreis des Lucius Crassus[26] dessen Tüchtigkeit nach, verachtet die Rivalität unter den Männern der Nobilität, hält die *res publica* wert und teuer, wird weder durch Schrecken noch durch Bestechung vom Rechten abgebracht, und nur Freundschaft und Tapferkeit wohnen in seinem Herzen. **5** Aber im Gegenteil: Er ist ein überaus leichtsinniger Mann, Schmeichler seiner Feinde, Beleidiger seiner Freunde, bald der Partei dieser, bald der Partei jener zuneigend, niemandem wirklich treu, ein unzuverlässiger Senator, wohlfeiler Anwalt, von dessen Körper kein Teil frei ist von Schande: eine eitle Zunge, eine höchst raubgierige Hand, eine unersättliche Kehle, fluchtbereite Füße, und das Unehrenhafteste kann in Ehren nicht einmal ausgesprochen werden. Und obwohl er einen solchen Charakter hat, wagt er zu sagen: »O glückliches Rom, dass ich dir als Konsul geboren bin!«[27] – Rom soll mit dir als Konsul glücklich sein, Cicero? Wahrhaftig, es ist elend und unglücklich, da es die grausamste Proskription erlitten hat, als du, nachdem die *res publica* zerstört war, von Angst erschüttert alle Guten gezwungen hast, deiner Grausamkeit zu folgen, als alle Urteile, alle Gesetze nach deiner Willkür erlassen wurden, als du, nachdem die *lex Porcia*[28] aufgehoben war und die Freiheit geraubt, die Macht über Leben und Tod von uns allen allein an dich rissest.[29] **6** Und es ist dir zu wenig, dass du es ungestraft tatest, du wirfst es uns auch noch vor, indem du es ständig erwähnst, und du erlaubst den Leuten nicht, ihre Knechtschaft zu vergessen. Was du auch getan hast, Cicero, und was du auch angestellt hast, ich bitte dich: Es ist genug, was sie durchgemacht haben. Willst du unsere Ohren noch länger mit deinem Hass belästigen und uns mit deinen nervenden Reden verfolgen? – »Die Waffen mögen der Toga weichen, und der Lorbeer der Rede!«[30] – Als ob du als Togaträger und ohne Waffen das erreicht

---

26 Lucius Licinius Crassus, angeheirateter Verwandter Ciceros, geboren 140 v. Chr., bedeutender Redner, Quästor in Asien, 107 Volkstribun, 100 Ädil, 95 Konsul, dann Prokonsul in Gallien, 92 Zensor, hoch angesehener Staatsmann, der sich in der gespaltenen *res publica* sehr um Versöhnung bemühte. Von Cicero wurde er in der Schrift »Über den Redner« verewigt.

27 Aus Ciceros Gedicht über sein Konsulat.

28 Die *lex Porcia*, eingebracht von Marcus Porcius Cato dem Älteren 195 bestimmte, dass vor Auspeitschung eines römischen Bürgers die Appellation vor der Volksversammlung stattfinden musste.

29 Proskriptionen hat Cicero nicht erlassen.

30 Aus Ciceros Gedicht über sein Konsulat.

hättest, dessen du dich rühmst, und zwischen dir und dem Diktator Sulla außer dem Namen für die Herrschaft noch irgendein Unterschied wäre.

(4) **7** Aber was soll ich noch mehr von deiner Überheblichkeit reden, da dich Minerva alle Künste gelehrt hat, da dich Iupiter Optimus Maximus zum Rat der Götter zugelassen und Italien als Rückkehrer aus deinem Exil in Dyrrhachium[31] auf seinen Schultern heimgetragen hat? Ich frage dich, du Romulus aus Arpinum, der du in deiner Tüchtigkeit alle Pauli,[32] Fabii[33] und Scipionen[34] übertroffen hast: Welchen Platz in dieser Bürgerschaft beanspruchst du? Welche Gruppen in der *res publica* sind dir genehm? Wen hast du zum Freund, wen zum Feind? Denen du in der Bürgerschaft Fallen gestellt hast, denen dienst du dich an; den Mann, auf dessen Veranlassung du aus deinem Exil aus Dyrrhachium zurückgekehrt bist, verfolgst du; die du Tyrannen genannt hast, deren Macht unterstützt du; die dir vorher als Optimaten erschienen, nennst du jetzt geisteskrank und wahnsinnig. Du führst den Prozess des Vatinius, von Sestius[35] denkst du schlecht, Bibulus[36] beleidigst du mit den unverschämtesten Worten, Caesar lobst du. Die du am meisten gehasst hast, denen gehorchst du jetzt am eifrigsten. Von der *res publica* denkst du im Stehen so und im Sitzen anders; diese verfluchst du, jene hasst du, du gedankenloser, leichtfertiger Überläufer, der du weder auf der einen noch auf der anderen Seite Vertrauen besitzt.

---

31 Dyrrhachium, Hafenstadt an der griechischen Küste der Adria gegenüber von Brundisium, über die man von Rom nach Griechenland reiste. Cicero verbrachte dort allerdings nicht seine ganze Exilzeit.

32 Die Pauli waren ein Zweig der Aemilii, die eine Reihe bedeutender Feldherren und Politiker stellten, herausragend der Sieger der Schlacht bei Pydna 168 v. Chr., als Griechenland erobert wurde.

33 Die Fabii waren eine der führenden Patrizierfamilien der frühen Republik. Nachdem in einer Schlacht gegen die Vejenter im Jahr 447 v. Chr. der Sage nach 300 Familienmitglieder gefallen waren, sank die politische Bedeutung der Familie ab, später aber gewann sie erneut wichtige Ämter.

34 Berühmtester Zweig der römischen Patrizierfamilie der Cornelii, aus der der Sieger über Hannibal Publius Cornelius Scipio Africanus stammte sowie weitere Feldherren der Punischen Kriege. Bedeutend sind ebenfalls die Gräber mit Inschriften an der Via Appia vor der Porta Capena aus dem frühen 3. Jh. v. Chr., die von den Kriegserfolgen der frühen Republik zeugen. Mit der Aufzählung gerade dieser drei Geschlechter spielt Sallust wieder auf die beiden adoptierten Brüder an, die auch im Buch über den Krieg gegen Iugurtha, Kap. 45, gemeint sind.

35 Publius Sestius, geboren um 95, 63 Quästor, kämpfte gegen Catilina, 57 Volkstribun, setzte sich für Ciceros Rückkehr aus dem Exil ein, um 55 Prätor, von Cicero in zwei Prozessen verteidigt.

36 Vgl. zu ihm die Anm. zum Zweiten Brief 9,1.

Ciceros Schmährede gegen Sallust

(1) 1 Das ist allerdings ein großes Vergnügen, Gaius Sallustius, ein Leben zu führen, das deinen Worten gemäß und passend ist, und nie etwas so Unanständiges zu sagen, dem nicht von Beginn deiner Kindheit an jedes Alter in jeder Art von Verbrechen entsprochen hätte, sodass die ganze Rede deine Eigenschaften widerspiegelt. Denn weder kann der, der so lebt wie du, anders sprechen als du, noch der, der so schmutzige Reden führt, im Leben anständiger sein. Wohin soll ich mich wenden, ihr Herren Senatoren? Wo mache ich den Anfang? Eine umso größere Last nämlich ist mir mit dieser Rede auferlegt, je bekannter jeder von uns beiden ist. Denn wenn ich diesem Ankläger über mein Leben und meine Taten Rechenschaft gäbe, so folgte auf den Ruhm der Neid. Wenn ich dagegen seine Taten und Sitten in den einzelnen Abschnitten seines Lebens offenlegte, so verfiele ich in denselben Fehler der Frechheit, den ich ihm vorwerfe. Falls euch das zufällig ärgert, ist es jedenfalls gerechter, dass ihr ihm und nicht mir zürnt, da er den Anfang gemacht hat. 2 Ich werde mir Mühe geben, dass ich für meinen Teil mit möglichst wenig Abneigung antworte und dass nichts den Eindruck macht, erfunden zu sein. Ich weiß, ihr Herren Senatoren, dass ich mit keinen hohen Erwartungen zu rechnen habe bei meiner Antwort, da mir klar ist, dass ihr Vorwürfe gegen Sallust hören werdet, die keineswegs neu sind, von denen vielmehr meine und eure Ohren schon glühen. Umso mehr aber müsst ihr den Mann hassen, der sich nicht einmal, als er anfing mit seinen Verfehlungen, auf kleinere Dinge beschränkte, sondern so losgelegt hat, dass weder er von einem anderen besiegt werden konnte noch er sich selbst in der verbleibenden Zeit jemals übertreffen kann. 3 Daher strebte er nichts anderes an, als sich wie ein schmutziges Schwein mit jedem beliebigen herumzutreiben. Bei Weitem aber täuscht er sich mit seiner Meinung. Die Frechheit seiner Rede wird nämlich nicht durch den Schmutz seiner Lebensweise abgewaschen. Es gibt eine gewisse Verletzung, welche jeder Einzelne von uns nach dem Zeugnis seines Herzens davonträgt, wenn einem Guten zu Unrecht ein Verbrechen vorgeworfen wird. Denn wenn dessen Leben die Erinnerung besiegen soll, müsst ihr jenes, ihr Herren Senatoren, nicht aus seinen Worten, sondern aus seinen Sitten herauslesen.

Ich werde mir schon Mühe geben, so gut ich kann, es kurz zu machen. Und dieser Schlagabtausch wird für euch nicht ohne Nutzen sein, ihr Herren Senatoren. Am meisten nämlich wächst die *res publica* durch persönliche Rivalitäten, wobei sich kein Bürger davor drücken kann zu zeigen, was für ein Mann er ist.

(2) **4** Zuerst also fordere ich, da ja Sallust die Vorfahren aller als einziges Beispiel und Richtschnur anstrebt, dass er mir antwortet, ob irgendetwas an denen, welche er unter den Scipionen und Metellern[37] hervorhebt, an Wert oder Ruhm war, bevor sie sich durch ihre Taten und ihre gänzlich unbefleckte Lebensweise empfahlen. Wenn dies für sie der Ursprung ihres großen Namens und ihrer Würde war – warum wird dann nicht ebenso jeder von uns eingeschätzt, dessen Taten berühmt sind und dessen Leben untadelig ist? Als ob du, Sallust, von jenen abstammtest! Denn wenn es so wäre, würden einige an deinem schlechten Charakter Anstoß nehmen. **5** Ich überstrahle meine Vorfahren durch meine Tüchtigkeit, sodass sie, wenn sie auch vorher nicht bekannt waren, in mir den Ausgangspunkt ihrer Berühmtheit erhalten. Du dagegen hast die große Dunkelheit des Lebens, welches du so liederlich geführt hast, über die Deinen gebracht, sodass sie, auch wenn sie herausragende Bürger waren, gewiss in Vergessenheit geraten werden. Wirf mir daher niemals die alten Männer vor. Mehr nämlich bedeutet es, dass ich durch meine Taten blühe, als wenn ich mich auf das Ansehen meiner Väter beriefe, und dass ich so lebe, dass ich für meine Nachkommen durch mein Vorbild in Tüchtigkeit den Eintritt in die Nobilität vollziehe. Und es ist nicht richtig, meine Herren Senatoren, mich mit denen zu vergleichen, die längst verstorben sind, sondern ich muss mit denen verglichen werden, die gleichzeitig mit mir in der Politik tätig sind. **6** Aber wenn ich entweder zu ehrgeizig beim Erstreben von Ämtern wäre – ich meine nicht den gewöhnlichen Ehrgeiz, von dem ich zugebe, dass ich darin der Erste bin, sondern jenen verderblichen, gegen die Gesetze gerichteten, in dessen erster Reihe Sallust steht – oder in der Ausführung der Ämter oder in der Verfolgung von Straftaten so streng oder im Schutz der *res publica* so wachsam, dass du dies Proskriptionen nennst, so glaube ich, dass (wenn dies zuträfe) deine Gesinnungsgenossen nicht mehr alle

---

37 Die Metelli waren ein bedeutender Zweig der Caecilii, vielleicht etruskischer Abstammung, der eine beachtliche Zahl von Senatoren hervorgebracht hatte.

unversehrt in der Stadt wohnen würden. An einem wie viel besseren Platz stünde die *res publica*, wenn du, der du auf einer Ebene mit den verbrecherischen Bürgern[38] stehst, gleichzeitig mit ihnen aufgeschrieben worden wärest! Oder habe ich damals so zu Unrecht geschrieben: »Die Waffen mögen der Toga weichen!«, da ich in der Toga Bewaffnete und mit Frieden den Krieg niederdrückte? Oder habe ich das erfunden: »Glückliches Rom mit mir als Konsul!«, weil ich nur den inneren, häuslichen Krieg in der Stadt beendet habe?

(3) Und schämst du dich nicht, du leichtsinniger Mensch, wenn du mir das zum Vorwurf machst, was du mir in der Geschichtsschreibung[39] zum Ruhm anrechnest? Oder ist es schändlicher, dass der Schreibende Sachen erdichtet als der, der offen vor diesem Stand hier redet? Denn was du an meinem Alter bemängelst,[40] soviel fehlt mir, wie ich glaube, auch zu deiner Schamlosigkeit, wie dir zu meinem Anstand. *8* Aber was frage ich dich noch mehr? Was nämlich zu ersinnen hältst du wohl für schädlich, der du gewagt hast, mir meine Beredsamkeit zum Vorwurf zu machen, deren Schutzes du, wenn du anderen geschadet hattest, immer entbehrtest? Oder glaubst du, dass irgendein Bürger berühmt werden kann, der in dieser Kunst und Fertigkeit nicht gelehrt ist? Oder glaubst du, dass es irgendwelche anderen Anfänge und Ursprünge gibt, durch welche die Gemüter zur Begierde nach Ruhm gebracht werden? Es ist allerdings kein Wunder, ihr Herren Senatoren, wenn ein Mensch, der von Begierde und Schwelgerei voll ist, sich über das Streben nach Ruhm als etwas Neues und Unrechtes wundert. *9* Denn dass du mit ungewöhnlicher Wut so frech gegen meine Frau und meine Tochter losgehst, die sich als Frauen leichter von Männern fernhalten denn du als Mann – das hast du klug und geschickt gemacht. Denn du hast nicht gehofft, dass ich im Gegenzug dir Dank abstatten werde, um die Deinen zu beschimpfen. Es reicht nämlich vollkommen, wenn du der Einzige bist, der Stoff dazu bietet, und nichts bei dir zu Hause ist schändlicher als du. In vielem aber, so glaube ich, täuschst du dich, wenn du ge-

---

38 Gewiss eine Anspielung auf die Mitverschwörer Catilinas.

39 In der Monographie über die Verschwörung des Catilina, die nach Ciceros Tod erst entstanden ist.

40 Cicero war stolz darauf, jedes Amt des *cursus honoris suo anno* erhalten zu haben, also gleich nach Erreichung des Mindestalters. Das wusste auch der Verfasser der vorliegenden Rede.

glaubt hast, gegen mich Neid zu erregen wegen meines Vermögens, von welchem ich viel weniger besitze, als ich verdient hätte. Und wenn es doch nur nicht so groß wäre, wie es ist, und wenn doch nur dafür meine Freunde noch am Leben wären, als dass ich durch deren Testamente reicher geworden wäre!

10 Ich sei fluchtbereit, Gaius Sallustius? Einem rasenden Volkstribun bin ich gewichen.[41] Für nützlicher hielt ich es, alleine jedes beliebige Schicksal zu erleiden als für das ganze römische Volk der Grund eines Bürgerkrieges zu werden. Später, als dieser sein Jahr in der Politik gewütet hatte und alles, was er aufgewühlt hatte, sich wieder in Ruhe und Frieden verwandelt hatte, rief mich dieser Stand[42] hier und die Hand der *res publica* führte mich persönlich, und ich kehrte zurück.[43] Dieser Tag wird für mich, wenn ich ihn mit meinem gesamten übrigen Leben vergleiche, in meinem Herzen alles übertreffen, da ihr alle und das römische Volk so zahlreich mich bei meiner Ankunft beglückwünscht habt. So sehr haben sie mich, den Flüchtling, den »käuflichen« Anwalt, geschätzt.

(4) **11** Und es ist, beim Herkules, kein Wunder, wenn ich die Freundschaft aller als gerecht eingeschätzt habe. Denn nicht einem Einzigen habe ich mich privat angedient oder ihm zugestimmt, sondern so viel sich jeder um die *res publica* bemühte, so sehr war er mein Freund oder Widersacher. Ich wollte nichts lieber blühen sehen als den Frieden. Viele aber nährten die Frechheit von Privatleuten. Ich habe nichts gefürchtet außer den Gesetzen. Viele aber wollten, dass ihre Waffen gefürchtet werden. Ich wollte niemals etwas vermögen außer für euch. Viele von euch aber missbrauchten, auf ihre Macht vertrauend, ihre Kräfte gegen euch. Daher ist es kein Wunder, wenn ich die Freundschaft keines Einzigen benutzte, der nicht ununterbrochen ein Freund der *res publica* war. **12** Und ich schäme mich nicht, wenn ich dem angeklagten Vatinius, als er mich

---

41 Publius Clodius Pulcher, 61 Quästor in Sizilien, 58 Volkstribun, wofür er sich extra von einem Plebejer adoptieren ließ; nach mehreren Maßnahmen, die ihn beim Volk beliebt machen sollten, betrieb er Ciceros Vertreibung ins Exil mit der Begründung, Cicero habe die Verschwörer des Jahres 63 ohne Urteil unrechtmäßig hinrichten lassen, er ließ dessen Haus auf dem Palatin niederreißen und das Grundstück versteigern.

42 Die Senatoren.

43 57 wurde Cicero auf Beschluss der Volksversammlung aus dem Exil in Griechenland zurückgerufen. Die Heimkehr war ein Triumphzug durch Italien, auf dem er an allen Stationen begeistert von der Bevölkerung empfangen wurde.

bat, Beistand versprach oder die Frechheit des Sestius bekämpft oder die Duldsamkeit des Bibulus angeklagt oder die Tüchtigkeit Caesars begrüßt habe. Dieses Lob nämlich kommt herausragenden Bürgern zu und ist einmalig. Wenn du mir dies als Fehler vorwirfst, wird deine Unverschämtheit getadelt werden, aber es wird nicht mir als Fehler angerechnet werden. Ich könnte noch mehr sagen, wenn ich dies vor anderen erörtern würde, ihr Herren Senatoren, und nicht bei euch, die ich als Unterstützer all meiner Taten gehabt habe. Wo aber die Zeugnisse der Dinge vorhanden sind – was bedarf es da noch der Worte?

(5) **13** Um nun zu dir zurückzukehren, Sallust: Deinen Vater will ich lieber übergehen, der, wenn er niemals in seinem Leben gesündigt hat, dennoch ein größeres Unrecht der *res publica* nicht hätte antun können, als einen solchen Sohn zu zeugen. Und ich will auch nicht davon handeln, was du in deiner Jugend gesündigt hast, um nicht den Eindruck zu erwecken, deinen Vater anzuklagen, der in jener Zeit die absolute Gewalt über dich hatte, sondern nur wie du deine Jugend verbracht hast: Denn wenn ich diese aufgezeigt habe, wird man leicht erkennen, dass du aus einer so verwahrlosten Jugend zu einem ebenso schamlosen und gierigen Mann herangewachsen bist. Nachdem später die Einkünfte der hungrigen Kehle des schamlosen Körpers nicht mehr ausreichen konnten und dein Alter schon geeignet war, das zu dulden, was einem anderen gefiel, wurdest du von unstillbaren Lüsten fortgerissen, sodass das, was du selbst deinem Körper nicht für schändlich hieltest, bei anderen ausprobiertest. **14** Daher ist es nicht leicht, ihr Herren Senatoren, herauszufinden, ob er durch die ehrlosen Teile seines Körpers Vermögen gewonnen oder verloren hat. Das väterliche Haus hielt er noch zu Lebzeiten seines Vaters auf schändliche Weise für verkäuflich. Und wer kann zweifeln, dass er ihn zu sterben zwang, indem er sich als der Erbe aller Dinge aufführte, als jener noch gar nicht gestorben war? Und er schämt sich nicht, mich zu fragen, wer im Haus des Publius Crassus wohnt, während er selbst nicht antworten kann, wer in seinem eigenen Elternhaus wohnt? – »Beim Herkules, eine Jugendsünde, später hat er sich gebessert!« [mag einer sagen.] So ist es keineswegs, sondern er trat in die Gesellschaft des Nigidius[44] ein. Zweimal von den Richtern

---

44 Publius Nigidius Figulus, 63 Senator, eigentlich ein Freund Ciceros, der ihn bei der Niederschlagung der Verschwörung des Catilina beriet und zur Härte gegen die Verschwörer

zum Prozess gerufen, stand er am Rande des Abgrundes, und er wich dadurch aus, dass er zwar nicht unschuldig war, aber die Richter verdächtigte, ihren Eid gebrochen zu haben.

15 Das erste Amt erlangte er mit der Quästur, da verachtete er diesen Ort hier und diesen Stand der Senatoren, zu dem sich freilich der Zutritt hier für den niederträchtigsten Menschen geöffnet hatte. Als er daher darum fürchtete, ob euch seine Taten verborgen blieben, bekannte er, während es allen Ehemännern zur Schande gereichte, vor euch als Zuhörern seinen Ehebruch und errötete nicht einmal vor eurem Angesicht.

(6) Du magst leben, Sallustius, wie es dir gefällt, tun, was du willst: Es soll genügen, dass du alleine Mitwisser deiner Verbrechen bist. Wirf uns nicht Mattigkeit und Verschlafenheit vor! Wir sind sorgfältig, wenn wir die Schamhaftigkeit unserer Ehefrauen hüten, aber so kontrollsüchtig sind wir nicht, dass wir uns vor dir hüten könnten. Deine Frechheit besiegt unsere Bemühungen. **16** Denn was kann den noch erschüttern, ihr Herren Senatoren, an schändlichen Taten oder Worten, der sich nicht schämt, vor euch als Zuhörern einen Ehebruch zuzugeben? Wenn ich dir nicht von mir aus antworten wollte, sondern jenen Ausspruch der Zensoren Appius Claudius[45] und Lucius Piso,[46] zweier absolut redlicher Männer, welches sich jeder von beiden bediente, an der Stelle eines Gesetzes vor allen zitierte – schiene ich dir da nicht ewige Fehler einzubrennen, welche dein übriges Leben nicht auslöschen könnte? Und nach der Säuberung des Senats haben wir dich niemals wiedergesehen, außer wenn du dich zufällig in jenes Lager begabst, wohin der ganze Abschaum der *res publica* zusammengelaufen war. **17** Aber selbst Sallust, der nicht einmal im Frieden Senator geblieben war, wurde, als die *res publica* mit Waffen bedroht wurde, selbst vom Sieger, der die Verbannten zurückführte, durch die Quästur wieder in

---

ermunterte; 58 Prätor, als Anhänger des Pompeius ging er 48 nach der Schlacht bei Pharsalos ins Exil, wo er starb. Nigidius sammelte um sich einen Freundeskreis, der sich möglicherweise der Erneuerung der Lehre des Pythagoras widmete; Nigidius war als Astrologe auch Anführer okkulter Zirkel.

45 Appius Claudius Pulcher, geboren um 97, 72–70 Militärtribun in Kleinasien, 57 Prätor in Sardinien, 54 Konsul, 53–51 Prokonsul in Kilikien und Kleinasien, 50 Zensor, wurde selbst von Publius Cornelius Dolabella wegen Bestechung angeklagt, aber freigesprochen. Appius starb 48.

46 Lucius Calpurnius Piso Caesonius, 58 Konsul, 57–55 Prokonsul in Makedonien. Danach hielt Cicero eine Schmährede gegen ihn.

den Senat berufen. Mit dieser Ehre hielt er es so, dass er alles darin für käuflich hielt, für das sich ein Käufer fand, und er machte es so, dass er nichts für ungerecht oder unanständig hielt, was ihm gerade gefiel, und nicht anders traktierte er es und nahm er es, als wenn er das Amt als Beute erlangt hätte. *18* Nachdem er seine Quästur abgeschlossen hatte und nachdem er denen große Bürgschaften gegeben hatte, mit denen er durch die Ähnlichkeit der Lebensweise verbunden war, schien er schon einer aus dieser Herde zu sein. Ein Teil dieser Seite nämlich war Sallust, wohin wie in einen einzigen Schlund die Zusammenkunft aller Verfehlungen geströmt war. Was auch immer gerade an Schamlosen, Lüstlingen, Vatermördern, Frevlern und Abhängigen in der Stadt war, in den Munizipien, den Kolonien in ganz Italien, hatte sich wie in einer Bucht festgesetzt mit unbedeutenden und bedeutenden Namen, in keiner Weise für den Kriegsdienst geeignet außer durch die Freizügigkeit ihrer Verfehlungen und in der Begierde nach Umsturz.

(7) *19* »Aber nachdem er zum Prätor gemacht wurde, hat er sich maßvoll und enthaltsam aufgeführt!« – Er hat die Provinz verwüstet, sodass unsere Bundesgenossen selbst im Krieg nichts Schlimmeres erlitten haben oder je erwartet hätten, als sie im Frieden erleben mussten, als er das Innere Afrika verwaltete. Wobei er so viel heraussaugte, wie er konnte, indem er entweder Schuldverschreibungen transferierte oder Schiffe vollud. Soviel hat er herausgesaugt, sage ich, ihr Herren Senatoren, wie er wollte. Damit er nicht vor Gericht gestellt wurde, verabredete er mit Caesar einen Handel über 1 200 000 Sesterzen. Wenn davon irgendetwas falsch ist, so widerlege es vor diesen Männern hier, woher du dir, der du nicht einmal dein Elternhaus einlösen konntest, neuerdings gleichsam wie im Schlaf glücklich geworden, die prächtigsten Gärten, das Landhaus Gaius Caesars in Tibur und die übrigen Besitzungen verschafft hast. *20* Und du schämtest dich nicht, mich zu fragen, warum ich Crassus' Haus gekauft habe, während du Herr eines alten Landhauses bist, dessen Besitzer vor kurzer Zeit noch Caesar war. Nur, so frage ich, nachdem du dein väterliches Erbe nicht aufgebraucht, sondern vergeudet hast, auf welche Weise bist du neuerdings so reich und so glücklich geworden? Denn wer macht dich zum Erben, den als Freund zu haben man nicht einmal für anständig genug hält, außer wenn man deinesgleichen ist?

(8) Beim Herkules, die herausragenden Taten deiner Vorfahren erheben dich in die Höhe: Sei es, dass du ihnen ähnlich bist oder sie dir – zum Verbrechen und zur Schlechtigkeit aller kann nichts mehr hinzugefügt werden. *21* Allerdings machen dich, wie ich glaube, deine Ehren allzu frech. Du, Gaius Sallustius, glaubst du, dass ebenso viele zweimal Senator und Quästor werden wie man zweimal konsularische Würde und zweimal einen Triumph erlangt?[47] Es gehört sich allerdings, von allen Fehlern, die man anderen vorwirft, selbst frei zu sein. Schließlich redet der schlecht, der vom anderen die Wahrheit nicht ertragen kann. Du aber bist Fresser an allen Tischen, warst in jungen Jahren Lustknabe in allen Schlafzimmern und bist schließlich Ehebrecher als Erwachsener geworden, Schande eines jeden Standes bist du und stete Erinnerung an den Bürgerkrieg. *22* Was nämlich konnten wir schwerer ertragen als die Tatsache, dich hier unbehelligt in unseren Reihen zu sehen? Hör auf, die Anständigen auf frechste Weise zu verfolgen, hör auf, die Krankheit jener Frechheit zu gebrauchen, hör auf, jeden Einzelnen nach deinen eigenen Sitten einzuschätzen! Mit diesen Sitten kannst du dir keinen Freund schaffen. Du scheinst einen Feind haben zu wollen.

Ich komme zum Ende meiner Rede, ihr Herren Senatoren. Oft nämlich sah ich diejenigen eure Herzen schwerer beleidigen, die fremde Verbrechen offen aussprachen, als jene, die sie begangen hatten. Mir freilich bleibt, nicht all das zu besprechen, was Sallust sich zu Recht anhören muss, sondern das zu sagen, was ich in Ehren aussprechen kann.

---

47 Anspielung aus Sallusts Senatskarriere. Er war 50 vom Zensor Appius Claudius Pulcher aus dem Senat ausgestoßen und nach einer erneuten Quästur oder durch die Kandidatur zum Prätor wieder in den Senat aufgenommen worden.

Zeittafel zur römischen Geschichte und zu Leben und Werk Sallusts

Jahr	Ereignis
133	Konsuln: P. Mucius Scaevola und L. Calpurnius Piso Frugi König Attalos III. von Pergamon vermacht sein Reich testamentarisch dem Römischen Reich Tiberius Gracchus Volkstribun, Ackergesetz, strebt zweite Amtszeit an, setzt Kollegen ab und wird von aufgebrachter Menge erschlagen
132	Konsuln: P. Popillius Laenas und P. Rupilius
131	Konsuln: P. Licinius Crassus Dives Mucianus und L. Valerius Flaccus erstmals zwei plebejische Zensoren: Quintus Pompeius und Quintus Metellus
130	Konsuln: L. Cornelius Lentulus und M. Perperna, Suffektkonsul für Lentulus: Ap. Claudius Pulcher
129	Konsuln: C. Sempronius Tuditanus und M. Aquillius
128	Konsuln: Cn. Octavius und T. Annius Rufus
127	Konsuln: L. Cassius Longinus Ravilla und L. Cornelius Cinna
126	Konsuln: M. Aemilius Lepidus und L. Aurelius Orestes
125	Konsuln: M. Plautius Hypsaeus und M. Fulvius Flaccus
124	Konsuln: C. Cassius Longinus und C. Sextius Calvinus
123	Konsuln: Q. Caecilius Metellus Balearicus und T. Quinctius Flamininus Gaius Gracchus Volkstribun, Ackergesetz, Getreidegesetz, Geschworenengesetz, lässt sich nach Unruhen durch treuen Sklaven töten
122	Konsuln: Cn. Domitius Ahenobarbus und C. Fannius Gaius Gracchus Volkstribun, fordert Koloniegründungen und Bürgerrecht für alle Italiker
121	Konsuln: L. Opimius und Q. Fabius Maximus Allobrogicus König Micipsa von Numidien adoptiert seinen Neffen Iugurtha
120	Konsuln: P. Manilius und C. Papirius Carbo
119	Konsuln: L. Caecilius Metellus Dalmaticus und L. Aurelius Cotta
118	Konsuln: M. Porcius Cato und Q. Marcius Rex Tod König Micipsas von Numidien
117	Konsuln: L. Caecilius Metellus Diadematus und Q. Mucius Scaevola Augur Teilung Numidiens unter Adherbal und Iugurtha
116	Konsuln: C. Licinius Geta und Q. Fabius Maximus Eburnus
115	Konsuln: M. Aemilius Scaurus und M. Caecilius Metellus
114	Konsuln: M. Acilius Balbus und C. Porcius Cato

113 Konsuln: C. Caecilius Metellus Caprarius und Cn. Papirius Carbo
Niederlage der Römer gegen die Kimbern bei Noreia

112 Konsuln: M. Livius Drusus und L. Calpurnius Piso Caesoninus
Iugurtha nimmt Cirta ein und ermordet Adherbal

111 Konsuln: P. Cornelius Scipio Nasica Serapio und L. Calpurnius Bestia
Ausbruch des Krieges gegen Iugurtha, Oberbefehl bei Bestia, Iugurtha
in Rom, Ermordung Massivas

110 Konsuln: M. Minucius Rufus und P. Postumius Albinus
Albinus hat den Oberbefehl in Afrika, sein Bruder lässt das Heer
verkommen

109 Konsuln: Q. Caecilius Metellus Numidicus und M. Iunius Silanus
Metellus übernimmt den Oberbefehl in Afrika, Kampf um Suthul

108 Konsuln: Ser. Sulpicius Galba und Q. oder L. Hortensius
Suffektkonsul für Hortensius: M. Aurelius Scaurus
Metellus Prokonsul, Doppelschlacht am Muthul, Belagerung Zamas,
Abfall Vagas
Lucius Sergius Catilina geboren

107 Konsuln: L. Cassius Longinus und C. Marius
Marius übernimmt den Oberbefehl in Afrika
Mordversuch Bomilkars, Kampf um Thala und Cirta, Iugurtha ver-
bündet sich mit Bocchus, Kampf um Capsa

106 Konsuln: Q. Servilius Caepio und C. Atilius Serranus
Kampf am Mulucha
Marcus Tullius Cicero geboren

105 Konsuln: P. Rutilius Rufus und Cn. Mallius Maximus
Auslieferung Iugurthas an Sulla
Niederlage der Römer gegen die Kimbern in Arausio

104 Konsuln: C. Marius II und C. Flavius Fimbria
Ausbruch des Zweiten Sklavenkrieges (bis 101)
Triumph des Marius über Numidien

103 Konsuln: C. Marius III und L. Aurelius Orestes
Lucius Apuleius Saturninus Volkstribun

102 Konsuln: C. Marius IV und Q. Lutatius Catulus
Sieg über die Teutonen bei Aquae Sextiae

101 Konsuln: C. Marius V und M. Aquillius
Sieg über die Kimbern bei Vercellae

100 Konsuln: C. Marius VI und L. Valerius Flaccus
Gaius Iulius Caesar geboren (13. Juli)
Lucius Apuleius Saturninus Volkstribun, kommt bei Unruhen ums
Leben

99 Konsuln: M. Antonius und A. Postumius Albinus

98 Konsuln: Q. Caecilius Metellus Nepos und T. Didius

97 Konsuln: Cn. Cornelius Lentulus und P. Licinius Crassus

96 Konsuln: Cn. Domitius Ahenobarbus und C. Cassius Longinus
Apion vererbt Kyrene testamentarisch den Römern

95 Konsuln: L. Licinius Crassus und Q. Mucius Scaevola
Marcus Porcius Cato Uricensis geboren

94 Konsuln: C. Coelius Caldus und L. Domitius Ahenobarbus

93 Konsuln: C. Valerius Flaccus und M. Herennius

92 Konsuln: C. Claudius Pulcher und M. Perperna

91 Konsuln: L. Marcius Philippus und Sex. Iulius Caesar
Beginn des Bundesgenossenkrieges (bis 89, dann fortgesetzt 88 und 87)
Marcus Livius Drusus Volkstribun, scheitert mit seinen Reformvorschlägen und wird ermordet

90 Konsuln: L. Iulius Caesar und P. Rutilius Lupus
Treu gebliebene Latiner erhalten Bürgerrecht

89 Konsuln: Cn. Pompeius Strabo und L. Porcius Cato
Bürgerrecht an alle Bundesgenossen südlich des Po
Ausbruch des Ersten Mithridatischen Krieges (bis 85)

88 Konsuln: L. Cornelius Sulla Felix und Q. Pompeius Rufus
Sullas Marsch auf Rom

87 Konsuln: Cn. Octavius und L. Cornelius Cinna
Suffektkonsul für Cinna: L. Cornelius Merula
Beginn des Krieges Sullas gegen Mithridates Beginn der Herrschaft Cinnas (bis 84)

86 Konsuln: L. Cornelius Cinna II und C. Marius VII
Suffektkonsul für Marius L. Valerius Flaccus
Sulla erobert Athen
Gaius Sallustius Crispus in Amiternum im Sabinerland geboren

85 Konsuln: L. Cornelius Cinna III und Cn. Papirius Carbo

84 Konsuln: Cn. Papirius Carbo II (sine collega bis Jahresende)
L. Cornelius Cinna IV (starb Anfang des Jahres)

83 Konsuln: L. Cornelius Scipio Asiaticus und C. Norbanus
Rückkehr Sullas, Wiedereinsetzen des Bürgerkrieges, Zweiter Mithridatischer Krieg (bis 72)

82 Konsuln: C. Marius und Cn. Papirius Carbo III
Proskriptionen Sullas, dieser wird Diktator
Catilina tötet seinen Bruder sowie seinen Schwager Marcus Marius Gratidianus

81 Konsuln: M. Tullius Decula und Cn. Cornelius Dolabella

80 Konsuln: L. Cornelius Sulla Felix II und Q. Caecilius Metellus Pius

79 Konsuln: P. Servilius Vatia Isauricus und Ap. Claudius Pulcher
Abdankung Sullas

78 Konsuln: M. Aemilius Lepidus und Q. Lutatius Catulus
Tod Sullas, Aufstand des Lepidus (bis 77)

77 Konsuln: D. Iunius Brutus und Mam. Aemilius Lepidus Livianus
Ausbruch des Krieges gegen Sertorius in Hispanien

76 Konsuln: Cn. Octavius und C. Scribonius Curio

75 Konsuln: L. Octavius und C. Aurelius Cotta

74 Konsuln: L. Licinius Lucullus und M. Aurelius Cotta
Dritter Krieg gegen Mithridates, Seeräuberkrieg (bis 67)

73 Konsuln: M. Terentius Varro Lucullus und C. Cassius Longinus
Beginn des Sklavenkrieges unter Spartacus
Catilina der Unzucht mit einer Vestalin angeklagt, aber freigesprochen

72 Konsuln: L. Gellius Publicola und Cn. Cornelius Lentulus Clodianus
Pompeius besiegt Sertorius

71 Konsuln: P. Cornelius Lentulus Sura und Cn. Aufidius Orestes
Niederschlagung des Sklavenaufstandes durch Crassus

70 Konsuln: Cn. Pompeius Magnus und M. Licinius Crassus Dives
Wiederherstellung des Volkstribunates

69 Konsuln: Q. Hortensius Hortalus und Q. Caecilius Metellus Creticus
Lucullus siegt besiegt Tigranes in der Schlacht bei Tigranokerta

68 Konsuln: Q. Marcius Rex (sine collega bis Jahresende)
L. Caecilius Metellus (starb Anfang des Jahres)

67 Konsuln: C. Calpurnius Piso und M. Acilius Glabrio
Pompeius erhält das Imperium gegen die Piraten und besiegt diese
endgültig
Lucius Sergius Catilina Prätor

66 Konsuln: M. Aemilius Lepidus und L. Volcacius Tullus
Catilina als Proprätor in der provincia Africa, Ausschluss von der
Bewerbung um das Konsulat
Angebliche erste Verschwörung Catilinas

65 Konsuln: L. Aurelius Cotta und L. Manlius Torquatus
Zweiter Ausschluss von der Bewerbung um das Konsulat für Catilina,
aber Freispruch im Prozess, Ermordung des Sohnes und Heirat mit
Orestilla

64 Konsuln: L. Iulius Caesar und C. Marcius Figulus
Catilina scheitert als Kandidat für das Konsulat

63 Konsuln: M. Tullius Cicero und C. Antonius Hybrida

Juli   kurz vor den Konsulwahlen: Versammlung im Haus Catilinas
Verschiebung des Wahltermins
Catilina wird erneut nicht zum Konsul gewählt

21. 10.   Konsul Cicero wird über die Verschwörung informiert und
veranlasst ein senatus consultum ultimum, Truppenaus-
hebungen

27. 10.   Aufstand des Manlius in Faesulae/Etrurien

28. 10.   Erster geplanter Termin für den Umsturz, dieser wird aber
          verschoben
          Inzwischen: Aufstellung von Regierungstruppen in ganz
          Italien

1. 11.   Catilina greift Praeneste an, was erfolgreich abgewehrt wird

6. 11.   zweite Verschwörerversammlung im Haus des Laeca

7. 11.   Anschlag auf Konsul Cicero
          Senatssitzung, Ciceros erste Rede gegen Catilina
          Catilina zieht mit 300 Bewaffneten zu Manlius nach Etrurien
          Aufstände in Italien und Gallien, Lentulus schlägt in Rom los

8. 11.   Ciceros zweite Rede gegen Catilina, an das Volk

15. 11.   Catilina und Manlius vom Senat zu Staatsfeinden erklärt

2. 12.   Allobroger am Pons Mulvius abgefangen

3. 12.   Verhaftung der Verschwörer, Senatssitzung, Ciceros dritte
          Rede gegen Catilina

4. 12.   Fortsetzung der Senatsverhandlungen

5. 12.   Senatssitzung, Ciceros vierte Rede gegen Catilina, Reden
          Silanus', Caesars und Catos

6. 12.   Hinrichtung der Verschwörer

62   Konsuln: D. Iunius Silanus und L. Licinius Murena
     Anfang des Jahres letzte Schlacht gegen die Verschwörer um Catilina
     bei Pistoria, Tod Catilinas

61   Konsuln: M. Pupius Piso Frugi Calpurnianus und M. Valerius Messalla
     Niger

60   Konsuln: Q. Caecilius Metellus Celer und L. Afranius

59   Konsuln: C. Iulius Caesar und M. Calpurnius Bibulus

58   Konsuln: L. Calpurnius Piso Caesoninus und A. Gabinius
     Caesar Prokonsul in der Gallia Narbonensis und in Illyrien, Beginn der
     Eroberung Galliens
     Cicero ins Exil

57   Konsuln: P. Cornelius Lentulus Spinther und Q. Caecilius Metellus
     Nepos
     Rückkehr Ciceros aus dem Exil

56   Konsuln: Cn. Cornelius Lentulus Marcellinus und L. Marcius Philippus

55   Konsuln: Cn. Pompeius Magnus II und M. Licinius Crassus Dives II
     erster Rheinübergang Caesars, erster Übergang nach Britannien

54   Konsuln: L. Domitius Ahenobarbus und Ap. Claudius Pulcher
     Gaius Sallustius Crispus Quästor, Schmährede gegen Cicero

53   Konsuln: Cn. Domitius Calvinus und M. Valerius Messalla Rufus
     Tod des Crassus
     Verhältnis Sallusts mit Sullas Tochter Fausta, der Frau Milos

52   Konsuln: Cn. Pompeius Magnus III (zunächst 7 Monate sine conlega)
     dann mit Q. Caecilius Metellus Pius Scipio
     Sallust Volkstribun, Hauptgegner: Cicero und Milo

51   Konsuln: Ser. Sulpicius Rufus und M. Claudius Marcellus
     Caesar besiegt Vercingetorix in der Schlacht bei Alesia

50   Konsuln: L. Aemilius Lepidus Paullus und C. Claudius Marcellus
     Gaius Sallustius Crispus aus dem Senat gewiesen
     »Zweiter«, früherer Brief an Caesar

49   Konsuln: C. Claudius Marcellus und L. Cornelius Lentulus Crus
     Caesar überschreitet den Rubikon, neuerlicher Ausbruch des Bürger-
     krieges

48   Konsuln: C. Iulius Caesar II und P. Servilius Isauricus
     Caesar besiegt Pompeius in der Schlacht bei Pharsalos, dann nach
     Ägypten

47   Konsuln: Q. Fufius Calenus und P. Vatinius
     Caesars Afrikafeldzug beginnt (bis 46)

46   Konsuln: C. Iulius Caesar III und M. Aemilius Lepidus
     Kalenderreform Caesars
     Wiederaufnahme Sallusts in den Senat,
     »Erster«, älterer Brief an Caesar, Sallust Prokonsul in Africa nova

45   Konsuln: C. Iulius Caesar IV und ohne Kollege bis 1. Oktober
     Suffektkonsuln: Q. Fabius Maximus und C. Trebonius
     Suffektkonsul für Fabius: C. Caninius Rebilus

44   Konsuln: C. Iulius Caesar V und M. Antonius
     Suffektkonsul für Caesar: P. Cornelius Dolabella
     Ermordung Gaius Iulius Caesars am 15. März
     Rückzug Sallusts in die horti Sallustiani, Abfassung der Geschichtswerke,
     nach manchen Quellen: Heirat Terentias, der geschiedenen Frau Ciceros

43   Konsuln: C. Vibius Pansa Caetronianus (bis 23. April) und A. Hirtius (bis
     21. April), Schlacht bei Mutina
     Suffektkonsuln: C. Iulius Caesar (Octavianus) (bis 27.? Nov.) und Q.
     Pedius (bis Nov.)
     Suffektkonsuln: C. Carrinas und P. Ventidius Bassus
     Zweites Triumvirat: Octavian, Antonius und Lepidus, Proskriptionen,
     Tod Ciceros

42   Konsuln: M. Aemilius Lepidus II und L. Munatius Plancus
     Antonius besiegt bei Philippi die Caesarmörder Brutus und Cassius
     vermutliche Abfassungszeit der Verschwörung des Catilina

41   Konsuln: L. Antonius Pietas und P. Servilius Isauricus II

40   Konsuln: Cn. Domitius Calvinus II und C. Asinius Pollio
     Suffektkonsuln: L. Cornelius Balbus und P. Canidius Crassus

39   Konsuln: L. Marcius Censorinus und C. Calvisius Sabinus
     Suffektkonsuln: C. Cocceius Balbus und P. Alfenus Varus
     Sallust verfasst das Bellum Iugurthinum

38 Konsuln: Ap. Claudius Pulcher und C. Norbanus Flaccus
Suffektkonsuln: L. Cornelius Lentulus und L. Marcius Philippus

37 Konsuln: M. Vipsanius Agrippa und L. Caninius Gallus
Suffektkonsul für Caninius: T. Statilius Taurus
Sallust veröffentlicht die Historien

36 Konsuln: L. Gellius Publicola und M. Cocceius Nerva
Suffektkonsuln: L. Nonius Asprenas und Q. Marcius

35 Konsuln: Sex. Pompeius und L. Cornificius
Suffektkonsuln: P. Cornelius Dolabella und T. Peducaeus
Tod Sallusts am 13. Mai

Literatur

Textausgaben und Übersetzungen

Büchner, Karl: De coniuratione Catilinae / Die Verschwörung des Catilina. Lateinisch/Deutsch. Übersetzt und herausgegeben. Stuttgart 1976

Koestermann, Erich: C. Sallustius Crispus. Bellum Iugurthinum. Heidelberg 1971

Kurfess, Alfons: Catilina. Iugurtha. Fragmenta ampliora. Berlin [3]1957

Lindauer, Josef: Bellum Iugurthinum / Der Krieg mit Jugurtha. Lateinisch/Deutsch. Herausgegeben, übersetzt und kommentiert. Düsseldorf 2003

Reynolds, Leighton Durham: C. Sallusti Crispi Catilina, Iugurtha, Historiarum Fragmenta Selecta, Appendix Sallustiana. Oxford 1991.

Vretska, Karl: C. Sallustius Crispus, De Catilinae Coniuratione. Heidelberg 1976.

Bibliographien, Kommentare

Bibliographie: http://www.pegasus-onlinezeitschrift.de/erga_1_2004_burkard.html

Büchner, Karl: Der Aufbau von Sallusts Bellum Iugurthinum. Wiesbaden [2]1956

Gauly, Bardo Maria: Gaius Sallustius Crispus (86–34 v. Chr.). De bello Iugurthino. In: Volker Reinhardt (Hg.): Hauptwerke der Geschichtsschreibung. Stuttgart 1997, S. 553–556

Leeman, Anton Daniel: Aufbau und Absicht von Sallusts Bellum Iugurthinum. Amsterdam 1957

Paul, George M.: A historical commentary on Sallust's Bellum Iugurthinum. Liverpool 1984

Vretska, Karl: Der Aufbau des Bellum Catilinae. In: Hermes 72 (1937),
S. 202–222

Weitere Literatur

Büchner, Karl: Sallust. Heidelberg [2]1982

Drexler, Hans: Die Catilinarische Verschwörung. Ein Quellenheft. Darmstadt 1976

Haider, Alfred / Zach, Erhard: Sallust. Wien (3. überarb. Aufl.) 2000

Heldmann, Konrad: Sallust über die römische Weltherrschaft. Ein Ge-
schichtsmodell im Catilina und seine Tradition in der hellenistischen
Historiographie. Stuttgart 1993

Ledworuski, Gabriele: Historiographische Widersprüche in der Monographie Sallusts zur Catilinarischen Verschwörung. Frankfurt a.M. u.a.
1994

Lefèvre, Eckard: Argumentation und Struktur der moralischen Geschichtsschreibung der Römer am Beispiel von Sallusts *Bellum Iugurthinum*. In: Gymnasium 86 (1979), S. 249–277

Pöschl, Viktor (Hg.): Sallust. Darmstadt [2]1981

Schmal, Stephan: Sallust. Darmstadt 2001

Seel, Otto: Die Invektive gegen Cicero. [Klio Beiheft XLVII, Neue Folge,
Heft 3] 2. Neudruck, Aalen 1961

Syme, Ronald: Sallust. Darmstadt 1975

Ungern-Sternberg, Jürgen von: Das Verfahren gegen die Catilinarier oder: Der vermiedene Prozeß. In: Große Prozesse der römischen Antike, hg. von Ulrich Manthe und Jürgen von Ungern-Sternberg, München 1997, S. 85–99

Vogt. Joseph: Cicero und Sallust über die Catilinarische Verschwörung, Darmstadt (Neudruck von 1938) 1966

Wimmel, Walter: Die zeitlichen Vorwegnahmen in Sallusts Catilina. In: Hermes 95 (1967), S. 192–221